权威·前沿·原创

皮书系列为
"十二五""十三五""十四五"时期国家重点出版物出版专项规划项目

BLUE BOOK

智 库 成 果 出 版 与 传 播 平 台

图书在版编目（CIP）数据

葡语国家发展报告. 2023 / 刘金兰，安春英主编；
文卓君执行主编. --北京：社会科学文献出版社，
2025.1. --（葡语国家蓝皮书）. --ISBN 978-7-5228-
4533-3

Ⅰ. D569

中国国家版本馆 CIP 数据核字第 2024UB7422 号

葡语国家蓝皮书

葡语国家发展报告（2023）

主　　编／刘金兰　安春英
执行主编／文卓君
特聘专家／王成安

出 版 人／冀祥德
组稿编辑／高明秀
责任编辑／宋浩敏
责任印制／王京美

出　　版／社会科学文献出版社·区域国别学分社（010）59367078
　　　　　地址：北京市北二环中路甲 29 号院华龙大厦　邮编：100029
　　　　　网址：www.ssap.com.cn
发　　行／社会科学文献出版社（010）59367028
印　　装／天津千鹤文化传播有限公司

规　　格／开 本：787mm×1092mm　1/16
　　　　　印 张：19.5　字 数：289 千字
版　　次／2025 年 1 月第 1 版　2025 年 1 月第 1 次印刷
书　　号／ISBN 978-7-5228-4533-3
定　　价／138.00 元

读者服务电话：4008918866

葡语国家蓝皮书

BLUE BOOK OF PORTUGUESE-SPEAKING COUNTRIES

葡语国家发展报告

（2023）

REPORTS ON THE DEVELOPMENT OF
PORTUGUESE-SPEAKING COUNTRIES (2023)

主　　编／刘金兰　安春英
执行主编／文卓君
特聘专家／王成安

社会科学文献出版社
SOCIAL SCIENCES ACADEMIC PRESS（CHINA）

本书得到中国—葡语国家经贸合作论坛（澳门）常设秘书处和对外经济贸易大学区域国别研究院的大力支持

葡语国家发展报告（2023）
编 委 会

主要编撰者简介

刘金兰　对外经济贸易大学国际学院院长，研究员。多年从事高等教育管理与研究工作，尤其是熟悉来华留学生教育与管理工作，兼任中国葡语国家研究中心研究员，从事葡语国家研究。参与编写中葡论坛十年报告和葡语国家蓝皮书，参与组织中国与葡语国家联合研究年会，参与组织葡语国家官员贸易促进研修班并为学员授课，著有《葡语国家多双边合作机制研究》等论文。

安春英　中国社会科学院西亚非洲研究所《西亚非洲》副主编、编审，兼任中国非洲问题研究会副会长、中国亚非学会常务理事。主要研究方向为非洲经济、非洲减贫与可持续发展问题。主要著述有：《非洲贫困与反贫困问题研究》（专著，2010 年）、《中非减贫合作与经验分享》（智库报告，2018 年）、《中国对非减贫合作：理念演变与实践特点》（论文，2019 年）、《中国脱贫攻坚调研报告——恩施利川篇》（智库报告，2020 年）、《中非粮食安全共同体的应然逻辑与实践路径》（论文，2022 年）、《非洲粮食安全困局及其治理》（论文，2023 年）、《自主知识体系视角下的中非减贫合作》（论文，2024 年）等。

王成安　北京广播学院（今中国传媒大学）外语系葡萄牙语专业毕业，资深翻译家，中国世界贸易组织研究会外经贸咨询顾问委员会委员，商务部国际商务官员研修学院客座教授。曾担任中国援助非洲佛得角、几内亚比绍专家组葡萄牙语翻译和中国驻几内亚比绍、圣多美和普林西比大使馆经济商务外交官，中国—葡语国家经贸合作论坛（澳门）秘书长，中国世界贸易组织研究会副会长，对外经济贸易大学区域国别研究院中国葡语国家研究中心首席专家，中国传媒大学外国语言文化学院讲座教授，中国非洲问题研究会常务副会长，中国亚非学会副会长，长期从事葡语国家、非洲和对外援助研究。

文卓君　对外经济贸易大学外语学院葡萄牙语系主任、对外经济贸易大学区域国别研究院中国葡语国家研究中心主任，副教授。多年来从事葡萄牙语教学和研究工作，曾获对外经济贸易大学青年教师基本功大赛三等奖、校级优秀班主任等荣誉，主要研究方向为葡萄牙语言文化、葡语国家区域国别研究，参与多部葡语国家蓝皮书的编写，在《河南社会科学》等核心期刊和各类论文集发表学术文章 10 余篇，主持或参与多项科研课题。

（以下按照中文姓氏笔画排序）

李诗悦　北京外国语大学西班牙语葡萄牙语学院葡萄牙语专业毕业，文学硕士，现就职于国家开发银行国际金融事业部。曾获国家留学基金资助赴葡萄牙科英布拉大学交流学习。2018 年获得葡萄牙驻华使馆"徐日昇奖"。曾为金砖国家工商论坛、金砖国家可持续发展高层论坛等重要会议提供同声传译和交替传译服务。有多篇文章发表于《葡语国家蓝皮书》。主要研究方向为中国与葡语国家关系、巴西研究、中葡翻译。

杨楚乔　浙江外国语学院葡萄牙语系讲师，澳门科技大学国际关系与全球治理博士，巴西坎皮纳斯州立大学国际关系硕士，研究方向为中国与葡语国家关系、巴西外交政策。

宋　爽　清华大学经管学院应用经济学博士，中国社会科学院世界经济与政治研究所助理研究员。曾先后在联合国亚洲及太平洋经济社会委员会东北亚办公室、英国雷丁大学亨利商学院、英国皇家国际事务研究所、挪威国际事务研究所等国际机构访问。2018 年参加中葡论坛成立十五周年第三方评估项目，并赴几内亚比绍、佛得角、葡萄牙以及中国澳门特别行政区的相关政府部门和智库机构调研。主要研究方向为国际政治经济学，在《中国社会科学》《国际经济评论》《经济社会体制比较》《国际经贸探索》《欧洲研究》等核心期刊发表论文 10 余篇。

张方方　北京外国语大学西班牙语葡萄牙语学院副院长，副教授，应用语言学博士。主要研究方向为葡语国家教育文化和语言政策。在《外语教育研究前沿》《人民日报》等核心期刊和报纸、葡萄牙和巴西重要学术期刊和各类论文集发表论文 30 余篇，出版《安哥拉文化教育研究》等专著、译著和教材 10 余部。多年来，参与《习近平谈治国理政》《中国关键词》等多项国家重大翻译项目，为国际和国内重要会议提供高质量的同声传译和交替传译服务，多次为党和国家领导人以及葡语国家政府首脑和高级别官员担任译员。2017 年获中国非通用语教学研究会优秀科研成果奖教材类二等奖、优秀奖和译著类二等奖；2019 年获北京高校第 11 届青年教师教学基本功大赛三等奖和北京外国语大学优秀教学奖二等奖；2020 年获北京外国语大学"就业工作先进个人"称号；2021 年获北京外国语大学"优秀共产党员"称号；2022 年获北京外国语大学优秀教学奖；2023 年获北京市高校优质本科课程奖和北京外国语大学青年教学名师奖。

张维琪　上海外国语大学西方语系副教授、硕士生导师，法学博士、文学硕士，上海外国语大学巴西研究中心主任、西方语系葡萄牙语教研室副主任，中国拉丁美洲学会理事、上海欧洲学会会员。1998 年起在上海外国语大学葡萄牙语专业担任教师至今。曾先后赴澳门大学、葡萄牙里斯本大学等高校进修。先后负责讲授 10 余门葡萄牙语专业本科、研究生课程。主要研究方向为区域国别研究、语言学、翻译。近年来正式出版的各类教学、科研成果 40 余项，主持参与多项省部级、校级科研课题，4 项校级课程、教材建设项目。合作编写的《葡萄牙语综合教程》系列教材于2015～2017年曾获中国外语非通用语优秀成果奖、上海市优秀教材奖、上外教学成果奖。上海外国语大学《区域与国别研究导论》课程团队成员，该课程入选首批"国家级一流本科线下课程"、教育部课程思政示范课程、上海高校市级精品课程、上海外国语大学精品课程等。

徐亦行 上海外国语大学葡萄牙研究中心主任、西方语系葡萄牙语教研室主任，教授，博士生导师，葡萄牙里斯本新大学语言学博士。葡萄牙里斯本科学院外籍通信院士，教育部高等院校外语非通用语种类专业教学指导分委员会委员，中国非通用语教学研究会理事，全国翻译专业资格（水平）考试葡萄牙语专家委员会副主任，世界葡萄牙语研究大会学术委员会成员。主要研究方向为葡萄牙等葡语国家问题、葡萄牙语语言学。主编《文化视角下的欧盟五国研究：西班牙、葡萄牙、意大利、希腊、荷兰》，编著《葡萄牙语综合教程》（1～4 册）等教材，译作包括《澳门基本法释要》《巴西经济的形成》《世界尽头的土地上》等。从事葡萄牙语教学及研究多年，2014年获葡萄牙总统功绩勋章。

唐奇芳 中国国际问题研究院副研究员，主要从事中国-东盟关系、中日关系及东亚地区合作等领域的研究。毕业于北京大学和早稻田大学，获国际政治学博士学位。出版专著1部、译著2部，发表学术论文20余篇，参与各类研究课题10余个，并经常在主流报刊发表时评文章。

前　言

《葡语国家发展报告（2023）》（葡语国家蓝皮书）与读者见面了。报告由中国葡语国家研究中心编撰并由社会科学文献出版社出版，是第八部关于葡语国家经济和社会发展的学术性年度报告。

葡语国家九国，包括安哥拉共和国、巴西联邦共和国、佛得角共和国、几内亚比绍共和国、莫桑比克共和国、葡萄牙共和国、圣多美和普林西比民主共和国，东帝汶民主共和国和新增的赤道几内亚共和国，共拥有1070万平方千米国土面积，2.95亿人口（2022年统计）。上述国家均以葡萄牙语为官方语言，虽然赤道几内亚官方语言以西班牙语为主，但是葡萄牙语被列为其官方语言，中国澳门特别行政区也以葡萄牙语为官方语言之一。

2022年，肆虐全球的新冠疫情已经是强弩之末，终于消弭于岁尾。但是，世界仍然处于大变局之中，大国博弈愈演愈烈，俄乌冲突有增无减，全球供应链正在经历重构过程。尽管世界经济、政治格局发生深刻的演变，但是"全球南方"群体性崛起、声势卓然壮大，成为全球发展的磅礴力量。虽然葡语国家受制于疫情的余威，但是各国政府采取多项政策措施，2022年终于摆脱经济衰退的困境，国内生产总值平均呈现增长的态势，尤为突出的是葡语国家对外货物贸易增长显著，吸引外资成效突出，彰显各国不可低估的经济活力。多国大选顺利举行，选后社会稳定，人口持续增长。

2022年，中国与葡语国家领导人互访不断，促进了双边经贸合作履践致远，双边贸易总额超过2000亿美元，中国企业对葡语国家投资方兴未艾，对巴西的投资持续发力。2023年，中国—葡语国家经贸合作论坛（澳门）

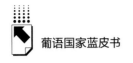

（以下简称"中葡论坛"）成立二十周年，中葡论坛常设秘书处与澳门特区政府相关部门举办系列活动，回顾二十年历程，展望美好未来。

本报告突出中国-葡语国家经贸合作论坛（澳门）这一多边合作机制，以中葡论坛成立二十周年为契机，通过梳理其历史过程，汇集研究成果，总结取得的成果，分析多双边合作双轮驱动效应，强调澳门特别行政区的商贸平台作用，对中葡论坛二十年的成效作出初步评估，为中外学者提供交流的平台。

本报告以世界大变局的视角，观察葡语国家在这一特殊的历史时期经济社会的发展变化，外部环境对这些国家发展带来的影响，分析他们自身的发展动力。同时，通过大数据实证分析，并以比较研究的方法，发现葡语国家间发展的差异，比对国际组织发展的指数，衡量各国的发展水平，从而研判葡语国家整体经济、社会发展状况和趋势。

本报告遵循区域国别区别研究的本质特征，尽可能全面反映葡语国家在经济、社会领域的发展过程和趋势，通过中国政府部门、《经济学人》、国际组织发布的权威数据，纵向比较葡语国家整体发展方向，横向比较国与国之间的发展水平，分析判断其发展规律，为政府部门制定区域国别政策提供智力支持。本报告的主要作者坚持八年赐稿，使得这部集学术性和政策性于一体的年度发展报告始终处于领域前沿。

感谢中国—葡语国家经贸合作论坛（澳门）常设秘书处给予本书的指导和大力支持，感谢对外经济贸易大学区域国别研究院对本书编辑出版的指导，感谢中国社会科学院中国非洲研究院和世界经济与政治研究所、感谢北京外国语大学西班牙语葡萄牙语学院、上海外国语大学巴西研究中心和葡萄牙研究中心、中国国际问题研究院、中国农业大学国际发展与全球农业学院和人文与发展学院、四川外国语大学西方语言文化学院、浙江外国语学院对于本书编辑和撰稿的大力支持。

北京外国语大学西班牙语葡萄牙语学院葡萄牙语专业硕士毕业生李诗悦将全书摘要翻译成葡萄牙文，并审定各篇报告摘要部分的葡萄牙文和关键词，北京师范大学"一带一路"学院赵安欣博士为主报告查询了部分数据。

摘　要

　　《葡语国家发展报告（2023）》是第八部关于葡语国家经济社会发展状况和趋势的学术性年度报告。

　　本报告中的葡语国家九国，包括安哥拉共和国、巴西联邦共和国、佛得角共和国、几内亚比绍共和国、莫桑比克共和国、葡萄牙共和国、圣多美和普林西比民主共和国、东帝汶民主共和国和本年度新增加的赤道几内亚共和国，分布于亚洲、非洲、拉丁美洲和欧洲四大洲。

　　主报告通过大量权威数据和文献资料分析，阐述了葡语国家整体经济和社会发展表现状态与发展趋势。2022 年，葡语国家处于世界百年未有之大变局之中，经历地区局势动荡造成的世界供应链重塑过程，但是疫情后经济复苏表现不俗。九国走出新冠疫情时期经济衰退的阴霾，新的一年平均国内生产总值出现正增长，有的葡语国家还实现两位数的增长，人均国内生产总值呈现较好的增长势头。九国对外货物贸易强劲增长，进出口商品总值平均增幅接近 20%，进口增长尤为突出。近年来，九国均出台多项政策措施，改善投资环境，吸引外资流量增长 50% 以上，与世界投资流量减少形成鲜明对照。亚非拉葡语国家接受国际组织和外国援助有较大幅度减少，但是九国继续争取外国融资缓解经济复苏遇到的困难，虽然外债略有增加，但是总体上风险可控。

　　2022 年，葡语国家人口保持增长态势，总人口数量接近 3 亿人。多数葡语国家属于联合国开发计划署 2022 年公布的《人类发展指数报告》中中等人类发展指数国家，多数国家人均国民总收入属于中等偏下收入经济体范

围内，这些国家的发展任重而道远。

2023 年，中国—葡语国家经贸合作论坛（澳门）（以下简称"中葡论坛"）成立二十周年，中葡论坛常设秘书处和澳门特别行政区政府相关部门举办系列庆祝和研讨活动。中葡论坛成立 10 周年时发布的中葡文报告认为，中葡论坛充分利用澳门特区联系中国内地和葡语国家的优势，以经贸合作为重点，有效推动了中国与葡语国家之间的交流与合作。《中国—葡语国家经贸合作论坛（澳门）成立十五周年第三方评估报告》认为，中葡论坛开创了多国政府间合作的新模式，开创了中国与葡语国家经贸合作的新模式。澳门特区政府认为，20 年来，中葡论坛充分利用澳门特区联系中国内地和葡语国家的独特优势，以经贸合作为重点，取得累累硕果，并希望中葡论坛成为中国与葡语国家全面合作的"推进器"。20 年来，澳门特别行政区政府持续打造中国与葡语国家经贸合作的商贸服务平台，重要作用不可或缺。多年来，中国与葡语国家之间高层互访有力促进了双边经贸合作的快速发展。2022 年，中国与葡语国家进出口商品总值超过 2000 亿美元，实现较大幅度的增长。中国企业虽然对葡语国家的投资整体出现波动，但是对巴西的投资却大幅度增长。中国金融机构开展了人民币结算业务，人民币成为部分国家储备货币。中国企业在葡语国家开展了国际承包工程合作，参与"一带一路"互联互通工程的实施，支持基础设施建设合作。主报告展望 2024 年葡语国家经济社会发展趋势，认为九国将进入恢复发展的轨道，中国与葡语国家将构建命运共同体。

特别报告的主要内容为中葡论坛常设秘书处 2023 年工作情况及 2024 年展望。中葡论坛立足澳门平台，开展贸易投资促进、人力资源领域合作和文化交流活动，2023 年举办近 40 场，特别是隆重举办了中葡论坛成立 20 周年大型活动，包括以"新时代、新起点"为主题的高级别研讨会，中葡论坛成立 20 周年回顾展等系列活动。同时，常设秘书处开展促进中国与葡语国家之间省市交流，使得多双边合作走深走实；继续开展人力资源和教育领域的合作，拓展论坛参与国间的合作领域；举办第十五届中国—葡语国家文化周活动，推进相互间人文交流；做好中葡论坛宣传推广工作，季先峥秘书长多次接受媒体采访，扩大中葡论坛的影响力。《中国—葡语国家经贸合作论坛（澳门）20 年发展综述》对中葡论坛 20 年发展做了系统总结，认为中葡论坛发展过程经历三个阶段，并总结了八大成果，尤为突出的是阐述了澳门平台的三大桥梁作用。《葡语国家学界对中国—葡语国家经贸合作论坛（澳门）的研究综述》阐述了葡语国家参与中葡论坛的动因，认为中葡论坛是葡语国家发展的机遇，学者普遍强调澳门特区作为中国内地与葡语国家的商贸合作的桥梁作用，一致认为中葡论坛多年来取得成效。同时，学者们认为需要推进中国与葡语国家的智库建设。

专题报告中《卢拉"新政"的特征、动因和挑战》从政治、经济和社会三个层面概括了巴西新一届总统卢拉"新政"的基本内容和特征，并认为卢拉采取的是务实的外交政策，同时分析了卢拉"新政"是出于其经济社会的发展需求。《中国与安哥拉产能合作的现状与前景》认为，中国与安哥拉产能合作是互利共赢的过程，并认为是工业合作的新模式。但是，也必须面对诸如单一经济和资金匮乏的挑战。

国别报告，按照葡萄牙文国名首字母排序，分国别阐述葡语国家 2022 年和 2023 年在政治、外交、经济、社会和人文领域的发展变化。其中包括，葡语国家经济和社会的发展变化的详细情况，中国与葡语国家双边关系的发展状况，以及双边经贸合作的进展情况。

附录，编写了 2023 年葡语国家大事记作为附录一，并将 2018～2023 年葡语国家主要经济指标作为附录二，还增加了葡语国家与中国签署的重大协议情况作为附录三。

全书除中文之外，还附有总摘要和各篇摘要的葡萄牙文和英文译文。

关键词： 葡语国家　经济社会发展　经贸合作

目 录 ❰

I　主报告

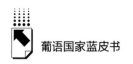

Ⅳ 国别报告

皮书数据库阅读**使用指南**

主 报 告

B.1
葡语国家经济和社会发展
（2022~2023年）

王成安*

摘　要： 2022年，全球经济面临诸多挑战，地区局势动荡造成世界供应链重塑。葡语国家在百年未有之大变局中复苏，经济发展表现不俗，对外贸易增长强劲，坚持改善投资、融资环境，多国大选后社会基本稳定，人口保持持续增长。中国与葡语国家共建"一带一路"，加强贸易、投资和基础设施建设合作，中国—葡语国家经贸合作论坛（澳门）成立20周年，促进了多双边多领域合作，澳门特别行政区打造商贸服务平台成效显著。

关键词： 葡语国家　经济社会　多双边合作

---

* 王成安，资深翻译家，中国世界贸易组织研究会外经贸咨询顾问委员会委员，中国商务部国际商务官员研修学院客座教授，曾担任对外经济贸易大学中国葡语国家研究中心首席专家。

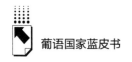

2022 年，世界仍然处于百年未有之大变局之中，新冠疫情处于强弩之末，逐渐消弭于岁尾。俄乌冲突在 2022 年愈演愈烈。安哥拉、巴西、佛得角、几内亚比绍、赤道几内亚、莫桑比克、葡萄牙、圣多美和普林西比、东帝汶 9 个葡语国家，一方面受制于两年多新冠疫情的余威中，另一方面遭遇全球供应链重构的困境。但是，葡语国家经济在逆境中顽强复苏，总体上呈现积极发展的局面。中国与葡语国家加强贸易、投资和基础设施建设合作，构建中国与葡语国家命运共同体。

一　葡语国家经济复苏强劲，旅游业和制造业贡献显著

2022 年，葡语国家经济呈现强劲复苏势头，大部分国家出现增长的态势，少数国家增长率达到两位数，这得益于政府的经济措施和央行宽松的货币政策，旅游业和制造业得以较快的恢复。

（一）葡语国家经济复苏较快，GDP 总量和人均 GDP 获得双增长

2022 年，9 个葡语国家名义 GDP 总量达到 2.33 万亿美元，占全球 GDP 总量 101 万亿美元的 2.3%，同比实际增长率为 1.35%。其中，佛得角 GDP 同比增幅最高，达到 17.7%，实现了两位数的增长，经济总量为 23.15 亿美元；葡萄牙 GDP 同比增幅可观，实现 6.87% 的增长，经济总量达到 2544 亿美元；圣多美和普林西比经济总量同比增长 6.17%，达到 5.51 亿美元，几内亚比绍 GDP 同比增幅为 4.7%，经济总量为 18.20 亿美元；莫桑比克 GDP 同比增幅为 4.15%，经济总量达到 178.38 亿美元；赤道几内亚 GDP 同比增幅为 3.8%，经济总量达到 120.30 亿美元；安哥拉 GDP 同比增幅为 3.04%，经济总量达到 1143.90 亿美元；巴西 GDP 同比增幅为 2.9%，经济总量达到 1.92 万亿美元。东帝汶经济出现大幅度下滑，GDP 下降了 20.54%，达到 32.05 亿美元。从 GDP 来看，在葡语国家中，排在首位的是巴西，其次是葡萄牙和安哥拉，三国 GDP 总计达到

2.2887 万亿美元，占葡语国家 GDP 总量的 98.3%。根据国际货币基金组织（IMF）于 2023 年 4 月发布的数据，在《2022 年世界国家和地区 GDP 总量（IMF 版）》中，巴西排在第 11 位，在 187 个国家中属于排名靠前的经济体。[①] 需要指出的是，2022 年东帝汶非石油 GDP 增长率达到 3.9%，2021 年也增长了 2.9%。2022 年所有葡语国家的 GDP 都实现了正增长，获得了平均增长率达到 5.33% 的可喜成绩。

2022 年，葡语国家人均 GDP 整体呈现增长趋势，同比平均增长了 6.6%。除东帝汶有较大幅度下降外，其他国家均有不同程度的提升。其中，佛得角和葡萄牙增幅达到两位数，分别为 20% 和 12.2%，人均 GDP 分别为 9090 美元和 42096.68 美元；巴西增幅达到 8.7%，为 18350 美元；圣多美和普林西比增幅达到 8.0%，为 4740 美元；莫桑比克增幅达到 7.8%，为 1471.29 美元；赤道几内亚增幅达到 7.7%，为 17610 美元；安哥拉增幅达到 6.5%，为 6980 美元；几内亚比绍增幅达到 4.6%，为 2480 美元。唯有东帝汶下降了 15.4%，人均 GDP 为 4730 美元。人均国内生产总值反映某一国家或地区人民的生活水平，经济繁荣程度以及政府实施经济政策的成效。在葡语国家中，葡萄牙人均 GDP 领先葡语国家，排名第一，排名第二的是巴西，排名第三的是赤道几内亚，排名第四的是佛得角，排名第五的是安哥拉，排名第六的是圣多美和普林西比，排名第七的是东帝汶，排名第八的是几内亚比绍，排名第九的是莫桑比克。分析认为，葡萄牙、巴西和赤道几内亚人民生活水平、经济繁荣程度，包括国家治理成效高于其他葡语国家，佛得角比较接近，其他国家则处于中等或中等偏下水平。

（二）葡语国家货物贸易增长突出，商品进出口各有所需

葡语国家中，除莫桑比克外，其他国家均为世界贸易组织成员；除葡萄牙为发达成员外，其他国家均为发展中成员。巴西、安哥拉的货物贸易相对于其他葡语国家所占比重较大。

---

① 参见附录《2018~2023 年葡语国家主要经济指标》。

2022 年，葡语国家进出口商品总值为 9037.19 亿美元，占全球进出口商品总值 50.52 万亿美元的 1.78%，比 2021 年的 7432.26 亿美元增加了 1604.93 亿美元，同比平均大幅增长 21.59%。其中，葡语国家出口额为 4793.70 亿美元，同比增长 19.41%；进口额为 4243.48 亿美元，同比增长 24.16%。2022 年，葡语国家进出口商品总值增幅最高的是莫桑比克，同比增长 61.61%，达到 228.78 亿美元；以下按照同比增幅自高向低依次为，安哥拉增长 42.19%，达到 644.88 亿美元；赤道几内亚增长 33.97%，达到 65.49 亿美元；佛得角增长 25.44%，达到 13.04 亿美元；巴西增长 21.29%，达到 6067.44 亿美元；葡萄牙增长 14.00%，达到 1980.12 亿美元；圣多美和普林西比增长 8.02%，达到 2.02 亿美元；几内亚比绍和东帝汶出现小幅下降，增幅分别为 -2.02% 和 -3.38%，即 5.585 亿美元和 29.83 亿美元（见表1）。

表 1 2021~2022 年葡语国家进出口商品总值

单位：百万美元

| 国家 | 2022 年 | | | | | | 2021 年 |
| | 进出口额 | 出口额 | 进口额 | 同比（%） | | | 进出口额 |
				进出口	出口	进口	
安哥拉	64488.2	47220.8	17267.4	42.19	40.62	46.40	45376.3
巴西	606744	334134	272610	21.29	18.99	24.25	500222
佛得角	1303.7	281.4	1022.3	25.44	58.00	18.71	1039.3
几内亚比绍	558.5	163.2	395.3	-2.02	-24.09	11.35	570
赤道几内亚	6549.3	4608.3	1941	33.97	31.97	38.94	4888.5
莫桑比克	22878.1	8279.7	14598.4	61.61	48.34	70.24	14156.7
葡萄牙	198012	82627	115385	14.00	9.74	17.26	173699
圣多美和普林西比	202	18	184	8.02	-14.29	10.84	187
东帝汶	2982.8	2038	944.8	-3.38	-10.90	18.16	3087
葡语国家合计	903718.6	479370.4	424348.2	21.59	19.41	24.16	743225.8

资料来源：根据英国经济学人智库国别数据编制。

从葡语国家进出口商品总值比重来看，排在首位的国家为巴西，达到6067.44亿美元，占葡语国家进出口商品总值的67.14%；其次是葡萄牙，达到1980.12亿美元，占比为21.91%；再次是安哥拉，达到644.882亿美元，占比为7.14%。此三国进出口商品总值达到8692.442亿美元，占葡语国家对外货物贸易总额的96.19%。[①]

葡语国家中，巴西、安哥拉、赤道几内亚、东帝汶四国属于贸易顺差国，也是资源富集国，主要出口石油、天然气、矿产品、农产品。安哥拉和赤道几内亚同为石油输出国组织（OPEC）成员。巴西贸易顺差为615.24亿美元，同比增长0.19%。2022年，巴西出口目的地主要有中国、欧盟、美国和阿根廷。巴西农产品出口额为1400.5亿美元，同比增长34.5%；石油出口量为130万桶/日，同比大幅增长68.3%。[②]安哥拉贸易顺差为299.53亿美元，同比增长27.27%，被西卡财经（SIKA Finance）网站列为非洲十大出口国之一。[③]2022年安哥拉石油产量达到5780万吨，比上年增长1.1%，全年出口量为6296万吨。安哥拉石油主要出口目的地为中国、美国、印度、南非、葡萄牙和其他欧亚国家。赤道几内亚贸易顺差为2667.3亿美元，同比增长21.47%。其主要出口目的地为中国、西班牙、葡萄牙和印度，该国2022年石油产量达到550万吨。东帝汶贸易顺差为1093.3亿美元，同比减少394.5亿美元，下降36.98%。

其他葡语国家、佛得角、几内亚比绍、莫桑比克、葡萄牙、圣多美和普林西比均为贸易逆差国。其中，贸易逆差最大的是葡萄牙，为327.58亿美元，其贸易逆差增大的原因主要是增加了电子产品、药品和谷物的进口，其主要贸易伙伴仍为西班牙、法国和德国。莫桑比克贸易逆差为63.18亿美

---

① 参见附录《2018~2023年葡语国家主要经济指标》。
② 《巴西农产品出口创同期最高纪录》，中国驻巴西大使馆经济商务参赞处，2022年3月18日，http://br.mofcom.gov.cn/article/jmxw/202203/20220303286331.shtml。
③ 《SIKA Finance网站公布2022年非洲前十大出口国》，中国驻马里大使馆经济商务参赞处，2023年12月5日，http://ml.mofcom.gov.cn/article/ztdy/202312/20231203458331.shtml。

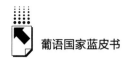
元，佛得角为 7.41 亿美元，几内亚比绍为 2.28 亿美元，圣多美和普林西比为 1.66 亿美元。这些国家主要进口生产和生活必需品，包括机电产品、日用品、食品等，以满足国内市场需求。

（三）采取措施改善营商环境，外国投资流量和存量双增长

近年来，葡语国家出台政策措施，改善营商环境，吸引外国投资。葡萄牙自 2012 年 12 月以来，通过黄金签证吸引外国投资，2022 年 12 月共有 151 位主申请人（携带 192 名家属）获得了葡萄牙移民审批，同比增长 48%。其中，105 位主申请人选择了房产投资，投资额总计 6010.62 万欧元。[①] 安哥拉于 2022 年 4 月颁布了新版《税收优惠法典》（TBC），以优惠税收政策吸引外资，如延期缴纳税款、降低税率、免税等。安哥拉还修订了《私人投资法》《自由贸易区法》，提高外来投资吸引力。[②] 巴西发布了《2022~2026 年后疫情时代巴西投资环境及发展潜力报告》，规定使用外国货币在巴西投资不必经巴西政府批准。[③] 佛得角希冀将来可以成为"非洲的香港"，为此葡萄牙、英国和意大利的资本已经盯上佛得角的豪华房地产项目。莫桑比克政府大力调整经济结构，改善投资环境，引进外资，加大对农业和农村的投入力度，加快基础设施建设，倡导增收节支，政府还对海关进行了改革，大幅降低关税，加强海关能力建设和管理。几内亚比绍的优惠政策包括企业在几内亚比绍投资 10 年内免税，大力邀请外国企业前往几内亚比绍投资。东帝汶社会稳定，经济活动日益活跃，一些基础设施项目已经启动，电力、港口、机场、码头等改造或扩建也逐步提上政府议程。赤道几内亚继续将现有天然气转化为液化天然气、能源和石化产品，利用非洲大陆自贸区有效地推进储备资源货币化，以此带动区域经济

---

① 《12 月葡萄牙黄金签证数据出炉，美国人成为 2022 年最大投资群体》，知乎网，2023 年 1 月 13 日，https：//m. 163. com/dy/article/HR4BBSHF0553R249. html。
② 《安哥拉新税法的各项优惠措施》，《中国投资》，2023 年 3 月号，https：//m. thepaper. cn/baijiahao。
③ 《2022 年巴西投资政策分析和综述、介绍》，环球印象-全球海外投资分析报告权威提供平台，2022 年 2 月 21 日，http：//www. zcqtz. com/news/294969. html。

和工业化发展。

联合国贸易和发展会议《2023 年世界投资报告》（中文版）在厦门发布。报告显示，2022 年，全球外国直接投资（FDI）下降 12%，至 1.3 万亿美元。在这样的大背景下，葡语国家吸引外资流量同比大幅增长 52%，达到 311.34 亿美元，与世界投资流量减少了 1833.99 亿美元形成巨大的反差。其中，圣多美和普林西比外国吸收外资流量 1.13 亿美元，同比增幅高达807%；巴西吸收外资流量达到 353.99 亿美元，同比增幅也高达 70%；安哥拉吸收外资流量 17.87 亿美元，同比增长了 41%；几内亚比绍吸收外资流量300 万美元，同比增长 16%；赤道几内亚投资额只有 100 万美元，与上年持平。但是，东帝汶吸引外资流量投资额只有 10.17 亿美元，大幅度下降135%；莫桑比克吸引外资流量 31.17 亿美元，大幅下降 61%；葡萄牙吸引外资流量 5.16 亿美元，同比下降 5%。葡语国家吸引外资流量出现大幅度增长或下降的情况反映出外国投资者对大部分葡语国家保持信心，但是对一些国家的投资信心下降。同时，也显示出各国政府吸引外资的政策和环境的变化。

葡语国家外国投资存量达到 841.98 亿美元，同比增长了 9%。其中，存量增幅较大的是圣多美和普林西比，存量投资额 1.27 亿美元，增长 35%；其次，东帝汶外国投资存量 2.09 亿美元，增幅 16%；巴西投资存量 860.5亿美元，增幅 12%，外国投资存量成为葡语国家中最高的国家。莫桑比克外国投资存量为 40.46 亿美元，同比增长 8%；赤道几内亚外国投资存量4.58 亿美元，同比增幅 3%；葡萄牙原地踏步，实际存量减少了 4.72 亿美元。安哥拉外国投资存量 61.42 亿美元，大幅下降 29%。佛得角外国投资存量 8200 万美元，同比小幅下降 3%。上述葡语国家吸引外资存量的增长，反映外国投资者对于大部分葡语国家保持投资的信心和这些葡语国家吸引外资环境的持续改善（见表 2）。

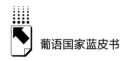

表2　2022年葡语国家吸引外资情况

单位：亿美元，%

国家	流量		存量	
	增加额	增长率	增加额	增长率
安哥拉	−17.87	41	−61.42	−29
巴西	353.99	70	860.5	12
佛得角	0.32	31	−0.82	−3
几内亚比绍	0.03	16	0.04	1
莫桑比克	−31.27	−61	40.46	8
葡萄牙	−5.16	−5	−4.72	0
圣多美和普林西比	1.13	807	1.27	35
东帝汶	10.17	−135	2.09	16
赤道几内亚	−0.01	0	4.58	3
葡语国家合计	311.33	52	841.98	9
世界	−1833.99	−12	−28265.52	−6

资料来源：根据联合国贸易和发展会议《2023年世界投资报告》统计数据库编制。

（四）流入援助资金减少，争取外部融资助力经济发展

2022年，亚非拉葡语国家接受国际组织和外国援助总计37.52亿美元，比上年减少了5.47亿美元，同比下降12.72%，只有莫桑比克有较大增加。安哥拉、巴西、佛得角三国呈大幅下降趋势。其中，流入安哥拉的外国援助额为9748万美元，比上年减少了1.50亿美元，同比下降60.48%；流入巴西的援助额为5.77亿美元，比上年减少了5.37亿美元，同比下降48.20%；流入佛得角的援助额为8254万美元，比上年减少了6270万美元，同比下降43.17%；流入赤道几内亚的援助额为1112万美元，比上年减少了158万美元，同比下降12.44%；流入几内亚比绍的援助额为1.48亿美元，比上年减少了2046万美元，同比下降12.43%；流入圣多美和普林西比的援助额为5313万美元，比上年减少了1903万美元，同比下降26.37%；流入东帝汶的援助额为2.24亿美元，比上年减少了3178万美元，同比下降12.42%。

亚非葡语国家中，只有流入莫桑比克的援助额增加了 2.76 亿美元，同比增长了 12.09%，达到 25.59 亿美元。

亚非拉葡语国家非常珍视来之不易的国际组织和外国援助。这些援助包括财政援助、技术援助、粮食援助、人员培训，以及应对气候变化等。进行援助的国际组织主要有联合国儿童基金会、联合国难民署、联合国开发计划署、世界银行、国际货币基金组织和非洲开发银行等，对其援助的国家主要有美国、日本、荷兰、挪威、瑞典、葡萄牙。亚非拉葡语国家获得国际发展援助规模下降，主要原因是发达国家对最不发达国家的援助近年来有所减少。

葡萄牙作为经济合作与发展组织发展援助委员会成员，其官方发展援助（ODA）连续第二年增长，2022 年达到 4.8 亿欧元。与 2021 年相比，葡萄牙官方发展援助实际增长率达到 17.5%，是 2010 年以来的最大增幅，相当于国民总收入的 0.23%。葡萄牙的主要援助对象仍然是其他葡语国家。回顾 2021 年，葡萄牙对亚非拉葡语国家提供的官方发展援助总额达到 9541.56 万美元。其中，提供给安哥拉的援助额为 1784.38 万美元，提供给巴西的援助额为 818.66 万美元，提供给佛得角的援助额为 1620 万美元，提供给几内亚比绍的援助额为 1964.52 万美元，提供给圣多美和普林西比的援助额为 1636.60 万美元，提供给东帝汶的援助额为 1717.40 万美元。[①]

2022 年，葡语国家通过接受外国融资，包括开发性金融机构的贷款、优惠性贷款来缓解经济复苏遇到的困难，促进各自国家的经济发展。安哥拉总统若昂·洛伦索（João Lourenço）2022 年 12 月访问美国期间，双方确定了优先级合作项目。项目主要由美国进出口银行（US Exim）向安哥拉提供 9 亿美元的融资，建设两座总装机容量为 500 兆瓦的光伏电站。其合同总价为 20 亿美元，由葡萄牙 Omatapalo 集团公司和美国 Sun Africa 共同组成的联

---

① 《葡萄牙移民：来自官方的官方发展援助连续第二年增长》，怀恩投资移民，2023 年 4 月 19 日，http://www.kindvipvisa.com/Portugal/yiminshangji/26206.html。

合体负责项目推进。① 巴西国有银行（Banco do Brasil）从世界银行获得 5 亿美元的融资，以应对气候变化，并提高私营部门进入碳信贷市场的能力，以及遏制森林砍伐。② 国际货币基金组织再次对莫桑比克的国家预算予以支持，在其特别提款权项下给予莫桑比克 4.56 亿美元零利率为期三年的优惠信贷安排，重点支持莫桑比克改善公共债务管理并实施宏观经济、财政和结构改革，促进治理和实施更加透明的公共财政政策。其中，约 9100 万美元可立即支付。该计划还为莫桑比克社会保障体系提供融资和预算支持，每年可覆盖 3 万多户家庭，使 15 万人受益。

（五）外债略有增加，可持续风险总体可控

据国际货币基金组织发布的报告，2022 年全球债务总额为 235 万亿美元，比 2021 年增加了 2000 亿美元。2022 年，全球债务总额占全球 GDP 的 238%。

2022 年，葡语国家外债总额为 7064.473 亿美元（不包括葡萄牙和赤道几内亚），比上年增加了 23.78 亿美元，占葡语国家当年 GDP 的 30.32%。其中，莫桑比克外债存量为 640.284 亿美元，占其 GDP 的 358.94%；佛得角的外债存量为 20.112 亿美元，占其 GDP 比重高达 86.87%；安哥拉外债存量为 601.066 亿美元，占其 GDP 的 85.22%；外债存量最大的是巴西，达到 5785.99 亿美元，占其 GDP 的 30.17%；圣多美和普林西比外债存量为 3.915 亿美元，占其 GDP 的 111.40%。上述可以看出，莫桑比克、佛得角、安哥拉及圣多美和普林西比的外债存量大幅高于 30% 的安全线，属于高负债国家，尤其是莫桑比克，高负债率会降低其财政稳定性、货币稳定性和信用等级（见表 3）。

---

① 《美国进出口银行（US Exim）出资 9 亿美元支持安哥拉于 2026 年前建设 500MW 光伏电站》，国复咨询，2023 年 6 月 18 日，https：//news.goalfore.cn/latest/detail/29215.html。

② 《世行向巴西银行融资支持可持续发展》，中国驻巴西大使馆经济商务参赞处，2022 年 12 月 27 日，http：//br.mofcom.gov.cn/article/jmxw/202212/20221203375778.shtml。

表3 2021~2022年葡语国家外债存量情况

单位：百万美元，%

国家	2022年			2021年
	外债存量	债务额同比（增加量）	债务额同比	外债存量
安哥拉	60106.6	−5980.1	−9.05	66086.7
巴西	578599.0	7092.1	1.24	571506.9
佛得角	2011.2	−49.1	−2.38	2060.3
几内亚比绍	1020.9	−51.6	−4.81	1072.5
赤道几内亚	/	/	/	/
莫桑比克	64028.4	1295.4	2.06	62733.0
葡萄牙	/	/	/	/
圣多美和普林西比	391.5	60.2	18.17	331.3
东帝汶	289.7	11.1	3.98	278.6

资料来源：根据世界银行国际债务统计（IDS）数据库编制。

二 葡语国家人口持续增长，多国社会稳定发展

2022年，葡语国家实现人口增长，失业情况好转，教育水平与上年持平，多数国家属于人类发展指数中等以上水平，并且属于中等偏下收入经济体或低收入经济体，多国举行总统或议会选举，选后社会稳定有利民生。

（一）葡语国家人口达到约2.94亿人，教育水平与往年持平，失业状况有所改善

2022年，葡语国家人口达到2.94亿人，比上年增加了329万人，增长了1.13%。葡语国家人口占世界人口78.98亿人的3.72%。其中，圣多美和普林西比增幅最大，增长了4.55%，为23万人；安哥拉增长了3.16%，为3559万人；赤道几内亚增长了3.07%，为168万人；莫桑比克增长了2.77%，为3297万人；几内亚比绍增长了2.48%，为207万人；东帝汶增

长了 2.24%，为 137 万人；葡萄牙增长了 0.49%，为 1035 万人；巴西增长了 0.54%，为 20940 万人；佛得角增长率为零。具体如表 4 所示。

表 4 2021~2022 年葡语国家人口变化情况

单位：百万，%

国家	2021 年人口	2022 年人口	人口增量	人口增长率
安哥拉	34.5	35.59	1.09	3.16
巴西	208.28	209.4	1.12	0.54
佛得角	0.59	0.59	0	0
几内亚比绍	2.02	2.07	0.05	2.48
赤道几内亚	1.63	1.68	0.05	3.07
莫桑比克	32.08	32.97	0.89	2.77
葡萄牙	10.30	10.35	0.05	0.49
圣多美和普林西比	0.22	0.23	0.01	4.55
东帝汶	1.34	1.37	0.03	2.24

资料来源：根据英国经济学人智库国别数据编制。

2021 年，联合国开发计划署发布的人类发展指数中，世界各国预期受教育年限和平均受教育年限越长，国家教育水平越高。葡语国家 2021 年平均受教育年限为 6.0 年，比 2020 年（平均受教育年限为 6.3 年）小幅下降了 0.3 年，下降了 4.76%。其中，葡萄牙受教育年限最高，为 9.6 年，之后依次为巴西 8.1 年，佛得角 6.3 年，圣多美和普林西比 6.2 年，赤道几内亚 5.9 年，安哥拉和东帝汶均为 5.4 年，几内亚比绍和莫桑比克分别为 3.6 年和 3.2 年。从上述平均受教育年限来看，葡语国家勉强达到最低的基础教育 6 年的年限，仅葡萄牙超过了 9 年的基础教育年限，部分葡语国家还处在小学教育水平的阶段。虽然多数葡语国家实行了 9 年义务教育，并且普遍设立了高等学校，但是提高国民素质对多数葡语国家来说任务还很艰巨。

根据国际劳工组织发布的数据，2022 年全球失业人数达到 2.07 亿人，大大超过 2019 年 1.86 亿人的水平。① 2022 年葡语国家平均失业率为 8.21%（见表5），属于轻度失业范畴。

表5　2022 年葡语国家失业率情况

国家	安哥拉	巴西	佛得角	几内亚比绍	赤道几内亚	莫桑比克	葡萄牙	圣多美和普林西比	东帝汶	平均
失业率（%）	14.5	9.2	12.4	3.2	8.6	3.8	6.0	14.4	1.8	8.21

资料来源：根据世界银行统计数据编制。

（二）多数国家处于中等发展水平，少数国家属于高人类发展指数级别

2022 年 9 月 8 日，联合国开发计划署发布了最新一期《人类发展报告 2021/2022》（Human Development Report 2021/2022）。报告中包含的一项重要指标数据为人类发展指数（Human Development Index，HDI），这是联合国开发计划署从 1990 年开始发布的一个指数，用作衡量各国社会经济发展程度的标准，其衡量指标包括"出生时的预期寿命""受教育年限（包括平均受教育年限和预期受教育年限）""人均国民总收入"三项。本次是自新冠疫情出现以来的首次数据更新（上一次为 2020 年）。全球人类发展指数值连续两年下降，抵消了前五年的涨幅。②

2022 年，葡语国家中葡萄牙人类发展指数得分为 0.866 分，同比提高了 0.002 分，在世界 191 个国家中（下同）排名第 38 位，属于极高人类发展指数组别；巴西人类发展指数得分为 0.754 分，同比下降了 0.011 分，属于高人类发展指数组别，排名第 87 位；佛得角人类发展指数得分为 0.662

---

① 《超 2 亿！国际劳工组织预计今年全球失业人数仍超疫情前》，中国青年网，2022 年 1 月 18 日，https：//baijiahao.baidu.com/s? id =1722260005218971936&wfr=spider&for=pc。

② 《数据看中国 VS 世界：世界各国人类发展指数排名－2022》，知乎网，2022 年 9 月 8 日，https：//zhuanlan.zhihu.com/p/562736144? utm_ id =0。

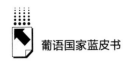
分，同比下降了 0.003 分，属于中等人类发展指数组别，排名第 128 位；圣多美和普林西比人类发展指数得分为 0.618 分，同比下降了 0.007 分，属于中等人类发展指数组别，排名第 138 位；东帝汶人类发展指数得分为 0.607 分，同比提高了 0.001 分，属于中等人类发展指数组别，排名第 140 位；赤道几内亚人类发展指数得分为 0.596 分，同比提高了 0.004 分，属于中等人类发展指数组别，排名第 145 位；安哥拉人类发展指数得分为 0.586 分，同比提高了 0.005 分，属于中等人类发展指数组别，排名第 148 位；几内亚比绍人类发展指数得分为 0.483 分，同比提高了 0.003 分，属于低人类发展指数组别，排名第 177 位；莫桑比克人类发展指数得分为 0.446 分，同比下降了 0.010 分，属于低人类发展指数组别，排名第 185 位。从上述情况可以看出，葡语国家中属于极高人类发展指数的国家只有葡萄牙，属于高人类发展指数的国家只有巴西，属于中等人类发展指数的国家有佛得角、圣多美和普林西比、东帝汶、赤道几内亚和安哥拉，而属于低人类发展指数的国家有几内亚比绍和莫桑比克。由此可知，葡语国家从整体上距离高水平的发展阶段还有一定的差距。

2022 年世界各经济体人均国民总收入（GNI）参照 2021 年的阈值，即人均国民总收入为 1085 美元及以下是低收入经济体，人均国民总收入为 1086~4255 美元是中等偏下收入经济体，人均国民总收入为 4256~13205 美元是中等偏上收入经济体，人均国民总收入为 13206 美元及以上是高收入经济体。2022年，葡语国家各国人均国民总收入平均为 5666 美元，总体上属于中等偏上收入经济体组别。其中，葡萄牙人均国民总收入为 25800 美元，属于高收入经济体，在世界排名第 44 位；巴西、赤道几内亚人均国民总收入分别为 8140 美元和 5320 美元，属于中等偏上收入经济体，在世界分别排第 88 位和第 110 位；佛得角人均国民总收入为 4140 美元，在世界排第 122 位；圣多美和普林西比人均国民总收入为 2410 美元，在世界排第 143 位；东帝汶人均国民总收入为 1970 美元，在世界排第 154 位；安哥拉人均国民总收入为 1900 美元，在世界排第 155 位，上述四国属于中等偏下收入经济体；几内亚比绍和莫桑比克人均国民总收入分别为 820 美元和 500 美元，在世界排第 178 位和第 188 位，属于低收入经济体。从上述情况不难看出，大多数葡语国家属于中等偏下收入经济体或低收入经济体，这些国家的发展任重而道远。

三 中国与葡语国家多双边合作双轮驱动，相互促进取得成效

2022年，受新冠疫情反复、俄乌冲突等多重因素影响，国际经济合作遭遇挑战。中国与葡语国家经贸合作仍延续了稳中有升的发展态势，展现了较强韧性和发展潜力。中国与葡语国家之间建立了长期稳定的双边、多边合作机制，对增进互信、凝聚共识、扩大合作具有重要积极作用。

（一）中葡论坛成立20周年，多边合作机制形成

2023年，中国—葡语国家经贸合作论坛（澳门）（以下简称"中葡论坛"）成立20周年。中葡论坛常设秘书处和澳门特别行政区政府相关部门举办系列庆祝和研讨活动，总结20年来的经验，充分肯定所取得的成绩，提出未来发展的中长期目标。[①] 中葡论坛自2003年在澳门特区成立以来，做过两次第三方评估。第一次评估是在中葡论坛成立10周年的时机，由对外经济贸易大学（葡语国家研究中心）于2013年发布了中葡文版《中国—葡语国家经贸合作论坛（澳门）10年报告（2003-2013年）》（以下简称《10年报告》）。第二次评估是在中葡论坛成立15周年的契机，由中国社会科学院（世界经济与政治研究所）于2020年发布了《中国—葡语国家经贸合作论坛（澳门）成立十五周年第三方评估报告》（以下简称《十五周年评估报告》）。两次评估都充分肯定了中葡论坛取得的成果，有利于这一多边合作机制的健康发展。

《10年报告》认为，中葡论坛充分利用澳门特区联系中国内地和葡语国家的优势，以经贸合作为重点，有效推动了中国与葡语国家之间的交流与合

---

① 《澳门举办中葡论坛成立二十周年高级别研讨会等活动》，新华网，2023年10月21日，https://baijiahao.baidu.com/s？id=1780291149499096027&wfr=spider&for=pc。

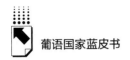

作，中国与葡语国家不仅在贸易、投资、经济技术合作方面取得发展，同时在农业、旅游、运输与通信、金融、文化、广播电视与体育等领域也实现了大合作。正如时任总理温家宝在中葡论坛第三届部长级会议开幕仪式上所说，中葡论坛是中国与葡语国家开展互利友好合作的重要平台和纽带。

《十五周年评估报告》认为，中葡论坛开创了多国政府间合作的新模式，开创了中国与葡语国家经贸合作的新模式，充分发挥了澳门作为联系中国与葡语国家的合作平台的作用。

中葡论坛成立 20 年来，举行了五届部长级会议和一届部长级特别会议，制定了五部行动纲领，在澳门设立了常设秘书处行使组织和协调的职能，通过各与会国的联络机构跟踪落实三年一度的发展目标，设立和完善了各类贸易、投资、金融和多种合作促进机构，坚持在 30 多个领域开展了后续行动，特别是澳门特区作为中国内地与葡语国家商贸服务平台发挥了不可替代的作用。经过中葡论坛参与各方的共同努力，中葡论坛取得了很大成就，促进了中国与葡语国家的友好合作，向构建命运共同体的目标奋进。

2023 年 10 月 20 日，中葡论坛常设秘书处举办以"新时代、新起点"为主题的中葡论坛成立 20 周年高级别研讨会暨中葡论坛成立 20 周年回顾。澳门特别行政区行政长官贺一诚认为，20 年来，中葡论坛充分利用澳门特区联系中国内地和葡语国家的独特优势，以经贸合作为重点，有效推动了中国与葡语国家之间的交流与合作，取得累累硕果。中葡论坛是中国和葡语国家开展互利友好合作的重要平台和纽带，并逐渐成为推动中国和葡语国家全面合作的"推进器"。贺一诚指出，建设中葡商贸合作服务平台，是澳门更好融入国家发展大局的重要环节。这是中央政府赋予澳门特区在国家发展战略中的重要定位和光荣使命，也是发挥澳门区位优势、推动经济适度多元化发展的重要组成部分。经过 20 年深耕细作，中葡平台建设从理念变为现实，与此同时，显著提升了澳门的国际影响力，为澳门企业提供了更广阔的合作空间。①

---

① 《贺一诚：中葡论坛成为推动中国和葡语国家全面合作的"推进器"》，中国新闻网，2023 年 10 月 20 日，https：//baijiahao.baidu.com/s？id＝1780281903348479560&wfr＝spider&for＝pc。

中葡论坛秘书长季先峥认为，20 年来，中葡论坛机制不断完善，建设成效不断彰显，为促进中国和葡语国家各领域交流合作，为提升葡语国家在华影响，为澳门中葡商贸合作服务平台建设发挥了不可替代的作用。①

中国商务部台港澳司副司长李晓辉表示，中葡论坛已经覆盖了世界上所有以葡语为官方语言的国家。中国与葡语国家的贸易额从 2003 年的 110.3 亿美元增加至 2022 年的 2148.3 亿美元。中国与葡语国家人文交流丰富多彩，葡语国家共计超过 1.3 万人次到中国内地和澳门参加研修培训或留学教育。②

（二）中国与葡语国家领导人互访，促进多双边多领域合作

东帝汶总统若泽·曼努埃尔·拉莫斯·奥尔塔（José Manuel Ramos-Horta）于 2022 年 6 月 4 日在帝力会见中国国务委员兼外交部长王毅。奥尔塔表示，感谢中国政府和人民长期以来给予的巨大支持。从两国建交伊始，无论面临什么困难和压力，我们始终坚定恪守一个中国原则。东帝汶对两国关系的未来充满信心和期待。王毅转达了习近平主席的亲切问候，并赞赏奥尔塔总统当年担任首任外长时在独立当天同中国签署建交公报，共同掀开两国关系崭新一页，是两国友好的见证者和推动者。王毅说，20 年来，两国始终平等相待、相互理解、相互支持，已成为共建"一带一路"重要伙伴，中国为东帝汶经济社会发展、基础设施建设、民生改善发挥了积极作用。③

2023 年 4 月 12 日，巴西总统卢拉开始对中国进行为期 3 天的国事访问。这是卢拉第 5 次踏上中国大地，也是他第 3 次对中国进行国事访问，还是卢拉 2023 年 1 月就任巴西总统以来首次出访美洲以外的国家，创下了卢拉就任总统后访华的最快纪录。巴西派出了多名内阁部长、州长以及 39 名议员和 240 名商界领袖访华。4 月 14 日下午，国家主席习近平在北京人民

---

① 《中国—葡语国家经贸合作论坛（澳门）成立二十周年招待会举行》，人民网，2023 年 3 月 28 日，https：//baijiahao.baidu.com/s？id=1761619812753142152&wfr=spider&for=pc。

② 《澳门举办中国—葡语国家经贸合作论坛（澳门）成立 20 周年招待会》，中国新闻网，2023 年 3 月 28 日，https：//baijiahao.baidu.com/s？id=1761621422385472069&wfr=spider&for=pc。

③ 《东帝汶总统奥尔塔会见王毅》，中国政府网，2022 年 6 月 4 日，https：//www.gov.cn/guowuyuan/2022-06/04/content_5693985.htm。

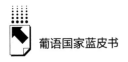

大会堂同巴西总统卢拉举行会谈。巴西商贸代表团与中方签订了 20 余项合作协议，其中包括设立人民币清算，加强中巴在铁矿、煤炭开采以及机械制造方面的合作等。①

2023 年 5 月 7~9 日，中国国家副主席韩正应邀访问葡萄牙，在会见葡萄牙总统马塞洛·雷贝洛·德索萨（Marcelo Rebelo de Sousa）时，韩正转达了习近平主席的亲切问候和良好祝愿，他表示，在两国元首定向把舵下，中葡关系始终保持健康稳定发展。中方愿与葡方和欧方深化互利合作，服务各自经济发展，为世界经济稳定复苏作出积极贡献。德索萨请韩正转达他对习近平主席的亲切问候和良好祝愿，表示，葡中友好历久弥新。葡方始终致力于打造友好互信、积极合作的葡中关系，拒绝用简单的眼光看待葡中、欧中关系，愿进一步加强葡中高层交往，深化双方在贸易、科技、人文等领域的重要合作，继续积极推动欧中开展建设性合作。韩正副主席会见葡萄牙总理安东尼奥·达·科斯塔（António da Costa）时，科斯塔表示，葡方坚持一个中国政策，支持"一国两制"在澳门实践。葡中通过澳门平台构建起良好伙伴关系，希望双方共同努力，赋予中国—葡语国家经贸合作论坛（澳门）更大活力，推动更多务实合作，更好促进葡中互利合作，拓展同非洲国家的三方合作。②

习近平主席于 2023 年 10 月 19 日在人民大会堂会见来华出席第三届"一带一路"国际合作高峰论坛的莫桑比克总理阿德里亚诺·马莱阿内（Adriano Maleiane）。习近平主席强调，中方愿同莫方不断深化中莫传统友好，加强战略协调，推动中莫全面战略合作伙伴关系不断得到新发展。中方支持莫桑比克维护国家主权、安全、发展利益，走符合自身国情的发展道路。双方要深化能源、农业等领域合作，推动教育、文化、地方、民间交往交流。中方愿同莫方在联合国等多边平台加强沟通，推动落实全球发展倡议、全球安全倡议、全球文明倡议。马莱阿内表示，很高兴来华出席第三届

① 《元首外交｜不以山海为远 中国巴西携手前行》，新华网，2023 年 4 月 15 日，http：//www. xinhuanet. com/politics/leaders/2023-04/15/c_ 1129526786. htm。
② 《韩正访问葡萄牙》，2023 年 5 月 10 日，https：//baijiahao. baidu. com/s？id=1765493374 282383570&wfr=spider&for=pc。

"一带一路"国际合作高峰论坛。此行加深了我们对中国和"一带一路"倡议的了解，更加领略到习近平主席的战略远见。"一带一路"倡议和全球发展倡议等系列重要倡议，有利于帮助其他国家消除贫困、发展经济、改善民生。中国的发展和对外政策基于和平、平等、尊重和友好，是促进世界和平和发展的正能量。无论是在莫桑比克开展民族独立斗争时期，还是面对新冠疫情困难时期，中国始终给予莫方坚定支持，是莫桑比克真正的朋友。莫方坚定奉行一个中国政策，希望借鉴中国式现代化经验，更好实现本国发展，深化同中国各领域务实合作，推动构建人类命运共同体。①

中共中央政治局委员、外交部部长王毅于 2023 年 12 月 6 日在北京会见了到访的安哥拉外长安东尼奥（Téte António）。王毅强调，中方对安哥拉坚持一个中国原则表示赞赏。中方也同样支持安方维护主权和发展利益，愿意同安哥拉在各领域加强合作，打造更为紧密的中非命运共同体，推动国际秩序朝着更加公正合理的方向发展。安东尼奥表示，安哥拉恪守"一中原则"，中国和安哥拉不仅是朋友，也是战略伙伴，感谢中方帮助安哥拉战后重建以及经济发展，对中方维护非洲安全、纠正历史不公发挥积极作用表示赞赏。中国和安哥拉合作互利共赢，重大项目不断落地，见证并促进了两国友谊。②

此外，中国与葡语国家民间交往频繁，包括 2023 年 11 月 21 日在葡萄牙里斯本举行的中国（山西）—葡萄牙（里斯本）产业合作对接交流会，③《中国社会科学报》记者采访葡萄牙中国观察协会主席、中葡友谊合作协会主席鲁伊·罗里多（Rui D'ávila Lourido），葡萄牙奥埃拉斯（Oeiras）市副市长弗朗西斯科·贡萨尔维斯（Francisco Gonçalves）出席 2023 北京文化论坛，2022 年 10 月 30 日在巴西巴拉那州哥伦布市政厅举行"好客山东，好品山东"线上宣传推介会活动。

---

① 《习近平会见莫桑比克总理马莱阿内》，《新京报》2023 年 10 月 19 日，https：//baijiahao. baidu. com/s？ id＝1780184353412001511&wfr＝spider&for＝pc。
② 《王毅同安哥拉外长安东尼奥会谈》，北京日报客户端，2023 年 12 月 6 日，https：//baijiahao. baidu. com/s？ id＝1784521809545052433&wfr＝spider&for＝pc。
③ 《中国（山西）—葡萄牙（里斯本）产业合作对接交流会举行》，央广网，2023 年 11 月 23 日，https：//baijiahao. baidu. com/s？ id＝1783429014100075251&wfr＝spider&for＝pc。

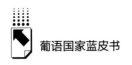

（三）中国与葡语国家贸易恢复性增长，优势互补有利于经济发展

2022 年，中国与葡语国家进出口商品总值约为 2148.29 亿美元，同比增长 6.27%。其中，中国自葡语国家进口额为 1388.06 亿美元，同比增长 1.15%；对葡语国家出口额约为 760.23 亿美元，同比增长 17.08%。其中，中国与巴西进出口商品总值约为 1714.92 亿美元，同比增长 4.9%；中国与安哥拉进出口商品总值约为 273.43 亿美元，同比增长 16.3%（见表 6）。中国与巴西和安哥拉两国贸易额占中国与葡语国家贸易额的 92.56%，同比平均增长 11.29%。中国与其他葡语国家进出口商品总值占比从大到小依次为，葡萄牙占 4.20%，莫桑比克占 2.16%，赤道几内亚占 0.81%，东帝汶占 0.2%，佛得角占 0.043%，几内亚比绍占 0.026%，圣多美和普林西比占 0.007%。

表 6 2022 年中国与葡语国家进出口商品总值

单位：千美元，%

国家	进出口额	出口额	进口额	同比		
				进出口	出口	进口
安哥拉	27342898	4096911	23245987	16.3	65.0	10.6
巴西	171492014	61969971	109522043	4.9	15.7	−0.4
佛得角	92985	92965	20	8.8	10.3	−98.2
几内亚比绍	56518	56516	3	−36.3	−36.3	130.7
赤道几内亚	1747111	230727	1516384	30.5	86.8	24.8
莫桑比克	4632240	3292124	1340116	14.9	14.0	17.1
葡萄牙	9014190	5978102	3036088	2.4	11.8	−12.1
圣多美和普林西比	15438	15288	150	2.5	2.4	13.0
东帝汶	435840	290483	145357	16.9	11.9	28.5
合计	214829235	76023087	138806148	6.27	17.08	1.15

资料来源：根据中国海关总署统计数据编制。

中国对葡语国家贸易形成 627.83 亿美元的逆差。其中，中国对巴西和安哥拉的贸易逆差分别达到 475.52 亿美元和 191.49 亿美元。截至

2022 年，中巴商品进出口总值连续 5 年突破 1000 亿美元，中国连续 14 年成为巴西最大贸易伙伴。2022 年，中国从巴西进口大豆、肉类、林产品、蔗糖和乙醇以及纤维、纺织产品等，占巴西出口商品总值的 83.2%。当年，中国从巴西进口大豆 5440 万吨，占中国大豆进口总量的 59.73%，进口牛肉 110.5 万吨，占中国牛肉进口总量的 41%。2022 年，中国从安哥拉进口原油 3009 万吨，占中国当年原油进口总量的 5.92%，葡语国家中赤道几内亚亦为中国贸易逆差国，逆差额为 12.86 亿美元。中国是赤道几内亚第一大出口目的地和第二大进口来源地，2022 年中国从赤道几内亚进口最多的是船舶。中国与其他葡语国家贸易均为顺差，这些国家从中国进口了机电产品、轻工日用品、纺织产品等。

（四）中资企业对葡语国家直接投资流量有升有降，各国投资环境显现差异

2022 年，中资企业对葡语国家非金融类直接投资流量减少了 5921 万美元，整体上同比大幅下降 121.58%。但是，中资企业对巴西和几内亚比绍的直接投资流量却呈现大幅增长的态势，中资企业对巴西的直接投资流量为 2.24 亿美元，同比增长 52.85%；中资企业对几内亚比绍的直接投资流量为 81 万美元，同比增长 912.5%。中资企业对其他葡语国家的直接投资流量依次为，莫桑比克减少了 7417 万美元，同比大幅度下降 1940.44%；赤道几内亚减少了 4051 万美元，大幅度下降 1851.3%；安哥拉减少了 3.15 亿美元，同比大幅度下降 355.08%；东帝汶减少了 428 万美元，同比大幅度下降 174.17%；佛得角增加了 30 万美元，同比下降 173.17%；葡萄牙增加了 144 万美元，同比下降 47.63%（见表 7）。2022 年中资企业对圣多美和普林西比的直接投资暂无公开数据。中资企业对葡语国家直接投资流量下降与中国对外直接投资流量下降（同比下降 8.8%）趋势一致，葡语国家投资环境发生变化或中资企业投资策略进行了调整，也与国际投资大幅度下降有关。由此看来，中资企业对巴西的直接投资大幅增长是个特例，这表明，一方面，巴西持续改善了投资环境；另一方

面，中资企业保持了投资巴西的信心。中资企业在巴投资惠及巴西民众。国家电网在巴西相继投资建设了美丽山特高压输电项目、特里斯皮尔斯水电送出项目等多个大型绿地输电特许权项目。

中资企业对葡语国家直接投资存量达到 69.19 亿美元（见表 7），但是小幅下降了 6.73%。其中，下降幅度较大的是安哥拉，投资存量为 19.46 亿美元，同比下降 28.18%；其次是圣多美和普林西比，投资存量为 51 万美元，下降 26.08%；葡萄牙投资存量为 2503 万美元，下降 14.31%；赤道几内亚投资存量为 2.35 亿美元，下降 16.21%。但是，中国对巴西、佛得角和几内亚比绍三国的投资存量却有不同程度的增长，分别增长了 13.37%、23.66% 和 3.34%，分别达到 34.10 亿美元、162 万美元和 2506 万美元，中国是巴西第一大贸易伙伴国。中资企业对葡语国家投资存量有增有减，显示出中国企业的投资意愿和葡语国家的投资环境的差异。

表 7 2021~2022 年中资企业对葡语国家直接投资情况

单位：万美元，%

国家	2022年				2021年	
	投资流量	同比	投资存量	同比	投资流量	投资存量
安哥拉	−31500	−355.08	194617	−28.18	12349	271009
巴西	22386	52.85	340999	13.37	14645	300771
佛得角	30	−173.17	162	23.66	−41	131
几内亚比绍	81	912.5	2506	3.34	8	2425
赤道几内亚	−4051	−1851.3	23515	−16.21	22	28065
莫桑比克	−7417	−1940.44	118035	−6.58	−403	126360
葡萄牙	144	−47.63	2503	−14.31	275	2921
圣多美和普林西比	/	/	51	−26.08	/	69
东帝汶	−428	−174.17	9528	−6.03	577	10140
合计	−5921	−121.58	691916	−6.73	27432	741891

资料来源：根据《2022 年度中国对外直接投资统计公报》编制。

2023 年 12 月 6 日，中国与安哥拉政府在北京签署了《中华人民共和国政府和安哥拉共和国政府关于促进和相互保护投资的协定》，至此，中国已经与葡萄牙（1992 年和 2005 年）、佛得角（1998 年）、莫桑比克（2001年）、赤道几内亚（2010 年）共五国签署了促进和相互保护投资协议。

（五）中国与葡语国家开展人民币结算业务，中国金融机构通过派驻机构拓展合作

2022 年 12 月，人民币在全球跨境贸易金额中排名保持第 3 位，占比 3.91%，接近 2021 年同期 2 倍，仅次于美元和欧元。根据巴西央行近日发布的《国际储备管理报告》，人民币于 2019 年首次出现在巴西的国际储备货币行列。截至 2022 年底，人民币占巴西国际储备货币比例达 5.37%，超过欧元 4.74% 的比例，成为巴西第二大国际储备货币。2023 年 3 月，中国人民银行与巴西中央银行签署了在巴西建立人民币清算安排协议。① 中国工商银行（巴西）有限公司（以下简称"工银巴西"）已成功办理首笔跨境人民币结算业务，标志着该行在巴西市场的跨境人民币业务取得实质性进展。2 月 23 日，中国人民银行发布公告，授权工银巴西担任巴西人民币清算行。工银巴西负责人表示，该行未来将继续积极发挥巴西人民币清算行优势，努力为两国企业提供便利、高效、安全的跨境人民币结算服务，推动中巴经贸合作不断迈上新台阶。中国和巴西 2023 年年初签署了在巴西建立人民币清算安排的合作备忘录。巴西人民币清算安排的建立，有利于中巴两国企业和金融机构使用人民币进行跨境交易，有助于降低贸易成本，提高交易效率，进一步促进双边贸易、投资便利化。中国金融机构在葡语国家设有分支机构，包括中国银行、中国工商银行、中国建设银行、交通银行均在巴西设立分行，中国农业银行在圣保罗建立了代表处。国家开发银行也在巴西设有代表处。中国银行在葡萄牙、安哥拉设有分行或代表处，近年来，中银里

---

① 《中国人民银行与巴西中央银行签署在巴西建立人民币清算安排的合作备忘录》，新华社客户端，2023 年 2 月 7 日，https：//baijiahao. baidu. com/s？id = 1757175522177426141&wfr = spider&for = pc。

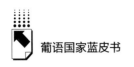
斯本分行还通过与中银集团海外机构、葡萄牙本地客户及金融机构的联动，逐步将业务辐射到巴西、莫桑比克、安哥拉等葡语国家及地区，并积极寻找"一带一路"、人民币国际化等业务机会，在新发展阶段，以新发展理念，开创新发展格局，谋求高质量发展。

（六）中国企业在葡语国家开展承包合作，重点支持"一带一路"基础设施建设

中国与葡语国家在第二届部长级会议期间就共建"一带一路"达成共识。中国对外承包工程商会从 2018 年开始在澳门特区发布"一带一路"71个国家基础设施发展指数，其中包括葡语国家。2022 年，在共建"一带一路"国家中，葡语国家在 71 国中的基础设施发展指数和排名情况包括，巴西指数 115，排第 12 位；安哥拉指数 111，排第 22 位；葡萄牙指数 110，排第 27 位；佛得角指数 106，排第 44 位；莫桑比克指数 106，排第 45 位；东帝汶指数 104，排第 57 位；圣多美和普林西比指数 99，排第 64 位；几内亚比绍指数 99，排第 66 位。[①] 如此看来，葡语国家中，巴西、安哥拉和葡萄牙三国基础设施发展指数，无论是在葡语国家中，还是在"一带一路"国家中排名都比较靠前，说明这些国家基础设施发展程度相对高一些。

2022 年，中资企业在安哥拉、巴西、莫桑比克、葡萄牙和东帝汶 5 个葡语国家开展工程承包，承包工程新签合同额为 86.8 亿美元，比上年增加了 18.3 亿美元，同比增长 26.7%。按照新签合同额计算，东帝汶为 1.1 亿美元，同比下降 57.7%；葡萄牙为 5.6 亿美元，同比下降 1.8%；安哥拉为 50.1 亿美元，同比增长 86.9%；巴西为 18.0 亿美元，同比增长 7.1%；莫桑比克为 12.0 亿美元，同比下降 27.7%。中资企业在安哥拉、巴西和莫桑比克三国承包工程新签合同额为 80.1 亿美元，占中国在葡语国家承包工程新签合同额的 92.28%。

---

① 《2022 年"一带一路国家"基础设施发展报告》，2022 年 10 月 26 日，https：//gov.sohu.com/a/595594948_ 121124366

2022 年，中资企业在葡语国家承包工程完成营业额为 55.0 亿美元，同比增长 18.5%，增加了 8.6 亿美元。按照完成营业额由高到低排序，安哥拉为 28.9 亿美元，同比增长 37.6%；巴西为 16.6 亿美元，同比增长 43.1%；莫桑比克为 7.5 亿美元，同比下降 2.6%；葡萄牙为 1.2 亿美元，同比下降 70.7%；东帝汶为 0.8 亿美元，同比下降 60.0%（见表 8）。期望中资企业在葡语国家承包工程在 2023 年和 2024 年或有恢复性增长的表现。

表 8　2021~2022 年中资企业对葡语国家承包工程情况

单位：亿美元；%

国家	2022 年				2021 年	
	新签合同额	同比	完成营业额	同比	新签合同额	完成营业额
安哥拉	50.1	86.9	28.9	37.6	26.8	21.0
巴西	18.0	7.1	16.6	43.1	16.8	11.6
佛得角	/	/	/	/	/	/
几内亚比绍	/	/	/	/	/	/
赤道几内亚	/	/	/	/	/	/
莫桑比克	12.0	-27.7	7.5	-2.6	16.6	7.7
葡萄牙	5.6	-1.8	1.2	-70.7	5.7	4.1
圣多美和普林西比	/	/	/	/	/	/
东帝汶	1.1	-57.7	0.8	-60.0	2.6	2.0
合计	86.8	26.7	55.0	18.5	68.5	46.4

注：/表示无数据。
资料来源：中国商务部《对外投资合作国别（地区）指南》。

2022 年 4 月，中国中核二二公司获得东帝汶国家电网 2022~2024 年运行与维护工程项目的中标通知书。东帝汶国家电网项目是东帝汶最大的电力基础设施建设项目，包括 1 个国家调度中心、9 座变电站、603 公里高压输电线路和 120 公里中压配电线路。首个变电站建成投产以来，东帝汶国家电网累计输变电 409 万兆瓦，为超过 130 万东帝汶人民送去光明，极大地改善了该国电力紧缺的现状。

2022 年 11 月，中国港湾承建的蒂坝（Diba）港项目正式开港运营。蒂坝港位于首都帝力以西 10 公里，港口主体为 630 米长的码头，包括一个 7000 标准箱泊位和一个 3500 标准箱泊位，是东帝汶首个现代化的国际集装箱货运码头。①

2023 年 4 月，中铁十局成功中标巴西 FIOL 铁路 1 标段建设项目，项目合同金额为 2.19 亿美元。项目位于巴西巴伊亚（Bahia）州伊列乌斯（Ilhéus）市至伊皮亚乌（Ipiaú）市，建设工期 34 个月，线路长度 126 公里。主要施工内容包括路基开挖、回填，涵洞、桥梁建设、铺轨工程、平交道口以及绿化工程施工。②

2023 年 11 月，由中国航空工业所属中国航空技术国际工程有限公司承建的安哥拉安东尼奥·阿戈斯蒂尼奥·内图（António Agostinho Neto）博士国际机场举行开航庆典。该国际机场位于安哥拉首都罗安达市区东南 40 公里，是中安两国在航空基础设施领域合作共建的重点工程。该机场设计年旅客吞吐量 1500 万人次、年货邮吞吐量 13 万吨，致力于打造成为非洲西南部交通枢纽。③

四 葡语国家2023年经济社会发展与2024年展望

2023 年，全球经济整体呈现弱复苏态势，但保持一定韧性。经济合作与发展组织发布的经济展望报告预计，2023 年全球 GDP 增长率为 2.9%，全球经济增长保持温和态势。全球南方国家加强地区合作，为 2023 年的全球经济注入正能量。联合国发布的《2024 年世界经济形势与展望》预计，全球经济增长将从 2023 年的 2.7% 放缓至 2024 年的 2.4%，低于疫情前 3%

---

① 《深耕"一带一路"中核二二再次中标东帝汶国家电网运维项目》，中核集团，2022 年 4 月 2 日，https：//baijiahao. baidu. com/s？id＝1729006775748322617&wfr＝spider&for＝pc。

② 《布局拉美！中铁十局中标首个巴西铁路项目》，《中国基建报》2023 年 4 月 22 日，https：//baijiahao. baidu. com/s？id＝1763892487893320960&wfr＝spider&for＝pc。

③ 《中国企业承建的安哥拉内图博士国际机场正式启用》，《环球时报》2023 年 11 月 12 日，https：//baijiahao. baidu. com/s？id＝1782339174018147103&wfr＝spider&for＝pc。

的增长率。2024 年，葡语国家将进入恢复发展的轨道，中国与葡语国家将致力于共同构建命运共同体。

（一）GDP 继续增长，石油出口下降影响经济发展

2023 年，葡语国家名义 GDP 达到 2.56 万亿美元，同比增长 8.98%，整体上实现了较大幅度的增长。其中，GDP 增长率较高的是圣多美和普林西比，同比增长 27.12%，达到 7.56 亿美元；之后依次为，几内亚比绍同比增长 13.33%，达到 21.08 亿美元；佛得角同比增长 10.29%，达到 25.99 亿美元；巴西同比增长 10.69%，达到 2.15 万亿美元；葡萄牙同比增长 10.29%，达到 2847 亿美元；莫桑比克同比增长 6.31%，达到 190.40 亿美元。安哥拉、赤道几内亚、东帝汶呈现下降趋势，分别下滑了 21.03%、6.5% 和 25.46%，GDP 分别为 903.43 亿美元、115.70 亿美元和 23.89 亿美元。安哥拉出现大幅度经济衰退主要是因为石油产量大幅度下降，原油出口下降，以及通货膨胀。东帝汶也是因为石油收入减少造成其 GDP 大幅度下滑。

（二）对外贸易同比下降，资源出口型国家受到冲击

2023 年，葡语国家对外贸易呈下降趋势，全年对外贸易额为 8729.64 亿美元，比上一年减少了 307.55 亿美元，同比下降 3.4%。其中，安哥拉同比下降 19.50%，为 519.15 亿美元；巴西同比下降 4.54%，为 5791.68 亿美元；赤道几内亚同比下降 28.67%，为 46.71 亿美元；莫桑比克同比下降 17.82%，为 194.18 亿美元；佛得角同比增长 3.82%，为 13.56 亿美元；几内亚比绍同比增长 9.3%，为 6.16 亿美元；葡萄牙同比增长 8.14%，为 2155.70 亿美元；圣多美和普林西比同比增长 19.75%，为 2.52 亿美元。东帝汶则尚无公开的统计数据。安哥拉、巴西、莫桑比克和赤道几内亚四国对外贸易规模在葡语国家中所占比重较大，因此拉低了葡语国家整体贸易的增长。其主要原因是当年石油收入减少。在葡语国家中，巴西、葡萄牙两国的对外贸易额达到 7947.38 亿美元，在葡语国家贸易总额中占比 91%，处于贸易主导地位（见附录二《2018~2023 年葡语国家主要经济指标》。

（三）中国与葡语国家商品进出口增长，从葡语国家进口小幅增长

中国海关数据显示，2023 年中国与葡语国家进出口商品总值为 2208.69 亿美元，同比增长 2.81%。其中中国自葡语国家进口额为 1474.70 亿美元，同比增长 6.24%；对葡语国家出口额为 733.99 亿美元，同比下降 3.45%。中国与莫桑比克、佛得角、几内亚比绍和巴西双边进出口商品总值都有不同程度的增长，同比增长分别达到 21.9%、15.2%、13.9%和 6.1%，其中中国与前三国获得两位数的增幅。中国与圣多美和普林西比、东帝汶、安哥拉、赤道几内亚和葡萄牙进出口商品总值均有不同程度的下滑，分别为-24.6%、-19.4%、-15.2%、-9.6%和-3.2%。中国从葡萄牙、圣多美和普林西比、几内亚比绍、东帝汶和安哥拉进口下降幅度较大，但是中国从佛得角进口却增长了 252%。中国向莫桑比克、佛得角、几内亚比绍和安哥拉出口同比有较大的增长，中国向圣多美和普林西比、巴西、赤道几内亚和东帝汶出口均呈下降状态。在葡语国家中，巴西、安哥拉仍然是中国最大的两个贸易伙伴，进出口商品总值分别达到 1815.29 亿美元和 230.49 亿美元。

结　语

2022 年，葡语国家经济发展获得较快复苏，对外贸易呈现增长趋势，吸引外资成绩斐然，多国大选后社会稳定；2023 年，葡语国家经济社会发展延续向好态势，GDP 持续增长。但是，外部持续的影响为各国的发展带来挑战，通货膨胀、外债风险仍然不容小觑，多数葡语国家仍然处于中等发展水平，谋求发展仍然是这些国家的最大愿望。2022~2023 年，中国与葡语国家经贸合作多双边双轮驱动，中葡论坛发展强劲，推动双方经贸合作的可持续发展，以经贸领域合作为主线的国际合作发展正在成为全面合作的"推进器"。

特别报告

B.2
中国—葡语国家经贸合作论坛（澳门）
常设秘书处2023年工作情况及2024年展望

中葡论坛（澳门）常设秘书处

摘　要：　2023年，中葡论坛（澳门）常设秘书处紧紧围绕中葡论坛部长级会议制定的行动纲领，在贸易投资促进、人力资源领域合作、文化交流和发挥澳门商贸合作服务平台作用等方面开展工作，推动中国与葡语国家在各领域的交流合作取得积极成果。2024年，常设秘书处将做好中葡论坛第六届部长级会议的筹备工作，并通过办会、办展、出访、研修、宣传等形式，进一步提升中国与葡语国家合作的质量和水平。同时，利用葡语国家元素，支持打造澳门中葡商贸合作服务平台，助力澳门"1+4"经济适度多元发展，更好融入国家发展大局。

关键词：　中葡论坛　澳门平台　经贸　人文

一 2023年工作情况

2023 年是中葡论坛成立 20 周年，也是新冠疫情之后常设秘书处全面恢复线下交流的第一年。在中葡论坛与会国和澳门特区政府的大力支持下，中葡论坛常设秘书处立足澳门平台，积极推进落实部长级会议和部长级特别会议达成的共识，按照年度工作计划，在贸易投资促进、人力资源领域合作、文化交流和发挥澳门商贸合作服务平台作用等方面开展工作，全年主办、合办和参加的重要活动共计 38 场次，较好地完成了 2023 年工作计划。

（一）举办中葡论坛成立20周年系列庆祝活动

1. 举办中葡论坛成立20周年招待会（澳门）

3 月 28 日，中葡论坛成立 20 周年招待会在中葡论坛会址举行，这是常设秘书处疫情后举办的首个大型线下活动。澳门特区行政长官贺一诚、全国政协副主席何厚铧、澳门中联办主任郑新聪、外交公署特派员刘显法、商务部副司长李晓晖、葡语国家驻华使团团长玛利亚·古斯塔瓦以及各葡语国家代表团团长等主持中葡论坛成立 20 周年系列庆祝活动启动仪式。澳门各界代表、工商协会、大专院校、葡语国家社团、中国内地企业代表等近 300 人参加招待会。

2. 举办中葡论坛成立20周年高级别研讨会

10 月 20 日，中葡论坛成立 20 周年高级别研讨会暨中葡论坛成立 20 周年回顾展启动仪式在中葡论坛会址举行。论坛十国代表团团长，澳门特区行政长官贺一诚、全国政协副主席何厚铧、澳门中联办主任郑新聪以及江苏、浙江、安徽 3 省省人大领导等嘉宾主持启动仪式，其中包括葡语国家 3 名部长、3 名副部长、3 名主管论坛事务司长。葡语国家代表团、工商协会、葡语国家社团、各界代表等近 370 人参加开幕式。

此次高级别研讨会以"新时代、新起点"为主题，分为主题演讲和三项专题讨论。曾参与中葡论坛工作的各方领导以及现任相关领导、葡语国家驻华大使、论坛联络员围绕中葡论坛成立 20 周年和中葡平台建设做重点交流。来自中国内地、中国澳门和葡语国家的政府官员、专家学者、企业家，围绕澳门优势、科技创新、现代金融有效助力中国和葡语国家经济发展等专题展开讨论。本次研讨会有效扩大了中葡论坛影响力，促进各方致力于中葡合作。

3. 举办中葡论坛成立20周年回顾展

自 10 月 20 日起连续半年，为庆祝中葡论坛成立 20 周年，常设秘书处在中葡论坛会址举办论坛成立 20 周年回顾展，设置论坛回顾、互动体验、视像展示、音乐欣赏、厨艺文化及文化艺术六个展区，同场举行第三届"葡光十色"展览，荟萃来自葡语国家艺术家的多幅别具特色的佳作，以多元化创新模式，与广大民众一起回顾 20 年发展历程，加深对论坛各国国情及澳门平台建设的了解。

4. 举办中葡论坛成立20周年招待会（北京）

11 月 29 日，常设秘书处在北京举办招待会，中方后续行动委员会约 20 个中央政府部门，以及葡语国家驻华使节，中葡合作重要企业、研究机构、商协会代表等参加。

（二）持续开展贸易投资促进活动

2023 年，常设秘书处与来自中国内地的经贸代表团组会谈会见 49 次，受邀参加活动 24 次，其中包括浙江省、福建省两省的省委书记率领的代表团，国务院港澳办主任夏宝龙和澳门特区行政长官贺一诚、澳门中联办主任郑新聪一行，佛得角外长苏亚雷斯、商务部副部长郭婷婷、巴西科技创新部副部长吉列尔梅·库蒂尼奥·卡列罗斯等。季先峥秘书长向各代表团介绍中葡论坛及常设秘书处工作情况，就加强中国与葡语国家经贸合作进行交流。

常设秘书处恢复访问内地省份和葡语国家，开展线下交流，包括赴北京访问商务部、葡语国家驻华大使、中国贸促会，考察自动驾驶企业。赴广州参加广交会并考察广州开发区及东莞、深圳地区科技企业，赴武汉、福建参

加经贸交流推介活动并考察有关研究院及企业。疫情后于 2023 年 6 月出访葡萄牙、巴西、安哥拉，与 5 位分管论坛事务的政府部门部级官员进行会谈交流 5 场，举行其他会见会谈 15 场。

参与举办经贸促进活动 14 场。6 月 2 日，在第十四届国际基础设施投资与建设高峰论坛期间，中葡论坛常设秘书处及澳门贸易投资促进局共同主办"中国—葡语国家基础设施合作绿色发展"平行论坛，内地和澳门相关政府部门代表，葡语国家官员及驻华使节，莫桑比克交通和通信部副部长阿里索内出席平行论坛。论坛期间，首次举办中葡基建合作成果展。6 月 30 日，参加第十一届澳门国际旅游（产业）博览会，并举办葡语国家旅游产品推荐会。9 月 20 日，常设秘书处支持举办由中葡合作发展基金、中非民间商会主办的中国与葡语国家经贸合作研讨会，约 40 名官员与企业家出席并就如何利用中葡平台优势推进葡语国家相关业务进行交流。10 月 19 日，常设秘书处出席"第一届中国—葡语国家经贸博览会（澳门）"、"第二十八届澳门国际贸易投资展览会"和"澳门国际品牌连锁加盟展 2023"开幕式。秘书处同场组建"中国—葡语国家形象展示馆"，该馆面积逾 400 平方米，以多媒体形式展示中国及 9 个葡语国家和澳门特区的独特形象，推介各国投资环境和葡语国家特色产品。

（三）积极促进省市间合作

2023 年，常设秘书处接待山西、辽宁、浙江、福建、四川、贵州、烟台、长沙、广州、中山、湛江、深圳、哈尔滨共 13 个中国内地团组到访，就加强交流合作、推动中葡经贸合作深入交换意见。

支持并积极参与内地省市与葡语国家的经贸交流活动，主要包括：出席浙江省人民政府主办的"浙江—澳门·葡语国家经贸合作交流会"；与福建省商务厅签订关于加强经贸合作的协议；与湖北省人民政府外事办公室、中国国际贸易促进委员会湖北省委员会共同举办"湖北—澳门·葡语国家经贸合作交流推介会"；协办第十三届江苏—澳门·葡语国家工商峰会；参加"福建厦门澳门周"系列活动；等等。

（四）继续开展人力资源和教育领域合作

5月，澳门金融管理局为葡语国家/地区保险监管专员协会监管人员提供两个星期的培训实习。其间，金融管理局组织实习人员到中葡论坛常设秘书处与葡语国家派驻代表进行座谈交流。季先峥秘书长出席葡语国家保险监管专员协会实习培训活动结业典礼并致辞。

5月29日至6月10日，由中葡论坛（澳门）培训中心主办、澳门城市大学承办的疫情后首个线下研修班——葡语国家中小企业创业和领导力研修班在澳门举办。来自安哥拉、巴西、佛得角、几内亚比绍、赤道几内亚、莫桑比克及圣多美和普林西比的14名相关领域政府官员、技术员和企业组织高管参加。

7月17～29日，由常设秘书处主办、澳门特区政府卫生局合办、粤澳合作中医药科技产业园承办的"葡语国家传统医药研修班"分别在澳门、珠海、广州及佛山进行交流学习。来自安哥拉、巴西、佛得角、几内亚比绍、赤道几内亚、莫桑比克及葡萄牙的15名相关领域官员、技术人员和机构领导等参加。

10月28日，第三届"中国与葡语国家大学生'929'创新创业挑战赛"在中葡论坛会址举行。本届挑战赛自2023年5月拉开序幕后，共吸引来自中国和9个葡语国家的超过290支初创团队参加，参赛者达1520名。由4家风险投资机构组成评审团，奖金超过6位数。阿里巴巴、澳门大西洋银行及澳门电力公司等给予大力支持。

（五）开展形式多样的中葡文化交流活动

3月10日，季先峥率秘书处代表团一行前往横琴，出席澳门贸易投资促进局举办的2023年"齐齐葡—葡语国家及澳门产品特色市集"活动。此次是"齐齐葡"活动首次"跳出"澳门，走进横琴，推动澳琴一体化发展。30家澳门及横琴中小企业参与，在现场展销同时，引入直播带货，以互动方式呈现产品形象，助力扩大商机。

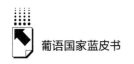
10月19日，中葡论坛常设秘书处主办的"第十五届中国—葡语国家文化周"在澳门旅游塔开幕。澳门经济财政司司长李伟农，中央驻澳门联络办公室副主任吕玉印，中国商务部台港澳司司长樊世杰，以及葡语国家多位副部级以上官员、驻华大使、联络员、葡语国家在澳团体代表、澳门各界代表等近150人参加。本届文化周邀请来自中国云南省、澳门特区及9个葡语国家的艺术团体、民间艺人、文化人士，通过文艺表演、音乐舞蹈、绘画作品展、美食和手工艺等多种形式展示各自文化精粹。户外广场设有葡语国家及澳门特区产品展销、文化工作坊等，吸引大批居民和游客观赏和参与。

此外，常设秘书处支持葡语国家驻华使团在北京举办葡语国家共同体语言及文化日活动，启动了葡语国家书籍翻译出版的准备工作。

（六）做好中葡论坛宣传推广工作

2023年，常设秘书处继续加大对外宣传力度，继续出版中葡论坛季刊4期、更新葡语国家宣传单张，参加或举办活动时向与会者派发葡语国家投资指南、中葡论坛季刊以及宣传单张等。加强与澳门本地媒体的合作交流，重大活动主动邀请媒体采访报道，召开新闻发布会等。委托中央电视台拍摄中葡论坛20周年宣传片，并在央视和澳门电视台多轮播放。秘书长多次接受媒体采访，宣传论坛20周年所取得的成果。对秘书处网站进行全面改版，新版网站增设行业资讯、影片回顾等板块，内容分类更加清晰，同时，兼顾多媒体账号，持续发布中葡经贸合作信息及秘书处工作动态。此外，常设秘书处完成了中葡论坛20周年报告初稿，在出访葡语国家和中国内地省市期间宣传中葡论坛成立20周年所取得的成果，并举办相关纪念活动或展览。

二　2024年工作展望

2024年4月有望召开中葡论坛第六届部长级会议，秘书处将不断改善对内对外沟通与合作，确保圆满完成各项工作任务。上半年，常设秘书处将以部长级会议为中心工作做好筹备和后续收尾工作，协调各方尽早就会议成果文件达成一致，并积极配合特区政府做好后勤准备，为部长级会议的成功举办提供保障。下半年，秘书处将根据第六届部长级会议签署的《经贸合作行动纲领（2024~2027）》，继续积极协助完善澳门中葡商贸合作服务平台功能，探索参与横琴粤澳深度合作，在贸易投资促进、人力资源合作、文化交流、省市间合作等方面推进中国与葡语国家的共同发展。

（一）认真筹备中葡论坛第六届部长级会议

一是年初赴北京拜会葡语国家驻华使节，就2024年筹备第六届部长级会议及秘书处重点工作等交换意见。召开秘书处第19次例会，总结2023年工作，讨论2024年工作计划。

二是根据需要举行工作会议，磋商《经贸合作行动纲领》文本内容；协助适时召开高官会，一致通过《经贸合作行动纲领》文本并通报第六届部长级会议正式议程。同时，与中国贸促会和澳门贸易投资促进局保持沟通配合，做好企业家大会等配套活动的筹备工作。

三是配合澳门特别行政区政府就会议场地、安保、后勤保障等开展协调工作。善始善终，做好会后相关后续工作。

（二）积极参会参展，举办贸易投资促进活动

一是视情应邀参加中国内地贸易投资促进活动，如中非经贸博览会、广交会、投洽会、京交会、进博会等，视情应邀参加电子商务、服务贸易等领域的活动，不断提高推介葡语国家和澳门平台合作机遇的效果。

二是在第29届澳门国际贸易投资展览会期间，配合澳门贸促局举办葡语国家产品及服务展，设立葡语国家馆。

三是发挥澳门平台作用，继续参与澳门国际环保合作发展论坛及展览、中国（澳门）传统医药国际合作论坛、澳门国际旅游（产业）博览会等重要展会，视情设置葡语国家馆、展位；在第十五届澳门国际基础设施建设与投资高峰论坛期间继续举办平行论坛；协助江苏省政府举办"第十四届江苏—澳门·葡语国家工商峰会"系列活动等，宣传中葡论坛、葡语国家投

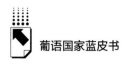
资环境。

四是视情出访葡语国家，其间可举办中国与葡语国家企业经贸合作洽谈会，以及中国—葡语国家青年企业家论坛等活动。

（三）巩固人力资源与教育合作

举办不少于 2 期线下研修班，根据条件加入中国内地研修活动。主题包括但不限于：传统医药（防疫交流合作）、数字经济、中小企业发展、海洋经济、电子商务、创新创业等。

支持葡语国家指派副秘书长、派驻代表应邀与澳门本地大学生进行交流。支持中国内地、澳门地区及葡语国家学生参加秘书处实习和志愿者活动。

（四）加强中葡文化交流

完善形式，提高效果，办好第十六届中葡文化周。邀请与会国艺术家、文艺团体、厨师等，来澳开展文化交流活动，并邀请葡语国家驻华使节参与；积极参与葡语国家驻华使团举办的葡语国家共同体语言及文化日活动；继续推动葡语国家书籍在中国（澳门）翻译出版；等等。

（五）继续做好中葡论坛宣传推广工作

继续完善秘书处网站建设和论坛刊物出版工作，充实有关内容；保持同传媒的良好关系。拟于年初举办春茗酒会，持续加强与澳门特别行政区政府新闻局、澳门媒体、中国内地媒体和葡语国家媒体的联系，做好第六届部长级会议的系列宣传工作，利用新媒体扩大中葡论坛、中葡基金、中葡企业家联合会影响，加大对外宣传力度。

未来，中葡论坛将继续发挥澳门平台作用，着眼各方优先关注，对内不断完善工作协调机制，对外继续发掘有利资源，围绕中葡论坛的初心使命，创新工作方式，更好地服务于各方的合作需求，推动中葡合作互利共赢，实现更大发展。

B.3
中国—葡语国家经贸合作论坛（澳门）20年发展综述

杨楚乔*

摘　要： 2023 年是中国—葡语国家经贸合作论坛（澳门）成立 20 周年。自成立以来，中葡论坛召开了五届部长级会议、一届部长级特别会议，每届部长级会议均由中国与葡语国家共同签署《经贸合作行动纲领》，制订行动计划，体现了共商共建的理念。中葡论坛以经贸合作为主线，不仅构建了可持续的多边合作机制，建成了集体对话的平台，更推动中国与葡语国家在近 20 个领域展开合作，在合作中践行了人类命运共同体理念。通过中葡论坛合作，澳门作为"中国与葡语国家商贸合作服务平台"的地位得到凸显，彰显了"一国两制"方针的实践性与优越性，对澳门的长期繁荣稳定起到了积极作用。未来，面对粤港澳大湾区、横琴粤澳深度合作区发展的重大机遇，中葡论坛也可强化多边合作机制作用，促进中国与葡语国家共建共享"一带一路"，丰富"一国两制"方针的新时代内涵。

关键词： 中葡论坛　澳门平台　葡语国家　经贸合作

　　中国—葡语国家经贸合作论坛（澳门）是由中国中央政府（商务部）发起并主办，澳门特区政府承办，安哥拉、巴西、佛得角、几内亚比绍、赤道几内亚、莫桑比克、葡萄牙、圣多美和普林西比、东帝汶 9 个葡语国家共同参与，以经贸促进与发展为主题的非政治性政府间多边经贸合作机制，首

---

* 杨楚乔，浙江外国语学院葡萄牙语系讲师，国际关系与全球治理博士。

度开创了以语言文化为纽带的合作新模式，是中国对外合作机制中唯一一个以语言为合作基础的多边机制。① 2023 年，中葡论坛已走过 20 年历程。20 年间，中葡论坛促进了中国与葡语国家的经贸交往和人文交流，助力澳门特区的经济发展，彰显了"一国两制"方针的实践性和优越性。如今，中葡论坛进入新时代新征程，多双边合作双轮驱动，推动中国与葡语国家关系不断深化，促进全球经济合作。

一　中葡论坛20年发展回顾

自 2003 年成立以来，经过 20 年三个阶段的发展，中葡论坛聚焦"一带一路"合作倡议，在中国和葡语国家之间建立了多边合作平台，为中国与葡语国家的贸易投资作出了突出贡献，合作领域不断扩展，人文交流不断扩大，十个国家和衷共济、相向而行，迎来了中国与葡语国家的"大团圆"。

（一）初创阶段（2003~2009年）：展现强大生命力

初创阶段，中葡论坛展现了强大的生命力。2003 年 3 月，中国—葡语国家经贸合作论坛（澳门）组织委员会第一次会议在北京召开，同年 10 月，中葡论坛在澳门成立并举行首届部长级会议。中葡论坛首届部长级会议以"构建中国与葡语国家经贸合作框架、推动中国与葡语国家共同发展"为主题，中国及安哥拉、巴西、佛得角、几内亚比绍、莫桑比克、葡萄牙、东帝汶主管经贸的部长级官员率政府代表团出席。会上通过了中国—葡语国家经贸合作论坛（澳门）第一届部长级会议《经贸合作行动纲领（2003）》，确立了政府间合作、贸易、投资与企业合作、农业与渔业领域合作、工程与基础设施建设领域合作、自然资源领域合作和人力资源开发领

---

① 中葡论坛成立之初，参与的葡语国家有 7 个，后于 2017 年吸纳圣多美和普林西比、2022 年吸纳赤道几内亚为正式成员国。

域合作，与会各国部长一致同意在澳门设立中葡论坛常设秘书处，建立论坛后续机制，保障所需后勤和资金支持，以及必要的联络，以落实拟实施的计划和方案。

首届部长级会议期间，中国国际贸易促进委员会、澳门贸易投资促进局与葡语国家贸易促进机构签订《贸易促进机构/商会合作协议书》，确定每年由不同参与国家或地区的贸促机构在当地筹办"中国与葡语国家企业经贸合作洽谈会"。次年，中葡论坛常设秘书处完成组建工作并进入运转，澳门特区政府设立常设秘书处辅助办公室，建立中方后续行动委员会、投资工作小组等功能性机构，中葡论坛开设官方网站并刊印季刊宣传、介绍论坛，与广大读者建立联系。2005年10月，首届中葡论坛高官会在澳门召开，会议总结回顾了首届部长级会议后各项行动的执行情况，对论坛工作作出了中期评估。2006年，中葡论坛第二届部长级会议在澳门召开，会议以"深化合作，共同发展"为主题，在会议通过的中国—葡语国家经贸合作论坛（澳门）第二届部长级会议《经贸合作行动纲领（2006）》中，除原有合作领域外，更首次将"澳门平台作用"纳入合作范围，强调澳门应继续积极发挥平台作用，以加强中国和葡语国家经贸合作关系。

（二）稳步推进阶段（2010~2015年）：开启多元合作

稳步推进阶段，中葡论坛经贸行动纲领得到全面落实，中国与葡语国家开启多元合作，澳门平台作用逐渐凸显。2010年，中葡论坛在澳门举行了第三届部长级会议。会议以"多元合作、和谐发展"为主题，通过了中国—葡语国家经贸合作论坛（澳门）第三届部长级会议《经贸合作行动纲领（2010~2013）》，新增了旅游、运输与通信、金融、发展援助、文化、广播影视与体育等多方面合作，将合作领域扩大至13个。会上，时任中国国务院总理温家宝宣布了六项举措：中国内地和澳门的金融机构将发起设立规模为10亿美元的中葡合作发展基金；在双边框架内向中葡论坛的亚非与会国提供16亿元人民币的优惠贷款；对每个论坛亚非与会国的1个双方农业合作项目，提供物资设备、技术人才等方面的支持；为论坛亚非与会国培

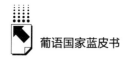

训 1500 名官员和技术人员，并支持澳门特别行政区政府在澳门设立中葡论坛培训中心；向论坛亚非与会国提供为期一年的 1000 个来华留学政府奖学金名额；向论坛亚非与会国各提供价值 1000 万元人民币的医疗设备及器械。①

2013 年，中葡论坛第四届部长级会议在澳门召开，会议以"新起点、新机遇"为主题，通过了中国—葡语国家经贸合作论坛（澳门）第四届部长级会议《经贸合作行动纲领（2014~2016）》，在前三份经贸合作行动纲领的基础上新增了卫生领域合作，提出在澳门建设"一个平台，三个中心"（中国与葡语国家双语人才、企业合作与交流互动信息共享平台，葡语国家中小企业商贸服务中心、葡语国家食品集散中心、中葡经贸合作会展中心），同时重申继续推动论坛与会国在科技领域的多元化合作，包括专业技术培训和技术转让。会上，时任中国国务院副总理汪洋提出了八项新举措：向论坛亚非葡语国家提供 18 亿元人民币的优惠贷款，重点用于支持基础设施和生产型项目建设；与葡语国家分享建设经济特区和开发区的成功经验，在有意愿的葡语国家建设境外经贸合作区；为论坛亚非葡语国家各援建一个教育培训设施，各援助一个太阳能照明应用项目，各援助一批广播、电视、新闻设备；为论坛亚非葡语国家培训 2000 名各类人才；向论坛葡语国家提供 1800 个中国政府奖学金名额；向论坛亚非葡语国家派遣 210 人次的医务人员；在澳门设立中国与葡语国家双语人才、企业合作与交流互动信息共享平台；优先选择在教育培训、农业、环境保护、新能源等领域，探讨与论坛葡语国家开展三方合作。②

（三）新征程阶段（2016年至今）：深化"一带一路"合作

2016 年，中葡论坛在澳门举行了第五届部长级会议。会议以"一带一

① 《温家宝出席中葡论坛第三届部长级会议开幕式并演讲》，中国政府网，2010 年 11 月 13 日，https：//www. gov. cn/ldhd/2010-11/13/content_ 1745011. htm。
② 《汪洋出席中葡论坛开幕式并发表演讲》，中国政府网，2013 年 11 月 5 日，https：//www. gov. cn/guowuyuan/2013-11/05/content_ 2587629. htm。

路"倡议为引领，聚焦"迈向更加坚实的中葡经贸关系：共商合作、共建平台、共享发展"的主题，支持澳门加快建设中国与葡语国家商贸合作服务平台。会议期间，中国与葡语国家签署了中国—葡语国家经贸合作论坛（澳门）第五届部长级会议《经贸合作行动纲领（2017~2019年）》和《中国—葡语国家经贸合作论坛（澳门）关于推进产能合作的谅解备忘录》，举办了中国—葡语国家企业家金融家大会等配套活动。会上，时任中国国务院总理李克强提出了十八项新举措：向论坛亚非葡语国家提供20亿元人民币无偿援助，用于支持论坛亚非葡语国家关注的农业、贸易投资便利化、防治疟疾和传统医药研究等民生项目；向论坛亚非葡语国家提供不少于20亿元人民币援外优惠贷款，用于推进与论坛亚非葡语国家的产业对接和产能合作，并进一步加强双方在基础设施建设领域的合作；免除论坛亚非葡语国家5亿元人民币无息贷款到期债务；继续向论坛亚非葡语国家派遣200人次的医疗队，支持与论坛葡语国家建立对口医院合作关系，开展妇幼健康项目及短期义诊；为论坛葡语国家提供2000个各类培训名额，以及总计2500人年的中国政府奖学金名额；鼓励企业在论坛葡语国家新建或升级经贸合作区；帮助论坛亚非葡语国家建设应对海洋灾害和气候变化的海洋气象观测站等设施；支持在澳门成立中葡金融服务平台、企业家联合会、文化交流中心、双语人才培养基地、青年创新创业交流中心。①

2017年，中葡论坛常设秘书处召开第十一次例会，论坛与会国一致同意圣多美和普林西比加入中葡论坛。②

2020年，全球新冠疫情肆虐，中葡论坛积极发挥澳门平台作用，携手论坛与会国应对挑战。2022年，中葡论坛部长级特别会议在澳门成功举办，会议以"携手抗疫、共谋发展"为主题，签署了《中国—葡语国家经贸合

---

① 《中方在中葡论坛第五届部长级会议开幕式上宣布的十八项新举措（2017~2019年）》，中华人民共和国商务部台港澳司，2016年10月13日，http：//tga.mofcom.gov.cn/article/zt_zp5/lanmutwo/201610/20161001409260.shtml。

② 《圣多美和普林西比正式加入中国—葡语国家经贸合作论坛（澳门）》，中华人民共和国商务部台港澳司，2017年3月29日，http：//tga.mofcom.gov.cn/article/zwxx/201704/20170402555387.shtml。

作论坛（澳门）部长级特别会议联合声明》。各方在联合声明中表示，将开展更多新冠疫苗合作、扩大合格医疗用品生产和分配、加强卫生领域人力资源培训与能力建设、分享传统医药参与新冠肺炎治疗的方案与经验作为抗击新冠疫情的合作重点。针对疫情后的经济恢复，中葡论坛提出维护供应链稳定、改善营商和贸易环境、加强产业合作、支持中小企业发展、中葡合作发展基金五项建议，并再次强调了澳门的中葡平台作用，鼓励澳门在中国与葡语国家卫生合作中提高参与度，推动澳门"葡语国家食品集散中心"建设，支持澳门丰富中葡商贸合作服务平台综合体的功能，支持中国与葡语国家间的文化传播及旅游推广。此外，中葡论坛部长级特别会议还签署了《中葡论坛关于吸纳赤道几内亚共和国为与会国的声明》，正式吸纳赤道几内亚为中葡论坛与会国。至此，中葡论坛已覆盖了以葡语为官方语言的全部国家，实现了中方与葡语国家的"大团圆"。

二 中葡论坛20年合作成果显著

（一）构建了可持续的多边合作机制

在中葡论坛第一届部长级会议通过的《经贸合作行动纲领（2003）》中，就将建立论坛后续机制，以落实拟实施的计划和方案作为重要目标。如今，中葡论坛已建立诸多有效合作机制，由部长级会议作为最高决策机构，《经贸合作行动纲领》作为行动引领。常设秘书处永久设在澳门特区，负责协调、管理论坛日程事务，组织、跟踪论坛活动的开展，筹备历届部长级会议，提供会务服务。秘书处下设三个办公室：中国商务部设立的行政办公室负责秘书处日常工作并对口联络中国政府和企业，澳门特区政府设立的中葡论坛辅助办公室对口联络特区政府，并为常设秘书处和与会国开展论坛后续行动提供必要的资金、后勤和礼宾支持，葡语国家驻中葡论坛代表组成的联络办公室负责对口联络葡语国家政府、使馆和商界，中葡论坛中方后续行动委员会负责部长级会议举措的推进和落实。

中葡论坛不仅拥有澳门特区作为永久举办地，更定期举办部长级会议、高官会，可持续性较强。截至 2023 年，中葡论坛已召开了 5 届部长级会议、1 届部长级特别会议、5 次高官会、18 次例会，举办了 14 届中国与葡语国家企业经贸合作洽谈会，建设了中国与葡语国家商贸合作服务平台综合体、中葡论坛（澳门）培训中心、中国—葡语国家防疫交流中心，成立了中国与葡语国家企业家联合会、中葡合作发展基金、中葡论坛投资工作小组、中葡论坛产能合作工作组，并与国际热带木材组织、联合国工业发展组织等国际组织相继开展合作。[①] 在常设秘书处的框架下，行政办公室、辅助办公室和联络办公室等多个职能部门稳健运行，基本实现了首部《经贸合作行动纲领》中"在本论坛框架内所建立的各类机制作为现有双边磋商机制的补充，加强和完善双边磋商机制，确定经贸合作的新领域和新途径"的目标。

（二）建成了集体对话的平台

过去，中国与葡语国家的交往大多依赖双边合作，缺乏务实有效的多边合作平台。中葡论坛首度为中国与葡语国家开创了集体对话的平台，加深了中国与葡语国家对彼此市场的认知，凝聚合作共识，在强化中国与葡语国家经贸往来和人文交流中体现了政策设计赋予它的职能。为建立多边共识，形成统一步调，在首届部长级会议上，由中国商务部副部长，安哥拉贸易部部长，巴西发展、工业和外贸部部长，佛得角经济、增长和竞争力部部长，几内亚比绍外交、国际合作与侨务部部长，莫桑比克贸易和工业部部长，葡萄牙总理助理部长，东帝汶发展和环境部副部长共同签署了《经贸合作行动纲领》，此后每部《经贸合作行动纲领》均由中国与葡语国家主管经贸的部长共同签署。第三届部长级会议期间，集体对话平台进一步升级，不仅各国经贸部长出席会议并签署《经贸合作行动纲领》，更有时任中国国务院总理温家宝、东帝汶总统奥尔塔、葡萄牙总理若泽·苏格拉底

---

① 《中葡论坛常设秘书处第十四次例会代表与国际组织座谈》，中国与葡语国家经贸合作论坛常设秘书处辅助办公室，2019 年 3 月 28 日，https：//www.gcs.gov.mo/news/detail/zh-hant。

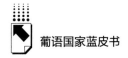
（José Sócrates）、几内亚比绍总理卡洛斯·戈梅斯（Carlos Gomes）、莫桑比克总理艾雷斯·阿里（Aires Ali）等国家领导人出席论坛开幕式。此后，每届部长级会议不再仅限于经贸部长的洽谈，而是由中国与葡语国家领导人在会议期间进行多双边会晤，达成多领域的合作共识。如第四届部长级会议期间，时任国务院副总理汪洋在澳门分别会见了出席中葡论坛的几内亚比绍过渡政府总理德鲁伊·杜阿尔特·德·巴罗斯（Rui Duarte de Barros）、葡萄牙副总理保罗·波尔塔斯（Paulo Portas）、东帝汶副总理费尔南多·拉萨马·德·阿劳若（Fernando Lasama de Araújo），并礼节性会见巴西副总统米歇尔·特梅尔（Michel Temer）。① 第五届部长级会议期间，时任国务院总理李克强在澳门会见葡萄牙总理科斯塔（António Luís Santos da Costa）、佛得角总理若泽·乌利塞斯·科雷亚·席尔瓦（José Ulisses Correia e Silva）、几内亚比绍总理巴希罗·贾（Baciro Djá）、莫桑比克总理卡洛斯·多罗萨里奥（Carlos do Rosário）。②

除此之外，每届中葡论坛部长级会议期间，均举办多项配套活动，由中国与葡语国家多方共同参与。如第五届部长级会议期间便举办了中国与葡语国家商贸合作服务平台综合体项目启动仪式、中国—葡语国家企业家金融家大会等系列活动。在启动仪式上，在时任澳门特区行政长官崔世安和各葡语国家代表团团长见证下，时任国务院总理李克强为"中国与葡语国家商贸合作服务平台综合体"项目揭牌；在中国—葡语国家企业家金融家大会上，来自葡语国家的超过 50 个机构及企业与中国内地及澳门的企业代表进行项目对接洽谈，共促成近 100 场商业配对，签署了 17 项中葡合作项目协议，为中国与葡语国家的政府官员、企业家、金融家开展集体对话打造了重要平台。

（三）展示了与葡语国家合作的"中国经验"

中葡论坛首届部长级会议上，时任中国国务院副总理吴仪就指出，"葡

---

① 《汪洋在澳门会见出席中葡论坛的葡语国家领导人》，中国政府网，2013 年 11 月 4 日，https：//www.gov.cn/ldhd/2013-11/04/content_ 2521425. htm。
② 《李克强总理视察澳门并出席中国—葡语国家经贸合作论坛第五届部长级会议开幕式》，2016 年 10 月 12 日，https：//www.gov.cn/zhuanti/2016scamzt/mobile. htm。

语系国家历来是中国十分重视的合作伙伴，希望通过这次论坛，建立一种合作机制，不仅成为中国和葡语国家参与经济全球化的重要工作平台，而且成为推动中国和葡语国家全面合作的'推进器'"。① 中葡论坛作为中国与葡语国家对接发展规划、实施互联互通项目、推动贸易投资便利化、促进民心相通的方案，历届部长级会议均有政府首脑出席，出台重大举措，提出建设性意见，不仅显示了中国中央政府对以中葡论坛为抓手的"一个平台"建设的高度重视，更展示了中国为经济全球化搭建国际合作平台的初心。

中葡论坛第二届部长级会议开幕式上，时任中国国务委员、国务院秘书长华建敏对进一步深化中葡论坛合作提出了四点建议：一是发挥各自优势，开展多种形式的合作，扩大经贸合作规模；二是在进一步扩大经贸、投资合作的基础上，研究加强各方在金融、旅游、卫生、科技、教育、文化等方面的交流与合作，拓宽合作领域；三是共同举办形式多样的人员培训项目，继续推动在人力资源开发方面的合作；四是进一步完善论坛机制，推动双边和多边经贸关系的有机融合以及各成员之间在论坛框架下的务实合作。②

第三届部长级会议期间，时任国务院总理温家宝强调了中葡论坛的四个发展重点，即扩大双边贸易规模、着力推动双向投资、积极开拓新的合作领域和充分发挥澳门的合作平台作用，并首次提出了针对葡语国家的六项举措，进一步加强了中国与葡语国家的经贸合作与人文交流。"实践证明，中葡论坛既是合作的桥梁，也是友谊的桥梁。它不但给双方带来了实实在在的经济利益，而且拉近了中国与葡语国家的距离，加深了双方人民的友谊，密切了国家间的友好关系。"③

第四届部长级会议恰逢中葡论坛成立 10 周年，时任国务院副总理汪洋充分肯定了中葡论坛 10 年来的合作成果："2003 年创办的中葡论坛，开创了以语言文化为载体的经贸合作新模式，中国与葡语国家的合作由此步入历

---

① 《"中国—葡语国家经贸合作论坛"在澳门开幕》，《人民日报》2003 年 10 月 13 日。
② 《拓宽合作领域，提升合作水平》，《人民日报》2006 年 9 月 25 日。
③ 《温家宝在中葡论坛第三届部长级会议开幕式上致辞》，中国政府网，2010 年 11 月 13 日，https：//www.gov.cn/ldhd/2010-11/13/content_ 1744962. htm。

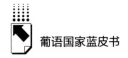

史上最活跃、最富有成果的时期。十年来，我们之间的经贸合作越来越深入。中国成为葡语国家第一大贸易国和第一大出口国。"① 时任商务部部长高虎城在发言中指出："中葡论坛成立十年来，从无到有，从小到大，开启了中国与葡语国家合作关系的新篇章。"②

第五届部长级会议期间，时任国务院总理李克强对中葡论坛成立以来所取得的成就以及澳门的重要地位和作用进行了回顾与总结，将中葡论坛比作"跨洋大桥"："中葡论坛以语言文化为纽带、以经贸合作为主题、以共同发展为目标，充分发挥澳门的独特优势和平台作用，对推动中国与7个葡语国家加强联系发挥了并将发挥更加重大的作用。"③

2022年，中葡论坛部长级特别会议期间，时任国务院总理李克强线上出席开幕式并指出，中方在2016年第五届部长级会议上宣布的促进中国与葡语国家合作相关举措已全面落实，中国同葡语国家贸易额连续五年突破千亿美元，2021年达到2000亿美元大关，充分显示了合作的韧性和发展潜力。④

（四）体现了共商共建的理念

中葡论坛是中国与葡语国家共商共建的成果。中葡论坛建设之初，由原对外贸易经济合作部（后改为商务部）派遣中方代表在京与安哥拉、巴西、佛得角、几内亚比绍、莫桑比克、葡萄牙等葡语国家驻华大使共同商谈组建事宜（东帝汶尚未在北京建立驻华大使馆，但表示接受商谈结果）。中国与葡语国家就首部《经贸合作行动纲领》的签订进行了多轮商谈，由首任中

① 《汪洋在中国—葡语国家经贸合作论坛第四届部长级会议开幕式上的讲话（全文）》，中华人民共和国商务部台港澳司，2013年11月15日，http：//tga. mofcom. gov. cn/article/zt_zp4/lanmuone/201311/20131100401581. shtml。
② 《高虎城在中葡论坛第四届部长级会议新闻发布会上的讲话》，中华人民共和国商务部新闻办公室，2013年11月6日，http：//gaohucheng. mofcom. gov. cn/article/speeches/201311/20131100379102. shtml。
③ 《李克强总理视察澳门并出席中国—葡语国家经贸合作论坛第五届部长级会议开幕式》，中国政府网，2016年10月12日，https：//www. gov. cn/zhuanti/2016scamzt/mobile. htm。
④ 《李克强出席中国—葡语国家经贸合作论坛部长级特别会议开幕式》，新华网，2022年4月10日，http：//www. news. cn/politics/leaders/2022-04/10/c_ 1128547511. htm。

葡论坛秘书长王成安代表中方与葡语国家代表草签了文本，同时，澳门特区政府派出经济财政司代表姗桃丝参与讨论，及时与特区政府沟通。中葡论坛秘书长由中国中央政府在征得葡语国家同意后指派司局级正职官员担任，一名副秘书长由中国商务部指派，一名副秘书长由澳门特区政府指派，一名副秘书长由葡语国家按葡文字母顺序派遣代表轮流担任。

中葡论坛成立后，不仅中国政府给予大力支持，葡语国家也高度重视论坛的建设和发展，每届部长级会议均派主管经贸的部长级官员出席，与中方共同制定《经贸合作行动纲领》。自第四届部长级会议起，多个葡语国家的政府首脑出席中葡论坛部长级会议，第五届部长级会议期间，更有 7 个论坛与会葡语国家的 4 位总理及 14 位部长出席。在落实历届行动纲领的过程中，各葡语国家驻华大使、驻澳门总领事、派驻代表支持论坛框架下开展的各项经贸、文化、教育等活动，推动了政府间协议和项目的落实，体现了葡语国家对中葡论坛的高度重视。

葡萄牙总统德索萨曾表示："葡方充分肯定中葡论坛成立以来所发挥的积极作用，在中葡论坛框架下，现已批准实施了一些涉及农业和原材料采掘等方面的合作项目，葡方一直希望推动葡中两国企业强化合作伙伴关系，发挥协同效应，研究开展面向安哥拉、莫桑比克等葡语国家三方合作的可能性。"[1] 安哥拉驻华大使若昂·加西亚·比雷斯（João Garcia Bires）指出："中葡论坛会通过一个行动纲领，这个行动纲领是国家层面上的一个共识，为此各个国家的技术团队共同探讨了半年以上。中葡论坛还是一个增进葡语国家同中国之间关系的平台，它为国家提供了了解彼此的机会，比如安哥拉可以提供什么，希望在哪些方面达成合作等。"[2] 2023 年，佛得角外交部部长鲁伊·菲格雷多·苏亚雷斯（Rui Figueiredo Soares）到访中葡论坛常设秘

---

[1] 《葡萄牙总统德索萨：在"一带一路"框架下推进中葡合作》，中华人民共和国国务院新闻办公室，2016 年 6 月 1 日，http://www.scio.gov.cn/gjgz_ 0/202209/t20220921_ 415198.html。

[2] 《安哥拉大使：中葡论坛是中国和葡语国家相互了解的好平台》，人民网，2016 年 10 月 9 日，http://politics.people.com.cn/n1/2016/1009/c8198-28763148.html。

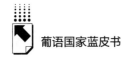

书处，提出佛得角政府高度重视中葡论坛，将继续大力支持常设秘书处的相关工作，希望通过中葡论坛的多边机制和澳门平台作用，进一步加强佛得角与中国及论坛参与国间各领域合作。[①]

（五）促进了商贸服务平台的建设

澳门回归以来，中国与葡语国家商贸合作服务平台建设的推进工作多以中葡论坛为抓手落实到位。中葡论坛将澳门设为永久举办地，显示了中央政府将澳门纳入国家发展战略、国家区域经济合作的考量。党和国家领导人始终把建设澳门商贸合作服务平台作为国家发展战略的有机组成部分及重要内容，在多个重要场合予以突出强调和反复论述。2005 年，时任国家主席胡锦涛在与葡萄牙总统若热·桑帕约（Jorge Fernando Branco de Sampaio）会谈时强调："中葡论坛是双方开展经贸合作的新平台，中方重视这一论坛在加强中国与葡语国家经济合作中所发挥的作用，愿意深化两国在该框架内的合作。澳门作为中葡友谊的纽带和桥梁，作为中国与葡语国家合作的重要平台，将继续发挥独特作用。"[②] 2010 年，胡锦涛在里斯本同葡萄牙总统席尔瓦举行会谈时提出："中方愿同葡方共同探讨同其他葡语国家开展第三方合作，通过中国—葡语国家经贸合作论坛提升中国同葡萄牙等葡语国家经贸合作水平。"[③]

以习近平同志为核心的党中央对澳门保持长期繁荣稳定高度重视，将中葡论坛视为澳门打造中国与葡语国家商贸合作服务平台的重要一环。2014 年，中国国家主席习近平和葡萄牙总统阿尼巴尔·安东尼奥·卡瓦科·席尔瓦（Aníbal António Cavaco Silva）举行会谈时明确指出："中葡双方要通过

① 《佛得角外长到访中葡论坛常设秘书处》，中国—葡语国家经贸合作论坛常设秘书处辅助办公室，2023 年 2 月 10 日，https：//www.gov.mo/zh-hans/news/670206/。
② 《胡锦涛主席与葡萄牙桑帕约总统会谈》，中华人民共和国外交部，2005 年 1 月 12 日，https：//www.mfa.gov.cn/web/gjhdq_ 676201/gj_ 676203/oz_ 678770/1206_ 679570/xgxw_ 679576/200501/t20050112_ 9345319.shtml。
③ 《胡锦涛同葡萄牙总统席尔瓦会谈》，中华人民共和国外交部，2010 年 11 月 7 日，https：//www.mfa.gov.cn/web/ziliao_ 674904/zt_ 674979/ywzt_ 675099/2010nzt_ 675437/hujintaofangwenfaguo_ putaoya_ 675441/201011/t20101107_ 9285242.shtml。

中国—葡语国家论坛等机制，探索开展面向非洲和拉美的三方合作，为有关地区和国家和平、稳定与可持续发展做出贡献。"[1] 2017 年，在中国商务部和澳门特区政府签订的《内地与澳门关于建立更紧密经贸关系的安排》（经济技术合作协议）中指出："充分发挥澳门作为中葡论坛永久举办地、中葡论坛常设秘书处所在地的优势，推进澳门中葡商贸合作服务平台建设，提升澳门的国际影响力和竞争力，深化中国与葡语国家经贸合作。"2019 年，中共中央、国务院印发的《粤港澳大湾区发展规划纲要》强调："发挥澳门与葡语国家的联系优势，依托中国与葡语国家商贸合作服务平台，办好中国—葡语国家经贸合作论坛（澳门）。"中央政府对中葡论坛发展方向的重要指示和重大规划，构成了中葡论坛促进澳门建设中国与葡语国家商贸合作服务平台的行动指南和基本保障，对澳门的长期繁荣稳定起到了积极作用。

（六）突出了贸易投资的主线

中国与葡语国家都处在国际航运的大动脉上，经济特征和产业结构互补性较强。中葡论坛自成立以来，便将贸易投资作为合作主线。为促进中国与葡语国家的经贸合作，中葡论坛与会各国自 2005 年起每年与不同的葡语国家轮流举办中国与葡语国家企业经贸合作洽谈会，至今已成功举办 14 届。中葡论坛与澳门贸促局、内地省市贸促会合办中国—葡语国家经贸合作交流对话会、中国—葡语国家青年企业家论坛、葡语国家旅游产品推介会、中国—葡语国家服务贸易研讨会、"发挥澳门作用，促进中国与葡语国家共建'一带一路'"平行论坛、"把握澳门、把握葡语国家机遇"投资推介会、"2021 粤澳名优商品展—葡语国家产品推介会"等活动，发挥澳门平台作用及葡语国家投资商机，协助葡语国家产品通过澳门进入中国内地市场。

2003 年中葡论坛建立之初，中国与葡语国家的贸易额仅约为 110 亿美元，至 2011 年首次超过 1000 亿美元，2021 年更突破 2000 亿美元大关，增

---

[1] 《习近平同葡萄牙总统席尔瓦举行会谈》，中国政府网，2014 年 5 月 15 日，https：//www.gov. cn/xinwen/2014-05/15/content_ 2680453. htm。

长超过 17 倍（见表 1）。2020 年，受新冠疫情影响，葡语国家经济普遍出现负增长，大多数葡语国家进出口贸易降幅都在两位数以上，但中国与葡语国家的贸易仍然保持了增长。2021 年，中国与葡语国家进出口贸易额为 2009.5 亿美元，同比增长 38.41%，2022 年虽有所放缓，但进出口贸易额仍高达 2148.3 亿美元，保持了 6.27% 的增速，大大高于同期葡语国家对外贸易的增长率。2003～2023 年的 20 年间，中国与葡语国家累计贸易额已超过 2.2 万亿美元。

表 1　2003～2023 年中国与葡语国家进出口情况

单位：万美元，%

年份	进口额	出口额	进出口总额	同比		
				进口额	出口额	进出口总额
2003	827105.90	275816.90	1102922.90	97.15	48.21	82.11
2004	1372803.00	454260.00	1827063.00	65.98	64.70	65.66
2005	1696895.10	621663.00	2318558.00	23.61	36.85	26.90
2006	2429786.00	978461.00	3408247.00	43.19	57.39	47.00
2007	3173032.00	1462306.00	4635338.00	30.59	49.45	36.00
2008	5272093.55	2430086.49	7702180.05	66.15	66.18	66.16
2009	4361694.20	1885118.50	6246812.70	-17.27	-22.43	-18.9
2010	6185853.84	2956485.43	9142339.27	41.82	56.83	46.35
2011	7896181.44	3827168.68	11723350.12	27.65	29.45	28.23
2012	8744592.87	4105206.61	12849799.48	10.74	7.26	9.61
2013	8748372.15	4398354.14	13146726.3	0.04	7.14	2.31
2014	8643851.55	4614305.71	13258157.26	-1.19	4.91	0.85
2015	6230594.15	3616867.07	9847461.22	-27.92	-21.62	-25.73
2016	6128386.28	2959023.42	9087409.70	-1.64	-18.19	-7.72
2017	8100771.35	3657984.48	11758755.83	32.18	23.62	29.4
2018	10550653.22	4184771.01	14735424.22	14.40	30.24	25.31
2019	10557448.77	4406465.23	14963914.00	0.06	5.30	1.55
2020	10194911.10	4323584.31	14518495.41	-3.43	-1.88	-2.98
2021	13613410.19	6481366.32	20094776.52	33.53	49.91	38.41
2022	13880614.80	7602308.70	21482923.50	1.15	17.08	6.27
2023	14746976.40	7339888.10	22086864.40	6.24	-3.45	2.81
总计	153356027.9	72581491.1	225937518.9	/	/	/

资料来源：根据中国海关总署、中葡论坛常设秘书处统计数据编制。

随着中葡论坛合作的深入，中国与葡语国家集体对话平台得以建立，双向投资领域不断扩大。2011 年，中葡论坛常设秘书处与中国商务部投资促进局签署投资促进合作谅解备忘录，促进中国企业前往葡语国家投资。在其带动下，一方面，中国对葡语国家的直接投资已从 2003 年 5600 万美元增至 2022 年的 69.19 亿美元（见表 2），投资领域包括金融、能源、农业及基建等，呈现出领域广、企业多、增速快的特点，为葡语国家增强生产能力、解决居民就业、改善民众生活发挥了重要作用。另一方面，葡语国家的对华投资也有显著增长。截至 2023 年 5 月，葡萄牙累计对华投资项目多达 308 个，实际投资金额达 2.24 亿美元。[①] 巴西在华累计投资超过 7.6 亿美元，涉及压缩机生产、煤炭、房地产、汽车零部件生产、水力发电和纺织服装等多个领域。[②]

表 2　2003~2022 年中国对葡语国家直接投资情况

单位：万美元，%

年份	投资流量	投资存量	同比	
			流量	存量
2003	686	5600	—	—
2004	737	8560	7.43	52.85
2005	1876	10556	154.54	23.31
2006	3271	18462	74.3	74.9
2007	10244	30906	213.17	67.4
2008	1914	33623	-81.31	8.79
2009	14043	67590	633.69	101.02
2010	58841	141106	319.01	108.76
2011	21938	164261	-62.72	16.41
2012	82192	311795	274.65	89.81
2013	68354	398301	-16.83	27.74
2014	39936	485926	-41.57	21.99

---

① 《中国同葡萄牙的关系》，中华人民共和国外交部，2023 年 10 月，https：//www. fmprc. gov. cn/web/gjhdq_ 676201/gj_ 676203/oz_ 678770/1206_ 679570/sbgx_ 679574/。
② 《对外投资合作国别（地区）指南：巴西（2022 年版）》，http：//www. mofcom. gov. cn/dl/gbdqzn/upload/baxi. pdf，第 35 页。

续表

年份	投资流量	投资存量	同比	
			流量	存量
2015	10966	450587	−72. 54	−7. 27
2016	40087	569905	265. 56	26. 48
2017	120808	671441	201. 36	17. 81
2018	124765	787464	3. 28	17. 27
2019	120002	864117	−3. 82	9. 73
2020	51836	741668	−56. 80	−14. 17
2021	27410	713826	−47. 12	−3. 75
2022	−5921	691916	−121. 60	−3. 07

资料来源：根据《中国对外直接投资统计公报》编制。

（七）推进了多领域合作的行动

经过 20 年发展，中葡论坛的合作领域已扩大至政府间合作，贸易、投资与企业间合作，产能合作，农业、林业、渔业和畜牧业合作，基础设施建设合作，能源、自然资源合作，教育与人力资源合作，金融合作，发展合作，旅游合作，运输与通信合作，文化、广播影视与体育合作，卫生合作，海洋领域合作，省市间合作，科技合作，经济监督、食品安全、消费权益保障合作，三方合作，环保和气象合作等近 20 个领域，其中农业渔业、发展合作、人文合作方面成果尤为斐然。

农业渔业合作方面，葡语国家均为临海国家，且多以农业立国，农业渔业资源丰富。中葡论坛签署的五部《经贸合作行动纲领》中，都将农业与渔业列为合作重点。在中葡论坛牵线下，内地省市与澳门特区陆续举办江苏—澳门·葡语国家农业合作对接会、葡语国家渔业领域发展状况及渔业食品贸易加工商机推介会，建立湖南—澳门—非洲葡语国家渔业产业服务联盟、江苏—澳门·葡语国家工商峰会理事会渔业国际合作推进小组，中葡发展基金在莫桑比克、东帝汶开展万宝农业园项目、隆平高科农业种植加工一体化项目的投资，中国援建的佛得角农产品加工中心更是落实中葡论坛第四届部长级会议中方承诺的具体举措。① 中葡论坛的多项举措，不仅为葡语国家的农业渔业产品提供了贸易平台，更为葡语国家提供了农产品的深加工生产条件，增加了当地民众的就业机会。

发展合作方面，中葡论坛第二届部长级会议制定的《经贸合作行动纲领》就将发展合作纳入了中葡论坛的合作领域。目前，中葡论坛框架下的发展合作主要有三种模式。第一，经济援助。中葡论坛第二届部长级会议期间，中方就宣布向亚非葡语国家提供 8 亿元人民币的优惠贷款，免除向参加论坛的重债葡语国家提供的 2004 年底对华到期未还的政府无息贷款债务。第三届部长级会议期间，中国进一步将优惠贷款额度提升至 16 亿元人民币，用于葡语国家的基础设施和生产型项目建设。2016 年，时任国务院总理李克强宣布的十八项新举措中，再次向论坛亚非葡语国家提供 20 亿元人民币无偿援助，免除论坛亚非葡语国家 5 亿元人民币无息贷款到期债务。第二，医疗援助。中葡论坛第四届部长级会议中，中国承诺向论坛亚非葡语国家派遣 210 人次的医务人员，并进一步承诺与葡语国家建立对口医院合作关系，开展妇幼健康项目及短期义诊，中国医疗队为葡语国家诊治患者超过 32 万人。第三，教育援助。截至目前，中国已为论坛葡语国家提供超过 2000 个各类培训名额，以及总计 2500 人的中国政府奖学金名额，同时采取中国内地与澳门联合培养的方式，向与会葡语国家提供 30 个在职学历学位教育名额，并进一步承诺帮助论坛亚非葡语国家升级改造教育文化设施。

人文合作方面，人文交流是政治经济交往的基础，习近平主席提出人类命运共同体理念以来，在"携手合作、互利共赢"价值观的带动下，中国与葡语国家的文化交流迎来了前所未有的全新机遇。作为以文化为纽带的交流平台，中葡论坛自成立以来，便积极举办中国—葡语国家文化周活动，至今已历 15 届，文化周不仅设有歌舞、美食、手工艺、工作坊和作品展，更在近年新增"葡语国家宣传片创作比赛"、"葡光十色"造型艺术展、"镶嵌

---

① 《杜小丛大使在中国援建佛得角农产品加工中心项目奠基仪式上的讲话》，中华人民共和国驻佛得角共和国大使馆，2015 年 8 月 10 日，http：//cv. china - embassy. gov. cn/chn/sghd/ 201508/t20150810_ 6362672. htm。

中葡"艺术摄影展（横琴）等活动。除此之外，中葡论坛开设文化专题网站，设立中国与葡语国家形象展示馆，建设中葡文化交流中心。通过开展人文交流活动，不仅减少了文化差异带来的相应问题，更为中国与葡语国家造就了文化共进的良好态势。

2011年，中葡论坛（澳门）培训中心成立后，每年以葡语国家和澳门的公务人员、技术人员和从业人员为对象开展短期培训课程。截至2023年，培训中心共计举办包括葡语国家中小企创业和领导力研修班、葡语国家数字经济研修班、葡语国家蓝色经济网络研修班在内的54期研修班（其中6期为线上研修班），内容涉及基建、环保、商法、公共行政管理等多个领域，超过7000名葡语国家政府部门负责人、技术人员来到中国内地和澳门特区参加人力资源合作活动。2011~2023年中葡论坛（澳门）培训中心学员人数如图1所示。

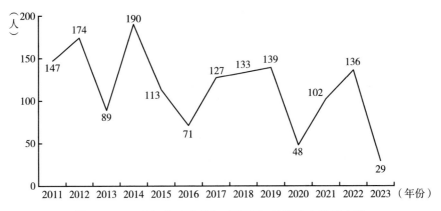

图1 2011~2023年中葡论坛（澳门）培训中心学员人数

资料来源：根据中葡论坛（澳门）培训中心官方网站数据编制。

（八）践行了人类命运共同体的理念

中葡论坛是习近平主席倡导的人类命运共同体理念的重要体现。2020年，新冠疫情出现后，中国与葡语国家互施援手、共克时艰，积极开展抗疫合作。中葡论坛发挥澳门商贸服务平台的作用，联合内地和澳门相关商协会、企业，多方筹集善款支援葡语国家，向葡语国家捐献了18万只口罩和千余件防护服，累计募集各类抗疫物资和民生物资近300万元。常设秘书处联合中国对外承包工程商会，向葡语国家中资企业发出倡议，继续向葡语国家提供医疗和生活等物资帮助。① 常设秘书处充分利用官方网站和社交媒体，转载《张文宏教授支招防控新冠病毒》（葡文版），发布专门为葡语国家制作的《齐心抗疫做好防护》（葡文版）防疫宣传片，并与澳门卫生局合作录制葡语版的医护知识"线上公开课"。同时，中葡论坛作为支持单位，与中国驻巴西大使馆、驻里约总领事馆共同举办3期11场"国际抗疫合作系列研讨会"，探讨加强跨洋抗疫合作、中医药应对新冠病毒的作用，分享救治防控经验。②

2022年，中葡论坛部长级特别会议期间宣布成立中国—葡语国家防疫交流中心。防疫交流中心成立后，积极开办2期共计8场传统医药应对疫情网络研修班，围绕传统医药抗疫阶段性总结及后续工作设想、传统医药应对常见流行病、利用传统医药独特优势防治登革热等专业主题与葡语国家卫生医药领域的政府官员、技术人员开展研修与交流。③ 通过中葡论坛合作，中国与葡语国家在疫情期间同舟共济，践行了开放包容、公平正义、和谐共处、多元互鉴、团结协作的人类命运共同体理念。

三　澳门平台作用凸显

（一）澳门是中国与葡语国家经贸合作的"桥梁"

"中国与葡语国家商贸合作服务平台"既是中央赋予澳门特区的重要

---

① 《商务部：支持澳与葡语国家抗疫合作》，中华人民共和国商务部，2020年10月16日，http：//www.mofcom.gov.cn/article/i/jyjl/j/202010/20201003008260.shtml。
② 《第2期国际抗疫合作系列线上研讨会圆满举办》，中国—葡语国家经贸合作论坛常设秘书处辅助办公室，2020年8月5日，https：//www.gcs.gov.mo/news/detail/zh-hans/N20GJxr0Oh；jsessionid=648E96F0759D19A967AEE5CDCA42FF34.app10。
③ 《中葡防疫交流中心举办首个活动"葡语国家传统医药网络研修班"开班》，中国—葡语国家经贸合作论坛常设秘书处辅助办公室，2022年9月16日，https：//www.gov.mo/zh-hant/news/930782/。

战略定位，也是澳门发挥自身优势促进经济适度多元发展的必然选择。国家"十二五"、"十三五"和"十四五"规划中均提出支持澳门建设中葡商贸合作服务平台，促进经济适度多元化发展。2003 年，《内地与澳门关于建立更紧密经贸关系的安排》（CEPA）签订后，所有符合 CEPA 原产地标准的澳门产品出口内地时均可享零关税优惠，澳门得以进一步深化和扩大了与内地在货物贸易、服务贸易、投资及经济技术等领域的合作，不少葡语国家企业看重"澳门制造"在中国内地零关税的优势，积极与澳门展开合作。除此之外，澳门金融管理局与葡萄牙、莫桑比克、东帝汶、圣多美和普林西比、佛得角等葡语国家的金融管理机构签有合作备忘录，澳门银行公会与 5 个葡语国家银行公会签署了《推动澳门与葡语国家商业银行合作倡议书》，中国银行澳门分行启动葡语机构公司金融业务协作机制，澳门地区人民币清算行与超过 30 家葡语国家银行建设人民币清算代理关系，基本完成并实现了对葡语国家市场资金清算网络的建设与全覆盖。[1]

时任国务院总理李克强在中葡论坛第五届部长级会议上指出，中国政府全力支持澳门发挥好"一带一路"支点作用，加快建设中国与葡语国家商贸合作服务平台，进一步建设好经贸合作会展中心、中小企业商贸服务中心、葡语国家食品集散中心。[2] 2016 年，澳门成立"中国与葡语国家商贸合作服务平台发展委员会"并由时任行政长官崔世安担任主席，启动中国与葡语国家商贸合作服务平台综合体建设并于 2019 年完工。澳门贸易投资促进局依托中葡中小企业商贸服务中心，建立中国—葡语国家经贸合作及人才信息网，为中国企业提供葡语国家市场和商业信息、商贸顾问咨询、专业配套等服务。仅 2023 年的前 10 个月中，贸促局就向 155 家企业机构提供了 238 次"中葡商贸导航"服务，促成葡语国家葡萄酒通过澳门进入内地市场、澳门企业投资葡语国家光伏项目、内地及澳门企业采购葡语国家大宗农

① 《澳门举办与葡语国家商业银行合作会议》，新华网，2019 年 5 月 30 日，http：//m. xinhuanet. com/2019-05/30/c_ 1124564510. htm。
② 《李克强在中葡论坛发表主旨演讲（全文）》，中国日报网，2016 年 10 月 12 日，https：// china. chinadaily. com. cn/2016-10/12/content_ 27031339. htm。

产品、葡萄牙企业在澳成立公司拓展澳琴业务等多项业务。① 截至 2023 年，中国—葡语国家经贸合作及人才信息网注册账号已超 30000 个，葡语国家产品（食品）资料库 34185 家，非食品资料库 449 家，专业服务供应商 2138 家，中葡双语人才 2129 名，为中国与葡语国家提供了丰富的人才信息。

通过中葡经贸合作会展中心，澳门贸促局持续举办"葡语国家产品及服务展（澳门）""把握澳门、把握葡语国家机遇"投资推介会等活动，组织葡语国家来澳举办经贸活动及设展，推动内地与葡语国家企业互办展销活动，拓展市场。葡语国家食品集散中心投入运营后，澳门与内地省市开展葡语国家酒类商机对接会，在上海建立"澳门葡语系国家地区酒类及食品展示中心"，并在佛山、合肥、扬州、宁波等城市设置展示及销售中心，推动葡语国家食品展示中心与有关商会合作。至今，葡语国家食品集散中心已在中国澳门和中国内地设立超过 30 个葡语国家食品展示点。作为中葡论坛成立 20 周年系列活动之一，2023 年，原"葡语国家产品及服务展（澳门）"升级为首届"中国—葡语国家经贸博览会（澳门）"，超过 300 家展商参展。② 通过打造"一个平台、三个中心"，澳门充分发挥自身的平台优势，成为中国与葡语国家经贸合作的"桥梁"。

（二）澳门是中国与葡语国家人文交流的"黏合剂"

作为世界上唯一同时将中文和葡萄牙语作为官方语言的地区，澳门不仅拥有独特的中葡双语优势，更对葡语国家的风俗习惯、思维方式、制度框架有着较为深刻的理解。长期以来，特区政府致力于将澳门打造成中葡文化交流中心。澳门文化局定期举办"澳门国际幻彩大巡游"和"相约澳门—中葡文化艺术节"等活动，其中独具澳门特色的"葡韵嘉年华"至今已举办

---

① 《澳门今年前 10 个月引进投资项目 213 个，投资额超 2022 年全年》，中央人民政府驻澳门特别行政区联络办公室，2023 年 11 月 22 日，http://www.zlb.gov.cn/2023-11/22/c_1212305045.htm。
② 《澳门年度三大指标性展会开幕，中葡元素成亮点》，新华网，2023 年 10 月 19 日，http://www.news.cn/2023-10/19/c_1129926639.htm。

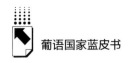
26 届，吸引了来自世界各地的数十个葡语社群参与。除中葡论坛、澳门文化局等官方机构外，葡萄牙经贸促进会代表处、东方葡萄牙学会等半官方组织，澳门巴西之家协会、澳门佛得角友好协会、澳门安哥拉协会、莫桑比克之友协会、中澳圣多美和普林西比友人联谊会、几内亚比绍本土人及友人联合会、澳门—帝汶友谊协会等民间友好组织定期举行交流活动，为中国与葡语国家构成了人文交流的网络。

特区政府积极建设中葡双语人才、企业合作与交流互动的信息共享平台，打造中葡双语人才数据库。在澳门的首个五年发展规划中，特区政府就已制订葡语专业人才培训计划，鼓励更多人员考取葡语相关的专业认证资格，并以适度资源投入与政策倾斜等手段，大力培养语言、金融、法律、会计等方面的中葡双语人才。[①] 2021 年，《澳门特别行政区经济和社会发展第二个五年规划（2021~2025 年）》中特别指出，发挥澳门在大湾区葡语教育方面的引领作用，深化"大湾区葡语教育联盟"建设，推动与葡语国家缔结姐妹学校，在节庆活动中加入葡语国家文化元素，拓展和深化中国与葡语国家之间的文化艺术交流合作，促进中国与葡语国家民心相通。[②]

特区政府重视与葡语国家的教育资源整合与合作。2014 年，澳门大学、澳门理工学院、澳门保安部队高等学校、澳门科技大学、澳门城市大学、圣若瑟大学 6 所院校组建"培养中葡双语人才工作小组"，围绕葡语师资培训、教学与研究、对外汉语教育及中葡旅游专业人才培训等开展各项国际合作计划。2017 年，澳门高等教育局与葡萄牙大学校长联盟、葡萄牙理工高等院校协调委员会签署《关于采用澳门高校联合入学考试结果的合作协议》。2019 年，特区政府与葡萄牙签署《中华人民共和国澳门特别行政区政府与葡萄牙共和国政府关于促进文凭与学位自动认可的谅解备忘录》。如今，澳门学生可通过四校联考成绩直接报读葡萄牙相

---

① 《澳门公布首个五年发展规划基础方案》，中国政府网，2015 年 11 月 18 日，https://www.gov.cn/xinwen/2015-11/18/content_ 2967377. htm。

② 《澳门特别行政区经济和社会发展第二个五年规划（2021~2025 年）》，澳门政策研究和区域发展局，2021 年 12 月 16 日，https://www.dsepdr.gov.mo/zh-hant/event/plan2/plan2。

关高等院校并获得学位认可，为中国与葡语国家提供了大量的中葡双语人才。

（三）澳门是"一国两制"方针的成功实践

澳门平台的快速发展，从根本上来源于"一国之本"和"两制之利"，长期以来，特区政府将"远交近融"作为基本策略，在"远交"中推进和葡语国家的交流，"近融"中加强和中国内地的往来。随着粤港澳大湾区和横琴粤澳深度合作区的建设与发展，澳门的独特优势进一步放大。澳门位处大湾区核心，是海上丝绸之路的节点城市，《粤港澳大湾区发展规划纲要》（以下简称《纲要》）为澳门发展指明了打造"一中心，一平台，一基地"的战略方向，明确支持未来澳门以适当方式与丝路基金、中拉产能合作投资基金、中非产能合作基金和亚投行开展合作，为澳门实现经济适度多元化提供了新机遇。《纲要》发布以来，澳门推出中葡青年创新创业交流计划，积极举办粤港澳大湾区发展工商大会、粤港澳大湾区和葡语国家新能源产业、企业合作会等经贸合作会议，组织葡语国家科创企业赴粤港澳大湾区考察，粤港澳三地高校成立"大湾区葡语教育联盟"，并将建设葡语国家人民币清算中心、承接中国与葡语国家金融合作服务作为长期发展目标。

横琴粤澳深度合作区成立后，将建设中葡国际贸易中心和数字贸易国际枢纽港列为合作重点，鼓励内地企业与澳门企业通过联合投融资、技术合作等方式，与葡语国家开展合作。2022 年 4 月，葡语国家及地区税收合作办公室落地横琴粤澳深度合作区，是全国首个面向葡语国家及地区的税收合作办公室，为"引进来""走出去"的中国企业发展提供了更大的税收助力。[①] 如今，超过 800 家澳门科技型企业落户横琴，其中粤澳合作中医药科技产业园与葡萄牙、莫桑比克、佛得角等葡语国家的 10 所高校开展交流合作，开展超过 30 期中医药专业培训，帮助包括澳门企业在内的多家企业共 9 款产品

---

① 《全国首个葡语国家及地区税收合作办公室成立运作——对澳服务再上新台阶》，国家税务总局，2022 年 4 月 14 日，https：//guangdong. chinatax. gov. cn/gdsw/zhhqsw_ tpxw/2022-04/14/content_ 2ee240182a7a4e1bad94099aa41371aa. shtml。

在莫桑比克注册成功，并有 7 款产品获得巴西的中成药注册备案上市许可。① 澳门通过融入粤港澳大湾区和横琴粤澳深度合作区的国家战略，不仅实现了中国与葡语国家的共同发展，更丰富了"一国两制"的实践和内涵，成为"一国两制"方针的优秀示范。

四　中葡论坛未来发展前景广阔

当前，世界正处于百年未有之大变局中，全球政治经济格局迈入深度转型期。随着中国与葡语国家的合作进一步深化，中葡论坛的多边合作机制化水平不断提升，未来发展前景广阔。第一，共建共享"一带一路"，落实"五通"，实现高质量发展。葡语国家大多属于"全球南方"国家，习近平主席提出"一带一路"合作倡议以来，得到了包括葡语国家在内的世界多国的肯定与认同。作为以经贸促进和发展为主题的多边合作机制，中葡论坛与"一带一路"倡议的合作理念高度契合。未来，政策沟通方面，中国与葡语国家还需要建立更加紧密的政府间合作关系；设施联通方面，中国与葡语国家还需要继续加强基础设施建设；贸易畅通方面，中国与葡语国家还要继续采取贸易便利化措施；资金融通方面，中国与葡语国家还要继续加强金融领域的合作；民心相通方面，中国与葡语国家还要继续加强人员交往。为落实"五通"，中葡论坛应持续开展"发挥澳门平台作用，促进中国与葡语国家共建'一带一路'"平行论坛等活动，积极连接中国与葡语国家，深化产业链供应链合作，建设民生项目，与葡语国家共建"一带一路"的新发展模式。在落实前五届部长级会议提出的举措后，中葡论坛也可在"一带一路"的合作框架下持续推动中国向亚非葡语国家提供优惠贷款，帮助有意愿的葡语国家建设海洋经济特区，加大贸易往来。

第二，促进中小微企业合作，加强与内地省市经贸往来。中小微企业

---

① 《粤澳将在横琴共建中葡国际贸易中心》，广东省人民政府港澳事务办公室，2022 年 4 月 14 日，http://hmo.gd.cn/hq/content/post_ 3912533.html。

是中国与葡语国家发展贸易、投资的主力军，也是推动创新、促进就业、改善民生的重要力量。中国内地、澳门特区和葡语国家都拥有数量庞大的中小微企业，均有吸引投资的强烈需求。中葡论坛部长级特别会议发布的《联合声明》强调，要支持中小企业发展，提高融资可得性。因此，中葡发展基金可以中小企业为切入点，精准对接葡语国家经济发展的需求，适当降低基金支持项目的准入门槛，提升运作透明度，中葡论坛可结合内地企业优势、澳门"1+4"适度多元发展策略和葡语国家对基础设施建设的需求，发挥内地省市—澳门与葡语国家工商峰会等平台作用，鼓励内地企业，尤其是中西部地区企业与澳门企业通过联合投融资、技术合作等方式，共同运作中葡基金项目，参与葡语国家基础设施建设。同时，充分发挥中国—葡语国家经贸合作及人才信息网的作用，为中国与葡语国家及时提供贸易政策、法律法规和人才招聘的相关信息，帮助中小微企业规避风险，提升贸易能力。

第三，强化澳门平台作用，丰富"一国两制"内涵。自建立以来，中国与葡语国家商贸合作服务平台为中国内地、澳门和葡语国家的中小企业提供了信息、技术、培训等多方面的支持。未来，特区政府可向商务部争取对CEPA进行进一步优化，制定更为优惠的原产地认定方法，允许澳门企业在横琴粤澳深度合作区对从葡语国家进口的产品进行适量实质加工后，以零关税的优惠进入中国内地，释放澳门平台的潜能；在与葡萄牙已有一系列投资促进合作协定的基础上，澳门可以单独关税区的身份与其他葡语国家进行磋商，签订自由贸易协议，帮助"澳门制造"产品以较为优惠的条件进入葡语国家市场，扩大与葡语国家的贸易往来；引进国际会议在澳门举办，打造具有国际影响力的澳门品牌，建设世界旅游休闲中心，丰富"一国两制"方针在新时代的实践与内涵。

第四，加强中国与葡语国家教育文化交流，为中国与葡语国家的高质量发展贡献智慧。当前，中国与葡语国家学术合作日益深化，人员往来频繁。为加强双方的教育文化交流，除持续通过中葡论坛（澳门）培训中心开展研修班外，常设秘书处可与中国和葡语国家高校制订联合交流计划，为葡语

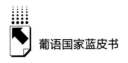

国家来华留学生、中国留学生赴葡语国家提供中葡论坛奖学金，促进中葡双语人才的培养；在现有中葡智库论坛的基础上汇聚政府、企业和学界资源，形成政企研三方互动机制，设立中葡论坛研究中心，开展中葡论坛的相关课题研究，向政府建言献策；澳门也可与中国内地、葡语国家的主流媒体共同打造葡语新媒体平台，开展中国与葡语国家媒体高端论坛，搭建多层次、多形式的民间交流网络，向葡语国家民众讲好"一国两制"的澳门故事和"人类命运共同体"的中国故事。

B.4
葡语国家学界对中国—葡语国家经贸合作论坛（澳门）的研究综述

杨楚乔*

摘　要： 自中葡论坛成立以来，葡语国家学界围绕其参与中葡论坛合作的动机、中葡论坛的地位与作用、中葡论坛的合作成效、中葡论坛的未来发展等多项议题展开了全面分析，由单一的经贸研究走向政治、经济、社会和文化的多方位研究，肯定了中葡论坛近20年来的合作成果。梳理葡语国家学界的观点与脉络，不仅能为中葡论坛提供国际化的研究视角与思路，也能为中国与葡语国家学界创造更广阔的交流空间。未来，若要进一步完善中葡论坛研究，可加强中国与葡语国家的学术交流，在现有中葡智库论坛的基础上汇聚政府、企业和学界资源，形成政企研三方互动机制，设立中葡论坛研究中心，开展中葡论坛的相关课题研究。

关键词： 中葡论坛　葡语国家　澳门

21世纪以来，随着世界多极化和经济全球化的进展，中国与葡语国家的经贸合作进程不断加快，由传统双边外交模式转向新型多边外交模式，在此背景下，中国—葡语国家经贸合作论坛（澳门）应运而生。

---

* 杨楚乔，浙江外国语学院葡萄牙语系讲师，国际关系与全球治理博士。

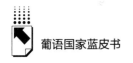

作为继非洲葡语国家（Países Africanos de Língua Oficial Portuguesa, PALOP）①、葡语国家共同体（Comunidade dos Países de Língua Portuguesa, CPLP）② 后第三个以葡语国家为主体的合作机制，中葡论坛自成立以来，就成为葡语国家学界的研究热点之一，众多学者在历史和文化研究的基础上进一步深入，对中葡论坛合作框架下的中国和葡语国家的多边关系进行了政治、经济和社会等多角度分析。葡语国家学界对中葡论坛的研究以期刊论文、会议论文为主，兼有少量学位论文。其中受到较多关注的是里斯本技术大学社会与政治学院（Instituto Superior de Ciências Sociais e Políticas da Universidade Técnicas de Lisboa）出版的《澳门：中国与非洲葡语国家的桥梁》（*Macau－O Elo China PALOP*），该论文集从多个非洲葡语国家角度出发，详细阐明了非洲葡语国家参与中葡论坛的内在动力以及中葡论坛框架下的中非合作关系。由意大利中东及远东研究院（IsMEO）出版的《中葡五百年》（*China－Portugal Five Hundred Years*）论文集刊出葡语国家学者的历史研究成果，对历史视角下的中葡论坛合作起源进行了阐述。除此之外，《当代中国》（*Journal of Contemporary China*）、《当代非洲研究》（*Journal of Contemporary African Studies*）、《东方杂志》（*Revista Oriente*）等学术期刊均刊载葡语国家学者的相关研究成果，成为对中国学界中葡论坛和澳门平台研究的重要补充。分析中葡论坛成立以来葡语国家学界的研究成果，不仅能为中国学界提供另一种视角与思路，更能有的放矢，分析中葡论坛的未来发展方向，向中央政府与澳门特区政府建言献策。以下谨就葡语国家学界相关研究所涉主要议题及其相关内容进行简要分析。

一 葡语国家参与中葡论坛的动机

葡语国家虽然有相同的语言维系，但分布在四个不同大洲，在政治体

---

① 非洲葡语国家由 6 个以葡萄牙语作为官方语言的非洲国家组成，即安哥拉、佛得角、几内亚比绍、莫桑比克、圣多美和普林西比，以及 2011 年加入的赤道几内亚。
② 葡语国家共同体于 1996 年成立，初始成员为葡萄牙、巴西、佛得角、圣多美和普林西比、莫桑比克、安哥拉和几内亚比绍，东帝汶于 2002 年独立后加入，赤道几内亚于 2014 年正式加入。

制、经济发展、社会文化和历史进程等方面差距较为明显，对中葡论坛合作的诉求各不相同。论及葡语国家参与中葡论坛的动机，葡语国家学界多从历史和政治角度出发，强调"影响力"的重要性，并可大致分为葡萄牙、巴西以及非洲葡语国家三个视角。

葡萄牙学者强调中葡论坛的影响力作用，重视维护与其他葡语国家的关系。伊沃·卡内罗·德索萨（Ivo Carneiro de Sousa）从历史的角度出发，对葡萄牙与中国澳门地区的关系进行了溯源，指出葡萄牙与中国澳门地区以及与其他葡语国家的关系并非简单的历史传承，而是官方语言为葡萄牙语的不同国家及地区的当代发展进程。中葡论坛作为这一进程的重要组成部分，有利于增加葡萄牙对中国内地、澳门以及其他葡语国家的出口贸易，葡萄牙利用与这三方的关系不断增加自身价值，成为中国与葡语国家合作的积极推动者。①

何塞·曼努埃尔·杜阿尔特（José Manuel Duarte）从葡萄牙亚洲外交政策的角度出发，认为虽然葡萄牙作为欧盟成员，与欧洲各国在地理位置和未来发展上更为接近，但其与亚洲、非洲在历史和文化上仍有紧密联系。这种情况下，中葡论坛成为葡语国家共同体以外的一种特殊合作方式，葡萄牙通过该合作机制实现跨大陆的政治、经济和文化合作，是其亚洲外交政策的重要一环。②

苏珊娜·布鲁诺·佩雷拉（Susana Bruno Pereira）分析了葡萄牙的"论坛战略"，考虑到澳门作为葡萄牙"历史遗产"的独特性，中葡论坛为葡萄牙提供了一个进入中国市场的便捷通道，从而建立了一种有利于实现共同商业目标的经贸关系。苏珊娜认为葡方的"中葡论坛战略"是在此合作框架下，发展与中国的双边商业合作，维护与其他葡语国家的关系。为实现这一战略，葡萄牙可利用与其他葡语国家以及澳门特区相似的经济及法律制度，以及在某种程度上相同的商业逻辑，以期在国际市场上获得更大的影响力。③

---

① I. C. De Sousa, *China, Portugal and the Portuguese-speaking Countries: A Long-Term Historical Perspective from Jorge Álvares to the Macau Forum* (*1513-2013*), EAST & WEST, 2013, pp. 151-195.

② J. M. D. D. Jesus, *Precisará Portugal de uma política externa para a Ásia*, Nação e Defesa, 2013.

③ S. B. A. Pereira, *Perspectiva Portuguesa do fórum para a cooperação económica e comercial entre a China e os países de língua portuguesa*, Universidade Nova de Lisboa, 2012.

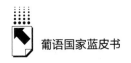

对巴西学者而言，多边关系和南南合作是巴西参与中葡论坛的重要因素。恩里克·阿尔特马尼·德·奥利维拉（Henrique Altemani de Oliveira）在评论葡萄牙学者卡门·曼德思（Carmen Mendes）的著作《中葡澳门谈判：1986～1999 年》时提出，巴西学界对澳门知之甚少，即使在 1999 年澳门回归中国时，学界也少有研究。中葡论坛成立后，尽管巴方更愿与中国进行双边合作，但由于论坛带来的具体利益，其框架下的多边合作仍然存在较大可能性。巴西利用这一合作机制扩大对中国澳门地区以及对葡语国家的影响力，成为其外交政策的"补充战略"。①

卡米拉·拉克尔·丽兹（Kamilla Raquel Rizzi）指出，南南合作是巴西外交政策的主要目标之一，为实现合作伙伴多样化，深化南南合作，巴西长期致力于发展与葡语国家共同体的多边关系。虽然中葡论坛旨在巩固中国与葡语国家的经贸交流，但《经贸合作行动纲领（2017～2019 年）》提出的海洋领域合作②依旧引起了巴方注意。考虑到中国与安哥拉已经在该领域开展了多项合作，不难预料，未来各国可能在现有领域进一步扩大合作范围。因此，除经济利益外，也可将中葡论坛视作巴西地缘政治利益的一部分。③

非洲葡语国家大多采取"资源依附型"经济发展模式，偏好将本国的自然资源推向国际市场，从而换取外汇，加快国内经济发展。佩德罗·班德拉·多斯桑托斯（Pedro Bandeira dos Santos）提出，中葡论坛让安哥拉更加重视中国澳门地区的作用。安哥拉的经济多元化程度较低，长期依赖原油等大宗商品的出口。中葡论坛成立以来，虽然澳门与葡语国家的贸易额不断增长，但绝大部分都来自葡萄牙与巴西两国，与安哥拉和莫桑比克的贸易额占

① C. A. Mendes, *Portugal, China and the Macau Negotiations, 1986-1999*, Hong Kong: Hong Kong University Press, 2013.
② 中国—葡语国家经贸合作论坛（澳门）第五届部长级会议《经贸合作行动纲领（2017～2019 年）》第 15 条，https://www.forumchinaplp.org.mo/sc/ministerial-conferences-3/strategic-plan-for-economic-and-trade-co-operation-of-the-5th-ministerial-conference-of-the-forum-for-economic-and-trade-co-operation-between-china-and-portuguese-speaking-countries-2017-2019/。
③ K. R. Rizzi, *A cooperação em Defesa na CPLP: o papel do Brasil*, Conferência a Geopolítica do Brasil no Mundo Global: a agenda brasileira de defesa, Instituição Externa, 2022.

比不足 1% 。因此，安哥拉政府在澳门设立领事馆、成立商会，并在中葡论坛框架下开展与澳门的旅游合作，以期减少对单一出口的过度依赖。①

索菲亚·迪亚斯·拉莫斯（Sofia Dias Ramos）认为，对莫桑比克而言，中葡论坛是双边合作的补充机制。莫桑比克政府长期寻求有助于本国工农业发展的外国投资，增加国民收入，加速人才培养，进而保障国家经济的可持续发展。中国政府通过澳门平台与葡语国家建立了融资机制，对莫桑比克农业进行了投资，其中最为突出的是万宝公司在加扎（Gaza）省会赛赛市（Xai-Xai）开展的"中非赛赛农业合作项目"，该项目被誉为中国在非洲最大的水稻种植加工项目，这也进一步增强了莫桑比克参与中葡论坛合作的信心。②

阿丽兹亚·利马（Alízia Lima）指出，与安哥拉等自然资源丰富的非洲葡语国家不同，佛得角自独立以来，由于矿产资源贫瘠，基础设施落后，第三产业长期占据经济主导地位，国家发展极为依赖旅游业收入和外部投资，因此寄希望于中国能对其进行投资与援助，在中国通过澳门平台设立中葡合作发展基金，用于促进与发展中葡语国家的合作后，佛得角对参与中葡论坛充满兴趣。③

二　中葡论坛的地位与作用

中葡论坛第五届部长级会议《经贸合作行动纲领（2017～2019年）》指出："澳门作为中国与论坛葡语国家商贸合作服务平台的作用在不断加强。"澳门作为连接中国与葡语国家的桥梁，在合作中发挥了重要作用，战略地位引人注目。在此背景下，葡语国家学界对中葡论坛的地位与作用多有

---

① P. B. D. Santos, *A influência de Macau nas relações China-Angola*, Universidade Federal do Rio Grande do Sul, 2022.

② S. D. Ramos, *O papel do Fórum de Macau no posicionamento geoestratégico da República Popular da China nos Países Africanos de Língua Oficial Portuguesa: Relações de cooperação entre a República Popular da China e a República de Moçambique*, Universidade de Lisboa, 2017.

③ A. L. D. L. Zego, *Relações sino-africanas contemporâneas: Uma análise de dois casos distintos: Angola e Cabo Verde*, Universidade Federal do Rio Grande do Sul, 2010.

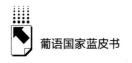

研究，大致以下三个方面。

第一，中国的"软实力"平台。卡门·曼德思提出了"营利性多边主义"（multilateralismo lucrativo）的概念，认为中葡论坛是中国"软实力"的又一体现。对于葡语国家而言，中葡论坛是一种双边合作，但对中国而言，中葡论坛是一种多边环境下的双边合作。中葡论坛保证了中国与葡语国家在多边环境下进行双边对话，且无须承担参与多边组织的责任与风险。①

海伦娜·罗德里格斯（Helena Rodrigues）认为，作为世界第二大经济体，中国已经成为世界经济变革的重要因素，其在政治、经济和社会等领域的任何行动都将给世界带来广泛影响。在中葡论坛的合作框架下，中国也利用语言和文化来维护自身在政治经济领域的利益。②

何塞·卡洛斯·马蒂亚斯·多斯桑托斯（José Carlos Matias dos Santos）认为，中国的"软实力"囊括外交、文化、教育、人力资源培训、商业和对外援助等多个方面，非洲发展中国家一直是其主要受益者。作为中国文化外交的一部分，中葡论坛不仅提供了食品、货币、金融贷款或基础设施等有形的商品和服务，而且通过建立中葡论坛（澳门）培训中心、开设研修班来吸引发展葡语国家，提升了中国自身软实力。由于中葡论坛的主要职能并非从事教育和培训，研修班均邀请澳门高校参与承办，有效落实了中葡论坛框架下教育与人力资源领域的合作。中国通过中葡论坛推进外交，展示经济成就，分享经济发展公式，并通过澳门为发展中葡语国家提供人才培养机会，葡语国家也可根据自身国情，调整和采用中国经验和模式，继而摸索适合本国的发展道路。③

第二，实施互惠互利的外交政策。朵拉·马丁斯（Dora Martins）认为，

① C. Mendes, *Macau: The Missing Link of a BRICS-Politik*, BRICS: Institutionalization & Macau, 2016, pp. 237-279.
② H. Rodrigues, *A afirmação da China em África e a utilização de Macau como plataforma de aproximação aos países lusófonos*, Portugal: Universidade de Coimbra, 2011.
③ É. Tran, J. C. M. Dos Santos, *The Seminars of the Macao Forum: An Illustration of China's Soft-Power Diplomacy towards the Portuguese-Speaking Countries*, China: An International Journal, 2015, pp. 93-112.

中国需要一个和平的外部环境来保障经济发展，实现小康社会，这也是中国当前外交政策的主要动力。中国通过南南合作，与非洲国家开展合作，中葡论坛、中非论坛等合作机制也应运而生。此外，《内地与港澳关于建立更紧密经贸关系的安排》（CEPA）实施后，对巩固澳门作为商业服务平台联系葡语国家的地位具有决定性意义。在这种背景下，澳门将葡语国家凝聚在一起，成为帮助中国开展南南合作的最佳选项。[①]

卡蒂亚·米里亚姆·科斯塔（Cátia Miriam Costa）认为，中国不仅在中葡论坛中扮演着举足轻重的角色，更将其作为行之有效的"外交工具"（ferramenta diplomática）。除葡萄牙和巴西以外，安哥拉和莫桑比克的自然资源，佛得角、几内亚比绍以及圣多美和普林西比等国在大西洋的战略位置也对中国有着独特的吸引力。中国需要进一步发展与葡语国家的互补关系，通过授权澳门特区与葡语国家建立联系，利用其与葡语国家相似的文化背景和语言环境，推动贸易往来，使该地区的经济实现多元化发展。[②]

索菲亚·加斯帕（Sofia Gaspar）从建构主义的角度出发，认为中葡论坛代表了中国的一种外交创新模式，通过澳门特区与葡语国家建立密切关系，重新定义了葡语国家参与中葡论坛合作的利益。在澳门，多个国家通过一种新型模式，即平等交流、高度相互了解和信任的"常规化"模式合作，这种外交模式以互惠逻辑为基础，具有制度化特征，进一步开拓了促进多方联络和贸易的空间。在此逻辑下，中国通过澳门平台对葡语国家进行商业投资、基础设施建设并提供贸易优惠待遇，其核心是推动互惠的外交政策，将多边互动转化为经贸合作。[③]

第三，一个中国原则的重要体现。安娜·克里斯蒂娜·阿尔维斯（Ana

---

① D. A. Martins, *Macau na encruzilhada das rotas sino-lusófonas*, Observatório da China, 2017.

② C. M. Costa, *Uma ponte para os países de língua portuguesa*, As relações internacionais em contexto de pandemia, 2021, pp. 52-53.

③ S. L. F. Gaspar, *Fórum de Macau: um novo instrumento de política externa da República Popular da China*, Universidade de Coimbra, 2009.

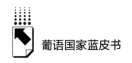

Cristina Alves）认为，一个中国原则是中国与葡语国家交往时的基本准则。作为唯一没有被纳入中葡论坛合作机制的葡语国家，圣多美和普林西比面临着来自国际和国内的多方压力，直至 2016 年，该国宣布与台湾当局"断交"，并于次年正式加入中葡论坛。①

卡门·曼德思提出，就安哥拉、巴西和莫桑比克而言，中葡论坛派驻代表均来自中国外交部亚洲司，中国、葡萄牙、东帝汶和几内亚比绍的派驻代表隶属于本国商务部（几内亚比绍代表最初来自该国外交部），佛得角代表则由政府投资部门派遣。因此，在处理各国代表的外交问题时，澳门的角色较为特殊：作为中国领土，澳门并不具备独立处理国际事务的权力，但中葡论坛在澳门特别行政区"落地"，也意味着中央人民政府授权澳门参与实施中国外交政策，这一行为具有较强的政治意义。② 另外，曼德思也认为，中国政府选择在澳门特别行政区设立中葡论坛，也彰显了"一国两制"方针的成效。③

三　中葡论坛的合作成效

中国与葡语国家在产业结构和贸易需求上具有较强的互补性，通过澳门独特的自由贸易环境，多国之间开展的双边贸易、双向投资均取得了丰硕成果，经贸合作领域不断拓宽。正如郭纳拉（Narana Coissoró）所言，中葡论坛三年的合作成效已经超过了葡语国家共同体的十年合作。④但中葡论坛的合作模式也受到了一定质疑，有葡语国家学者认为中葡论

① A. C. Alves, *China's Lusophone Connection*, Joanesburgo：South African Institute of International Affairs，2008.
② C. Mendes, *Macau in China's Relations with the Lusophone World*, Revista Brasileira de Política Internacional，2014.
③ C. A. Mendes, *A China e a Cooperação Sul-Sul*, Relações Internacionais，2010，pp. 39-46.
④ "As relações Portugal-Macau estão cada vez mais na agenda", Ponto final de Macau, 28 de Fevereiro de 2013, https：//pontofinalmacau. wordpress. com/2013/02/28/as-relacoes-portugal-macau-estao-cada-vez-mais-na-agenda/.

坛合作成果仍然停滞于双边关系之上，并未发挥多边合作机制的真正效用。因此，分析中葡论坛的合作成效，是葡语国家学界研究的重要内容之一。

在论及中葡论坛的合作成效时，苏珊娜·布鲁诺·佩雷拉（Susana Bruno Pereira）将中葡论坛称为"政府开辟的特殊管道"，认为葡萄牙企业对参与中葡论坛商业合作态度积极。根据她的观点，中葡论坛建立后中葡贸易快速增长，由于葡萄牙具有与其他葡语国家及中国澳门地区的语言、文化和法律共性，这种共性形成了一种附加价值，帮助促进中国和葡语国家建立联系，在寻求商品出口、吸引欧洲以外市场投资的过程中给葡萄牙带来了经济利益。①

玛丽亚·桑托斯（Maria Santos）认为，对非洲不发达国家几内亚比绍而言，中葡论坛加强了中国在对外援助领域与该国的合作。在中葡论坛的合作框架下，中国分别在几内亚比绍的比奥博地区（Biombo）以及南部的布巴（Buba）建设渔港，向北部的卡春戈地区医院（Buoata Na Fantchamna）捐赠价值 700 万非洲法郎的药品和办公用品，并与几内亚比绍政府签订建设生物质发电厂的协议，为该国中部的比绍和曼索阿（Mansoa）供电，这些都得益于几内亚比绍参与中葡论坛部长级会议后签订的一系列协议。②

安德里亚·索菲亚·席尔瓦（Andreia Sofia Silva）肯定了中国与葡语国家发展合作基金的合作成果。2010 年，中国政府宣布设立中国与葡语国家合作发展基金，首期规模为 1.25 亿美元，总规模高达 10 亿美元。截至目前，该基金已批准了 5 个超过 1.2 亿美元的投资项目，对巴西米拉斯吉拉斯州的太阳能项目、安哥拉的输配电项目，以及莫桑比克的水稻种植项目等进

---

① S. B. Pereira, *Perspectiva portuguesa do fórum para a cooperação económica e comercial entre a China e os países de língua portuguesa*, Portugal: Universidade Nova de Lisboa, 2012.

② M. D. C. R. D. C. F. Santos, *A cooperação Sul-Sul（CSS）para a reorientação dos imaginários e práticas do desenvolvimento: os caminhos da cooperação entre Guiné Bissau e Brasil*, Universidade de Brsília, 2017.

行了投资。①

若昂·保罗·马德拉（João Paulo Madeira）认为，中葡论坛使佛得角与中国的关系取得了重大进展，尤其在经济、文化和科学技术方面成果斐然。迄今为止，佛得角分别于 2008 年、2012 年和 2017 年在圣地亚哥岛（Sao Tiago Island）的普拉亚市（Praia）举办了 3 届中国与葡语国家经贸合作企业家会议，合作效果极为突出。通过中葡论坛，中国认识到佛得角地理位置的优越性，佛得角借此提升了国际知名度，澳门特别行政区也成为佛得角在珠三角地区传播信息的平台。②

四　中葡论坛的未来发展

谈及中葡论坛的未来发展，葡语国家学界也多有建言，认为未来中葡论坛应扩大合作范围，拓宽合作领域，推动制度改革，朝着国际组织的方向发展。

第一，扩大合作范围，加强经贸关系。中葡论坛常设秘书处安哥拉派驻代表安诚佑（Agostinho João António dos Santos）指出，澳门作为中葡论坛的主办地，应加强在促进中国与葡语国家经贸往来中的作用，为包括安哥拉在内的葡语国家的小型、微型企业项目提供更多机制上的支持。通过中国与葡语国家发展合作基金和其他重要机制的潜在贡献，推动经济和金融赋权，放宽投资资格标准，增强投资可操作性，将"一带一路"精神转化为中葡论坛成员国私营部门参与合作伙伴关系的激励工具。③

① "Fórum de Macau, a plataforma consolidada numa nova casa", Revista Macau, Dezembro, 2019, https：//www. revistamacau. com. mo/2019/12/26/raem－20－anos－forum－de－macau－a－plataforma-consolidada-numa-nova-casa/.

② J. P. Madeira, *O Dragão abraça África: Relações Cabo Verde-China*, Austral：Revista Brasileira de Estratégia e Relações Internacionais, 2017.

③《中葡论坛常设秘书处安哥拉代表安诚佑：将"一带一路"精神转化为中葡论坛成员国私营部门参与合作伙伴关系的激励工具》，21 财经网，2022 年 4 月 10 日，https：//inf. news/world/5b99f0c400f274f4d1b93ce51433e86a. html。

弗朗西斯科·莱安德罗（Francisco Leandro）提出，赤道几内亚的经济传统上依赖于三种原材料——可可、咖啡和木材，但自 20 世纪 80 年代起，石油和天然气的出口改变了该国的经济状况，所占比重超过其 GDP 的 4/5。因此，中国与葡语国家都应重视与拥有丰富资源的赤道几内亚的合作，就多方的市场潜力达成一致意见。另外，葡语国家可参考《粤港澳大湾区发展规划纲要》，将大湾区视为与中国共同创造多边合作的又一"引擎"。[1]

安娜·克里斯蒂娜·阿尔维斯（Ana Cristina Alves）提出，虽然中葡论坛可能只是中国巩固与发展中国家关系的大战略中的一小部分，但对相关国家产生的影响力不可小觑。中葡论坛可授予与葡语国家有紧密联系的其他国家观察员的身份，例如毛里求斯。此外，加利西亚（Galicia）、卡萨芒斯（Casamance）以及印度的果阿（Goa）、达茂（Damao）和迪乌（Diu）都可成为中葡论坛进一步扩大影响力的发展地区。[2]

第二，拓宽合作领域，加强澳门平台作用。瑞·乔治·伽马·费尔南德斯（Rui Jorge Gama Fernandes）强调经济和贸易层面以外的促合作因素，认为中葡论坛应当寻求在科技领域加强伙伴关系。澳门作为中国与葡语国家的"联络员"，应当推动多国在不同领域，尤其是卫生方面的合作。未来中国与葡语国家可在前沿科学领域共同创建相关应用研究项目，加强在卫生部门的横向合作。[3]

安娜·丽塔·福图纳托（Ana Rita Fortunato）提出，澳门对博彩业和服务业的过度依赖导致该地区缺乏农业及工业生产，进口额度远大于出口额度。因此，除传统的进出口合作以外，中葡论坛应当发挥澳门优势，加大澳

[1] "As quatro áreas e as cinco prioridades da era pós-pandemia", Opinião, 5 de abril de 2022, https：//sul21.com.br/opiniao/2022/04/as-quatro-areas-e-as-cinco-prioridades-da-era-pos-pandemia-por-francisco-leandro-carlota-beja-e-mario-vicente/.

[2] A. C. Alves, *China's Lusophone Connection*, Joanesburgo：South African Institute of International Affairs, 2008.

[3] "Think Tanks discutem desenvolvimento, segurança global e vias de cooperação", Hoje Macau, 13 Set 2022, https：//hojemacau.com.mo/2022/09/13/forum-macau-think-tanks-discutem-desenvolvimento-seguranca-global-e-vias-de-cooperacao/.

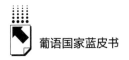

门与葡语国家的贸易往来，加强中国内地、澳门特区与葡语国家在旅游业等第三产业方面的合作。①

何塞·萨斯·马尔克斯（José Sales Marques）指出，澳门经济远未实现真正的多元化，澳门应当发挥中葡论坛优势，学习"横琴模式"，重视对中药产品的研发制造，加大对现代金融业和文化体育界的投资。②

第三，推动中葡论坛制度改革。大卫·布兰科（David Branco）提出，与非洲葡语国家不同，对葡萄牙和巴西而言，它们必须减轻自身参与中葡论坛时的失重感，通过提倡中葡论坛制度改革、参与建设中葡论坛常设秘书处来加大在该合作机制中的影响力，帮助中葡论坛成为国际性组织。③

朵拉·马丁斯指出，中国通过中葡论坛营造了一个良好的合作环境，并以此作为深化多边关系的基础，来达成经济方面以外的其他合作。中葡论坛应当进一步发展与其他发展中国家之间的多边关系，改革制度，朝着南方共同市场、非洲联盟的方向发展。④

结 语

分析葡语国家学界对中葡论坛的研究成果，不难发现，自中葡论坛成立以来，随着中国与葡语国家关系的稳定发展，澳门的重要战略地位凸显，除传统的经贸研究外，针对葡语国家参与中葡论坛合作的动机、中葡论坛的地位与作用、中葡论坛的合作成效、中葡论坛的未来发展的研究也成为葡语国家学者的热门议题。通过上述分析，可见葡语国家学界针对中葡论坛的研究重点如下。第一，由单一的经贸研究走向多方位研究。谈及中葡论坛的合作

---

① A. R. Fortunato, *Comércio bilateral entre os membros do Fórum Macau de 2003 a 2013*, Gabinete de Estratégia e Estudos, 2015.

② "Think Tanks discutem desenvolvimento, segurança global e vias de cooperação", Hoje Macau, 13 Set 2022, https://hojemacau.com.mo/2022/09/13/forum-macau-think-tanks-discutem-desenvolvimento-seguranca-global-e-vias-de-cooperacao/.

③ D. Branco, *Portugal e Macau: Que Chão Há?* Portugal: Universidade Nova de Lisboa, 2019.

④ D. A. Martins, *Macau na encruzilhada das rotas sino-lusófonas*, Observatório da China, 2017.

成效，葡语国家学者不再局限于传统的经贸领域，而是对论坛开展的一系列文化活动、人力资源培训等多有分析总结，呈现较强的横向研究特征。第二，重视"软实力"，强调影响力。葡萄牙和巴西学者重视语言、文化等软实力，认为可通过中葡论坛合作扩大自身影响力，凝聚葡语国家，进而实施外交政策。对非洲葡语国家学者而言，提升本国的国际知名度，加深与中国的合作关系，是其参与中葡论坛合作的重要动力。第三，由点及面，探究葡语国家通过中葡论坛与粤港澳大湾区建立合作的可能性。葡语国家学界的研究并不囿于澳门一地，而是将目光放宽至粤港澳大湾区乃至整个珠三角地区，寻求资源互补，谋求与中国共建范围更加广阔的中葡合作服务平台。

虽然葡语国家学界的中葡论坛研究不断精进，并取得了一定的跨学科交叉研究成果，但由于中葡论坛的发展历程较短，学界的研究方法和路径仍然较为单一，存在的问题较为明显。第一，研究人员零散，缺乏专门研究机构。中国与葡语国家目前尚无中葡论坛的专门研究机构，相关研究机构也较为稀少，"中国与葡语国家智库论坛""中葡论坛成立十五周年回顾与展望研讨会""葡语国家联合研究年会"等学术研讨会均由中方组织，由葡语国家主办的相关学术会议尚不多见。第二，以诠释性研究为主，缺乏有效评估。由于距离因素，葡语国家学者大多缺乏对中国内地和澳门地区的实地考察经验，有关中葡论坛的研究多为定性研究，对贸易数据的分析仍处于较浅显的阶段，缺少专项评估报告。第三，区域关注失衡，缺乏"小国"研究。葡语国家学界的研究大多集中于"ABC"① 三国，研究内容不仅细分至历史起源、社会文化、交往现状，更不乏对其政治制度、经济战略和外交政策等不同层面的分析，而对几内亚比绍等非洲不发达国家的研究则数量较少，且以介绍性文章为主，缺少深入研究。

若要进一步完善葡语国家学界对中葡论坛的研究，提高学术积极性，未来可从三个方面着手。首先，推动建设中国与葡语国家智库，成立中葡论坛研究中心。中葡论坛第五届部长级会议《经贸合作行动纲领（2017～2019

---

① 指安哥拉、巴西和中国（Angola、Brasil、China）。

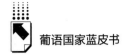

年）》指出了在澳门成立中葡论坛研究中心的可能性，并提出完善论坛常设秘书处的网络信息库，使之成为论坛的信息交流和研究中心，因此，中国与葡语国家学界应创新研究模式，整合研究资源，共同组建高素质的双语科研队伍。其次，加强中国与葡语国家的学术交流，引起学界重视。由于语言不通，中葡论坛研究不免面临信息滞后、沟通不畅等问题，中国与葡语国家可互派学者进行实地考察，加强交流、传递信息，及时为政府建言献策。最后，进一步拓展研究领域，引入人类命运共同体研究。人类命运共同体的主要内涵是建立平等相待、互商互谅的伙伴关系，营造公道正义、共建共享的安全格局，这与中葡论坛的合作理念不谋而合，中国与葡语国家若能以澳门为落脚点，将人类命运共同体理念引入中葡论坛框架下的多边合作，势必能进一步提升中葡论坛的重要性，涌现更多的高质量研究成果，给中葡论坛乃至葡语国家研究带来极大的积极影响。

专题报告

B.5

卢拉"新政"的特征、动因和挑战

张方方　王一凡*

摘　要：　2023 年，卢拉第三次当选巴西总统后，对内采取更加"温和"的政策：政治层面，继续扩大执政基础，稳定政权，并建立跨党派执政联盟；经济层面，控制公共支出与税收改革双管齐下，重启"新增长加速计划"；社会层面，促进公共安全、民生福祉、教育创新、卫生医疗和公众参与等多领域的公平正义；生态环保层面，加大关注力度，承担大国责任。对外，通过"务实"的政策，重新强化巴西大国地位，力推崛起。以上内政、外交政策变革最重要的动因源自巴西经济社会的发展需求、政党竞争与利益集团政治，以及巴西大国外交形象的树立。卢拉政府"温和与务实"的政策取向同时面临诸多挑战：对外依附较大，陷入经济停滞是"新政"面临的重大障碍；宗教文化多元性和社会高度极化可能给政策改革带来阻力；人口老龄化引发的社会危机是巴西找到合适发展道路面临的长期问题。

---

* 张方方，应用语言学博士，北京外国语大学西班牙语葡萄牙语学院副院长，副教授，主要研究方向为葡语国家社会文化、应用语言学；王一凡，北京外国语大学西班牙语葡萄牙语学院欧洲语言文学专业硕士研究生。

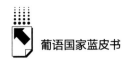

关键词： 卢拉"新政" 温和政策 务实政策

2023 年 1 月 1 日，巴西新一届总统卢拉于首都巴西利亚国会众议院宣誓就职，时隔 12 年之后再次成为巴西联邦共和国国家元首。卢拉曾于 2002～2010 年连任两届巴西总统，执政期间凭借"巴西无饥饿"和"家庭救助金"等民生计划帮助数以千万计的巴西人摆脱贫困，又通过降利率、改税制、搞基建等宏观经济政策调整使巴西跃为全球前八大经济体。如今，再次当选的卢拉总统所面临的巴西局势较之前已大不相同。在新任期的第一年，卢拉积极调整内外政策，试图通过"新政"让巴西重新迈向大国崛起之路。

一 卢拉"新政"的基本内容和特征

本部分将从国内政策和对外政策两方面概述卢拉上台后实施的主要政策内容，国内政策涵盖政治、经济、社会和生态环保层面，对外政策涉及巴西与拉美、美国、中国的关系以及巴西参与全球治理方面的内容。总体来说，卢拉"新政"的国内政策和对外政策分别呈现出温和、务实的特点。

（一）国内政策——温和

卢拉新政府高举"重建巴西"的大旗，在政治、经济、社会、生态环保等领域进行了一系列改革，以期带领巴西重拾光明。

第一，政治层面，大刀阔斧，重组革新，继续扩大执政基础，稳定政权，并建立跨党派执政联盟。

卢拉任职当日所做的第一件事，便是签署和发布新政府第一项临时措施（Medida Provisória 1，154/2023），① 该文件详细明确了新政府的部委机构组

---

① https：//www.planalto.gov.br/ccivil_ 03/_ ato2023-2026/2023/Mpv/mpv1154.htm.

织情况。新一届内阁并非劳工党"一家独大",而是平衡同盟阵线的各方需求,由多党联合组建而成。卢拉批准重组政府机构并重新任命各部委负责人。新政府将博索纳罗时期的 23 个部委机构增至 37 个。其中,13 个是原有机构;19 个是通过拆分和重组而创建的,例如,原经济部被拆分为财政部、计划与预算部以及发展、工业与贸易部;有 2 个部门进行了更名;有 3 个机构是全新创建的,分别是种族平等部、妇女部和原住民部。卢拉将原来隶属于巴西中央银行管理、负责打击腐败和洗钱的金融活动控制委员会(Coaf)纳入财政部管辖,并设立经济和社会可持续发展委员会(Conselho de Desenvolvimento Econômico Social Sustentável),作为巴西联邦政府的咨询机构。

卢拉执政一年来,虽然在就职初期政权曾遭到短暂冲击,但全年政治局势总体保持稳定。根据巴西咨询机构 Datafolha 的调查统计,巴西人民对生活的满意度和对国家的自豪感均接近自 2000 年以来的最高值。

第二,经济层面,控制公共支出与税收改革双管齐下,重启"新增长加速计划"。

正如巴西财政部部长费尔南多·哈达德所言,"制定一个取代支出上限的新的财政框架,并进行税收改革,将是卢拉政府 2023 年的优先事项"。[①] 2023 年 8 月 31 日,巴西新的财政框架(第 200/2023 号补充法)在《官方公报》(*Diário Oficial da União*)公布,取代了旧的公共账户支出上限。其目的是保证政府开支增幅低于收入增长,在 2025 年实现财政盈余。具体来说,公共支出的增长必须被限制在政府收入增长的 70% 以内。11 月 8 日,巴西参议院通过了巴西税制改革的基本文本。[②] 参议院议长罗德里戈·帕切科表示,"通过将众多税种合并为三种税种,将减少目前巴西税务政策的官僚主义,促使企业将更多的资源和精力集中在其主要业务上,促进创新并刺

---

① https://www.cartacapital.com.br/cartaexpressa/substituto-do-teto-de-gastos-e-reforma-tributaria-sao-prioridades-para-o-governo-diz-haddad/.

② https://www12.senado.leg.br/noticias/materias/2023/11/08/senado-aprova-reforma-tributaria-no-primeiro-turno-no-plenario.

激经济增长"。虽然到 2024 年才颁布详细说明新税改的补充法律，但是卢拉政府已经在经济治理方面取得显著成效。另一项经济领域的重大措施是卢拉政府于 2023 年 8 月宣布重启的劳工党政府标志性政策之一——"新增长加速计划"（Novo PAC，以下简称"新计划"）。新计划将在九大公共领域投资 1.7 万亿雷亚尔，以建设可持续和有韧性的城市、能源转型与安全、基础设施投资、数字化建设等为重点，将成为巴西最大的公共投资计划。新计划在大规模恢复旧版"增长加速计划"停工项目的同时，更强调私营部门对公共投资的有效参与以及可持续发展。①

根据国际货币基金组织预测，2023 年巴西 GDP 将增长 3.1%，经济总量全球排名上升至第 9 位，稳中向好的经济形势提升了巴西民众的信心。

第三，社会层面，促进公共安全、民生福祉、教育创新、卫生医疗和公众参与等多领域的公平正义。

公共安全领域聚焦军备控制和打击犯罪组织两个方面。在国家军备控制政策上，卢拉签署了第 11/366 号法令，暂停登记供猎人、射击手和收藏者使用的新武器。② 卢拉要求在 60 天内将 2019 年第 9785 号法令颁布后登记的所有武器重新录入联邦警察局的国家武器系统，并禁止随身携带上膛枪支，禁止未成年人进行体育射击，将普通公民的可持有枪支数量从 6 支减少到 3 支。2023 年 10 月 31 日，卢拉政府重新对枪支和弹药征收工业产品税（IPI），并将税率提高至 55%，这些措施与博索纳罗政府鼓励持有枪支的政策形成鲜明对比。③ 在打击犯罪组织方面，针对博索纳罗支持者在卢拉就职后第一个周末强行闯入并占领国家权力机构的行为，卢拉反应迅速，下令国民警卫队进驻，以恢复首都的秩序。随后，签署行政法令，允许联邦政府在

---

① 清华大学国际与地区研究院：《解读卢拉政府的"新增长加速计划"》，https：//iias. tsinghua. edu. cn/fj/qydt/ldmzdq/qydt_ ldmzdq_ 2023_ 11_ d2. pdf，https：//www. in. gov. br/ en/web/dou/-/decreto-n-11. 366-de-1-de-janeiro-de-2023-455355214。

② https：//www. in. gov. br/en/web/dou/-/decreto-n-11. 366-de-1-de-janeiro-de-2023-455355214.

③ https：//www. in. gov. br/en/web/dou/-/decreto-n-11. 764-de-31-de-outubro-de-2023-520031020.

1 月 31 日前采取"任何必要措施"以恢复秩序。3 月 1 日,卢拉签署第 11/426 号法令,将巴西情报局从军队机构安全办公室转隶至总统府民事办公室,以保证情报局发挥作用,预防类似事件再次发生。① 10 月 2 日,巴西司法和公共安全部启动"国家打击犯罪组织"(Enfoc)计划,总投资近 10 亿雷亚尔。该项目分三个周期开展,预计于 2026 年结束,旨在加强机构间信息沟通、提高公安机构和司法系统的工作效率并加强各机构之间的合作。② 11 月 1 日,卢拉政府在里约热内卢开展法律和秩序保障行动,③ 针对当地犯罪群体展开准军事行动。

民生福祉领域涵盖提升薪资标准、重启社会福利计划、保障粮食安全、完善基础设施、优化社会住房等方面。在提升薪资标准方面,从 2023 年 5 月起,巴西最低工资标准从每月 1302 雷亚尔提高至 1320 雷亚尔,并且将随国家通胀率而自然调整。从 6 月 19 日起,巴西最低生活费上调为每月 600 雷亚尔。个人所得税免税额从 1903 雷亚尔提高至 2640 雷亚尔。卢拉承诺,在其任期结束时,即 2026 年 12 月 31 日,免税额将达到 5000 雷亚尔。④ 联邦行政部门公务员加薪 9%。政府规定社保受益人的年度奖金,即 13 薪须提前发放。在重启社会福利计划方面,"家庭救助金"计划替代了博索纳罗推出的"巴西救助金"计划,对符合资格的贫困家庭发放现金补贴,并设定学龄儿童须接受学校教育、达到一定出勤率以及接种疫苗等条件,旨在保障儿童健康和受教育的权利,体现了通过教育阻断贫困隔代传递,从而提升整体社会公平的人文主义愿景。2023 年 3 月 2 日,卢拉签署临时措施,正式向处于弱势地位的巴西家庭提供每月 600 雷亚尔的补贴(根据每个家庭妇女和子女人数不同,会有相应增加)。此外,天然气补助发放期限延长至

---

① https：//www.in.gov.br/en/web/dou/-/decreto - n - 11. 426 - de - 1 - de - marco - de - 2023 - 467443153.

② https：//www.gov.br/secom/pt-br/assuntos/noticias/2023/10/programa - de - enfrentamento - a - organizacoes-criminosas-tera-r-900-milhoes-ate-2026.

③ https：//www.correiobraziliense.com.br/politica/2023/11/6054302 - lula - anuncia - glo - para - reforcar-segurancas-de-portos-e-aeroportos.html.

④ https：//correiosabia.com.br/imposto-de-renda-2023-tire-duvidas/.

2023 年底。债务重新谈判计划"Desenrola"① 于 10 月 9 日开始运行,"约 3200 万拖欠债务的巴西人可从中受益"。② 负债者通过国家的介入沟通债务偿还期限,并从诚信黑名单中被除名。在保障粮食安全方面,2 月 28 日,卢拉签署第 11/422 号法令,重新设立国家食品和营养安全委员会(CONSEA)。③ 3 月 22 日,重新启动粮食收购计划,④ 并重建国家农村可持续发展委员会(CONDRAF)。8 月 31 日,启动"巴西无饥饿"(Brasil sem Fome)计划。⑤ 在完善基础设施方面,针对价值 12 万雷亚尔以下的汽车,政府实施免税政策,并结合尾气排放量提供激励折扣。2 月 28 日,政府终止对汽油和乙醇燃料的联邦税豁免。7 月 7 日,联邦政府再次向各城市要求提交"城市交通"计划。9 月 27 日,政府签署 2023 年首次输电线路拍卖合同,投资总额达 157 亿雷亚尔。11 月 14 日,巴西港口和机场部长马尔西奥·弗朗萨与巴西主要航空公司、巴西航空公司协会(Abear)和国家民航局(Anac)代表会面,要求尽快向联邦政府提交一份机票价格优惠方案,为民众提供低价机票。在优化社会住房方面,卢拉政府将"新增长加速计划"总投资额的 20% 用于重启"我的家园,我的生活"(Minha Casa, Minha Vida)计划。该计划根据家庭收入将受益群体分为不同等级,旨在为收入不超过一定数额的家庭在购买房屋时提供补贴,或提供使用房产的便利条件。

教育创新领域,一方面卢拉政府主张提高教育包容、促进教育公平,另一方面大力倡导科技创新。1 月 11 日,政府颁布"国家数字化教育政策",⑥ 强调数字包容,推广学校数字化教育,提升职工数字化赋能,增强

---

① 葡文全称为 Programa Emergencial de Renegociação de Dívidas de Pessoas Físicas Inadimplentes。
② https://www.in.gov.br/en/web/dou/-/medida-provisoria-n-1.176-de-5-de-junho-de-2023-488178194.
③ https://www.in.gov.br/en/web/dou/-/decreto-n-11.422-de-28-de-fevereiro-de-2023-466788947.
④ https://www.in.gov.br/en/web/dou/-/medida-provisoria-n-1.166-de-22-de-marco-de-2023-472340845.
⑤ https://www.gov.br/mds/pt-br/acoes-e-programas/brasil-sem-fome.
⑥ https://www.planalto.gov.br/ccivil_03/_Ato2023-2026/2023/Lei/L14533.htm.

数字化科研创新。1月16日,教育部部长卡米洛·桑塔纳签署政令,将巴西教师最低工资标准上调至4420.55雷亚尔,同比增长14.95%。① 3月起,联邦政府投资23.8亿雷亚尔,将全国范围内本科生、研究生和科学启蒙奖学金增加25%~200%。② 3月10日,卢拉指示联邦政府重新调整给各州、市公立中小学校校餐的拨款。全国各地从幼儿园到高中的预算增长幅度为28%~39%。③ 5月12日,卢拉签署"国家恢复教育类基础设施工程",使巴西超过3500个瘫痪或未完工的学校基础设施项目得以完工,同日,启动"全日制学校"计划,④ 旨在保证全国基础教育全日制在校生人数达到100万名。10月17日,巴西通信公司和联邦大学共同宣布将扩大校园公共广播和电视网络通信内容。⑤ 此外,卢拉政府新设种族平等部,其职责包括落实黑色人种和混血人种在大学入学时享有配额政策⑥以及保障该群体在教育和文化领域应享有的支持和权利,通过资源倾斜来保证教育公平。在就职演讲时,卢拉就曾强调"巴西作为一个大国,绝不能放弃其生产潜力",应当重启工业化进程,并充分肯定科技创新在这一过程中所发挥的根本作用。为此,新一任政府将积极支持科技创新活动,加强生产部门、研究中心和大学之间的对话机制,并加大对于科研活动与研究人才培养的资金投入。新任科学、技术和创新部长卢西亚娜·桑托斯表示,政府将对国家科学和技术发展基金(FNDCT)进行全面重组,希望重新设立96亿雷亚尔用于支持科技发展与创新项目。⑦ 她指出,政府将调整巴西高等教育人员促进会现行的奖学金额度,

---

① https://www.plataformamedia.com/en/2023/01/18/brazil – announces – 15 – minimum – wage – increase-for-teachers/.

② https://www.gov.br/planalto/pt-br/acompanhe-o-planalto/noticias/2023/02/governo-federal-anuncia-reajuste-em-bolsas-de-graduacao-pos-iniciacao-cientifica-e-bolsas-permanencia.

③ https://www.gov.br/planalto/pt-br/acompanhe-o-planalto/noticias/2023/03/governo-federal-reajusta-em-ate-39-o-valor-destinado-a-merenda-escolar.

④ https://www.gov.br/mec/pt-br/escola-em-tempo-integral.

⑤ https://www.gov.br/secom/pt-br/assuntos/noticias/2023/10/ministerios – ebc – e – universidades – federais-anunciam-expansao-da-rede-publica-de-radio-e-tv-e-da-comunicacao-universitaria.

⑥ https://brasilescola.uol.com.br/educacao/sistema-cotas-racial.htm.

⑦ https://agenciabrasil.ebc.com.br/geral/noticia/2023/03/projeto – de – lei – vai – restabelecer – r – 96-bilhoes-do-fndct.

加大对硕博研究生的资助力度，加强对研究型人才的培养与支持。

卫生医疗领域，3 月 20 日，卢拉宣布重新启动 2013 年发起的"更多医生"（Mais Médicos pelo Brasil）计划，① 新增 1.5 万个医疗工作岗位。该计划旨在加强巴西基本医疗服务，招募更多巴西籍和外籍医生，以保证医疗机构能够覆盖巴西所有城市和地区。4 月 6 日，卢拉签署两项修改基本卫生设施法规的国令，② 一方面，政府规定对公共饮用水供应商或污水处理服务商进行资格认定；另一方面，联邦政府进行权力下放，允许基本公共卫生服务的地区区域化管理。5 月 8 日，卢拉批准第 8131/2017 号法案，③ 将国家口腔健康政策（又称微笑巴西）纳入《卫生基本法》。6 月 7 日，卢拉宣布对"大众药房"（Farmácia Popular）④ 计划进行改造，加强国家统一医疗系统（SUS）的药品分配。9 月 26 日，政府启动"国家医疗产业经济综合体发展战略"，⑤ 该战略是一项涉及巴西卫生部、发展部、工业部、贸易部等部委的跨部门倡议，预计到 2026 年将投资 420 亿雷亚尔，以扩大国家统一医疗系统内医疗设备和药品的生产规模。

公众参与领域包含加强政府信息公开、促进种族平等和人权保护、妇女保护、提高参政能力等方面。在加强政府信息公开方面，就任当天，卢拉即向联邦总审计长办公室提出申请，要求在 30 天内重新评估前总统博索纳罗对公共行政文件和信息保密的决定。⑥ 5 月 16 日，为庆祝巴西《信息获取法》（Lei de Acesso à Informação）颁布 11 周年，卢拉签署 3 项国令，⑦ 以完

---

① https：//www.gov.br/planalto/pt-br/acompanhe-o-planalto/noticias/2023/03/governo-anuncia-retomada-do-mais-medicos.

② https：//www.gov.br/planalto/pt-br/acompanhe-o-planalto/noticias/2023/04/novas-regras-do-saneamento-vao-beneficiar-29-8-milhoes-de-habitantes.

③ https：//www.gov.br/planalto/pt-br/acompanhe-o-planalto/noticias/2023/05/presidente-sanciona-lei-que-garante-saude-bucal-a-todos-os-brasileiros-pelo-sus.

④ https：//www.gov.br/saude/pt-br/composicao/sectics/daf/farmacia-popular.

⑤ https：//www.gov.br/planalto/pt-br/acompanhe-o-planalto/noticias/2023/09/governo-federal-lanca-estrategia-nacional-para-o-desenvolvimento-do-complexo-economico-industrial-da-saude-com-investimento-de-r-42-bilhoes-ate-2026.

⑥ https：//www.in.gov.br/en/web/dou/-/decreto-n-11.370-de-1-de-janeiro-de-2023-455351768.

⑦ https：//www.gov.br/planalto/pt-br/acompanhe-o-planalto/noticias/2023/05/governo-anuncia-medidas-de-fortalecimento-da-transparencia-publica.

善公共行政信息的获取系统。此外，政府建立透明度、诚信和反腐败委员会，隶属于巴西联邦总审计长办公室。在促进种族平等和人权保护方面，联邦政府在 3 月 21 日——"消除种族歧视国际日"颁布一系列措施，① 包括成立打击宗教种族主义工作组，保证黑人在联邦政府部门的任职比例，发起"新国家平权行动"计划、"黑人青年生存"计划等，根据不同群体的具体要求展开工作行动。在妇女保护方面，创建"女性远离暴力项目"（Programa Mulher Viver sem Violência），② 为遭受暴力侵害的女性提供卫生、司法、社会援助和公共服务。10 月 6 日，第 14/214 号法令通过"女性月经期健康保护项目"（Programa de Proteção e Promoção da Saúde Menstrual），③ 为女性免费提供卫生护垫和其他经期基本保健服务。在提高参政能力方面，为了更好地提高公民参与公共治理的水平和能力，卢拉政府在 1 月 31 日创建社会参与理事会和部际社会参与制度。④ 通过各种方式加强与民众运动和公众的对话，努力填平行政部门与私营部门间可能存在的沟通鸿沟。

第四，生态环保层面，加大关注力度，承担大国责任。

在全球化时代，气候变化、生物多样性丧失、水资源短缺等环境问题已经成为人类生存与发展面临的共同挑战。巴西的环境政策对全球生态平衡具有重要影响。在宣誓就任总统后的数小时内，卢拉签署生态环保领域的多项国令，⑤ 内容包括在巴西外交部设立气候、能源和环境秘书处（Secretaria de Clima, Energiae Meio Ambiente, Seclima），专门负责应对气候变化问题；重建旨在保护亚马孙雨林的"亚马孙基金"，并使用 33 亿雷亚尔的国际援助打击亚马孙地区的环境犯罪；设立"预防和控制毁林部际常设委员

① https：//www. gov. br/secom/pt-br/assuntos/noticias/2023/03/governo-federal-anuncia-pacote-de-medidas-para-combater-o-racismo-e-ampliar-direitos-para-todos.

② https：//correiosabia. com. br/wp-content/uploads/2023/03/d – institui – o – programa – mulher – viver-sem-viole%cc%82ncia. pdf.

③ https：//correiosabia. com. br/wp-content/uploads/2023/03/d-dignidade-menstrual. pdf.

④ https：//www. gov. br/secretariageral/pt – br/noticias/2023/janeiro/governo – cria – conselho – de – participacao-social-e-reabre-dialogo-com-movimentos-sociais.

⑤ https：//www. migalhas. com. br/quentes/379396/lula-assina – serie – de – medidas – de – protecao – ao-meio-ambiente.

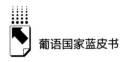
会"，并制订防控亚马孙森林砍伐的行动计划；废除上届政府鼓励在亚马孙地区进行"手工采矿"的措施。针对亚马孙雨林的保护，5月3日，卢拉宣布"亚马孙生物中心"获得独立法人资格，在筹集资金和扩大活动方面赋予其更大自主权。① 6月5日，政府发起"亚马孙安全与主权"计划，旨在打击掠夺土地、采矿、伐木、非法狩猎和捕鱼等行为，同日，环境部长玛丽娜·席尔瓦向卢拉递交"预防和控制亚马孙毁林"计划。② 面对气候变化带来的破坏，卢拉政府通过政策支持减轻影响，帮助社会恢复生产。1月，政府成立国家协调委员会以解决亚诺玛米（Yanomami）土著居民医疗保健问题，并对土著领地的种族灭绝和环境破坏行为展开调查。③ 2月，圣保罗州北海岸遭受暴雨袭击，卢拉前往慰问，并拨款700万雷亚尔④用于救灾抢险。9月，南里奥格兰德州暴雨造成数十人死亡，数千人无家可归，联邦政府提供约16亿雷亚尔的援助。⑤ 11月，卢拉政府向北部地区因长期干旱导致生活困难的个体渔民提供特别援助。⑥

以上政治、经济、社会、生态环保等层面的政策措施都呈现出一个基本特征，即温和。"新政"或重启原有计划，或依据现实条件重新设计发展目标，但均没有大幅度调整，而是在维稳的前提下，对各个领域适度革新，以巩固执政基础、维护国内稳定、应对博索纳罗政府遗留的种种不利局面。一言蔽之，通过实施温和的"新政"，巴西局势总体向好。

① https：//www.in.gov.br/en/web/dou/-/decreto-n-11.516-de-3-de-maio-de-2023-480850059.
② https：//www.gov.br/planalto/pt-br/acompanhe-o-planalto/noticias/2023/06/governo-anuncia-pacote-que-amplia-protecao-ambiental.
③ https：//www.in.gov.br/en/web/dou/-/decreto-n-11.384-de-20-de-janeiro-de-2023-459232758.
④ https：//www.gov.br/mdr/pt-br/noticias/governo-federal-repassa-mais-de-r-7-milhoes-para-acoes-de-defesa-civil-em-sao-sebastiao-sp.
⑤ https：//www.gov.br/planalto/pt-br/acompanhe-o-planalto/noticias/2023/09/presidente-lula-anuncia-auxilio-de-r-1-6-bilhao-para-o-rio-grande-do-sul.
⑥ https：//www.gov.br/planalto/pt-br/acompanhe-o-planalto/noticias/2023/11/governo-pagara-r-2-640-a-pescadores-da-regiao-norte-afetados-pela-seca.

（二）对外政策——务实

在博索纳罗政府时期，巴西先后退出了南美洲国家联盟（UNASUL）以及拉丁美洲和加勒比国家共同体（CELAC），并且不顾南方共同市场成员整体利益，单方面削减了部分产品的进口关税。博索纳罗排挤左翼执政国家，与地区其他右翼政府共同成立南美进步论坛（PROSUL）。这种外交政策是消极的，在孤立巴西的同时，损害了巴西的双边和多边伙伴关系。恢复巴西"务实"的国际形象是卢拉第三次执政的主要任务。面对前所未有紧张且充满不确定性的国际形势，卢拉如何掌舵并处理好与不同国家和地区间的关系尤为重要。

在与拉美关系方面，巴西重新重视区域一体化。遵循惯例，卢拉就职后首访阿根廷。1月22日，卢拉抵达布宜诺斯艾利斯进行国事访问；1月24日，卢拉出席在阿根廷举办的拉丁美洲和加勒比国家共同体峰会，正式宣布巴西重返这一重要地区机制。卢拉多次强调南方共同市场的作用，并重新激活南美洲国家联盟。在5月举行的南美洲国家领导人峰会上，卢拉提议南美国家创建统一货币，建立共同能源市场，实现防卫和安全一体化。2023年下半年，巴西担任南方共同市场轮值主席国，积极推动该组织向前发展：南方共同市场与新加坡正式签署贸易协定；玻利维亚成为南方共同市场正式成员；巴西开发银行等金融机构将共同设立基金用于支持南美洲国家基础设施一体化建设。

在与美国关系方面，巴美高层互动良好，两国关系显著改善。2月和9月，卢拉与拜登两次会晤，两国在捍卫劳工权利和民主原则、维护南美洲地区安全局势等问题上达成共识。虽然两国仍然在俄乌冲突、巴以冲突、美国对古巴制裁等议题上存在分歧，但巴美关系总体回暖。

在与中国关系方面，两国深化合作内容，拓展合作领域。3月28日，巴西前总统罗塞夫抵达中国上海，任职金砖国家新开发银行行长；4月中上旬，卢拉访华，两国发表了关于深化全面战略伙伴关系的联合声明，签署了一系列合作文件；10月下旬，众议长里拉访华；两国各层级、各地方、各

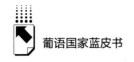

领域的互访也络绎不绝，体现出两国视彼此为重要发展机遇，致力于推动双边合作拓广度、增深度和保持高质量发展。此外，两国在多边事务中密切协调配合，维护两国和广大发展中国家共同利益。

在参与全球治理方面，巴西拓展同各国的友好关系，积极在国际舞台上发声。5 月 26 日，巴西政府宣布《联合国气候变化框架公约》第三十次缔约方大会（COP30）将于 2025 年在巴西北部的帕拉州首府贝伦市举行。10 月 1 日，巴西接任联合国安理会轮值主席国。11 月 30 日，卢拉率领 2400 人左右的代表团参加《联合国气候变化框架公约》第二十八次缔约方大会（COP28），呼吁全球重视气候变化问题。12 月 1 日，巴西接任二十国集团（G20）轮值主席国，提出将围绕减少饥饿与贫困、可持续发展和全球治理改革三大中心开展工作。

2023 年，卢拉共进行 15 次国事访问，出访 24 个国家，在国外度过了 60 余天的时间。在上任后 100 天内，他即完成对阿根廷、美国和中国的访问，而这三个国家分别是巴西在南美、西半球和全球范围内经贸联系最紧密的三个国家。卢拉强调巴西对于战争问题保持中立，与超级大国"不结盟"，在与各国交往中寻求国家利益最大化，在推动国际和地区热点问题降温、促进和平方面积极发挥作用，提升了巴西在国际舞台上的影响力。

二 卢拉"新政"的动因

巴西经济社会的发展需求、政党竞争和利益集团政治，以及树立外交形象是卢拉政府实施温和务实型政策改革的主要动因。其中，前两个因素占主导地位，而树立外交形象则是重要的推动因素。

根据经济学概念"资源诅咒"学说，在全球价值链分工中，每个国家充分发挥自身比较优势，便可以找到发展定位。一个国家如果资源禀赋优越，必然会挤压其他非资源类型的次级优势产业。从 2015 年起，右翼力量相继在拉美多国上台执政，普遍采取新自由主义政策，实施贸易自由化、国企私有化、经济市场化。这些举措虽然一度刺激了经济增长，缓解了政府财政压力，但却导致贫富悬殊拉大，社会不公现象严重，阶级矛盾不断激化，[1] 最终"未能妥善应对，导致灾难性失败"。[2] 巴西经济学者曾用"依附论"解释包括巴西在内的拉美国家陷入"中等收入陷阱"的现象，他们认为，发展中国家与发达国家天生具备"依附"与"被依附"的关系，而通过现有的产业链分布无法解决该问题，只有通过加强国家干预才有可能打破困境。除了挪威和澳大利亚等少数发达国家外，资源富足型的发展中国家如果将产业链融入西方的自由市场体制，则很难与发达国家形成全产业链高度竞争的关系。虽在口头上反对新自由主义，但卢拉批判的态度没有特别强烈，更没有提出明确的新自由主义替代方案。[3] 为了应对博索纳罗执政后百废待兴的局面，卢拉政府在延续原有的新自由主义经济发展模式（自由市场经济）的同时，大力推进财税改革，刺激经济增长，以期满足巴西经济社会发展需求。新政府将原有的五种税种简化至三种，使得个人和企业在纳税方面更加简便。作为世界上税负最高的国家之一，巴西此次税制改革也将有助于进一步优化营商环境，吸引更多外国投资，带动国内产业发展。此外，简化税收亦能保护弱势群体，有助于促进社会公平，巩固执政基础。

自 20 世纪 80 年代"再民主化"进程开启后，多党制使巴西政党制度趋于"碎片化"，任何候选人都难以作为单一政党候选人在总统大选中胜出。[4] 目前，巴西国会中，众议院有 513 个议席，参议院有 81 个议席，这些席位被 30 多个政党瓜分。由于缺乏统一的执政理念，很难形成一个共同的国家发展诉求。西方民主体制缺少对底层民众的关注，民意向上传导的机制有内在问题。作为成熟的政治家，卢拉体会到巴西不同阶层的诉求，通过整合协调不同立场的政治势力，并根据形势变化采取务实策略，从而对国内

---

① 王冠、吴洪英：《拉丁美洲新一轮"粉红色浪潮"》，《现代国际关系》2022 年第 12 期。

② Michael Paarlberg, "Latin America's Pink Tide Is an Opportunity for Washington", https://foreignpolicy.com/2022/11/10/ latin-america-left-pink-tide-lula-bolsonaro-brazil-election-biden/.

③ 王冠、吴洪英：《拉丁美洲新一轮"粉红色浪潮"》，《现代国际关系》2022 年第 12 期。

④ 崔守军：《巴西政治格局变迁与中巴关系发展新机遇》，《当代世界》2023 年第 5 期。

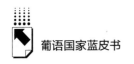

民众形成强大的号召力。① 因此，卢拉上任后着重建立一个稳定的跨党派、跨阶级的执政基础，努力满足人民大众在教育、医疗、卫生、治安等各方面的诉求。

回顾巴西的外交历史，独立自主一直是其外交政策的基本特征，此外，巴西通过纵横捭阖的结盟体系来弥补大国硬实力可能出现的不足和短板，最大限度发挥其国际影响力，谋求"大国"身份。巴西外交遵循一定的逻辑体系。首先，在发展自身实力的同时，积极拓展与邻国间的关系，以南共市为基础，扩大到南美洲国家联盟和拉共体，深入推进区域一体化进程，因为"更广泛的政治共识体现出构建集体身份的政策逻辑，并且也成为与域外力量开展对话的重要平台"。② 卢拉上台后即出访阿根廷并呼吁稳固南方共同市场，创建拉美共同货币"苏尔"便是这一外交逻辑的有力证据。其次，强化南南合作，深化与包括非洲和中东在内的发展中国家的交往与合作。最后，巴西通过在联合国、二十国集团、金砖国家等国际组织和多边机制中的积极作为，力求重回世界舞台中心，重塑大国和强国地位。作为一个努力争取国际认可的地区性大国，巴西的国家身份认知主要反映在：体量优势、地缘政治环境稳定、地区影响显著，具有西方文化传统和价值观属性，具有经济先发优势、率先开展工业化，具有外交软实力优势等方面。但是，以上国家身份认知并未得到国际社会的完全认同。③卢拉对全球态势具有敏锐的观察，清楚地认识到巴西传统的务实多元外交将有助于巴西回归世界舞台。一方面，巴西通过强调亲西方的文化价值观获得西方世界的接纳，例如，巴西与美国在打击极右翼民粹势力、参与全球气候治理方面交换意见；另一方面，巴西与中国在诸多国际重大问题上协同立场，共同参与全球治理。卢拉"新政"进一步体现出巴西外交的自主性，外交优先目标也从阶段性的"与美结盟"回归到"南

① 崔守军：《巴西政治格局变迁与中巴关系发展新机遇》，《当代世界》2023 年第 5 期。
② 周志伟：《如何看待中美拉三角关系中的两组结构性矛盾》，《当代世界》2018 年第 4 期。
③ 中国社科院拉美所课题组：《巴西战略环境与战略选择——卢拉回归后的巴西国际战略展望》，《拉丁美洲研究》2023 年第 1 期。

南合作"的传统路线，这为巴西树立良好的大国形象、增强国际影响力奠定了基础。

三 卢拉"新政"面临的挑战

卢拉"新政"让巴西在政治、经济、社会等领域有了新起色，但仍然面临着如下诸多挑战。

首先，对外依附较大，陷入经济停滞是"新政"面临的重大障碍。拉动经济增长、创造就业机会是卢拉"新政"赢得支持的关键因素。根据新发展经济学中的"中等收入陷阱"概念，所有发展中国家发展到一定阶段时，尤其是人均 GDP 达到 10000~12000 美元时，经济发展可以通过投资和贸易快速提速；但是当人均 GDP 达到 12000 美元时，全要素生产率则尤为重要，即国家的生产率必须在各个领域同步增加。巴西在经济快速增长之后受到过冲击，并出现衰退的情况，陷入中等收入陷阱。与中国不断寻找制度改革和创新不同，不少巴西学者提出的解决方案是教育资源配置优化，通过教育普及来增加劳动力的附加值。虽然教育资源配置不均衡导致的经济个体受教育程度的差异是收入不平等产生的主要原因，[①] 但是从国家视角来看，经济发展缓慢不仅是由经济个体的自身禀赋差异造成的，更重要的是与国家政治制度和经济结构密切相关。长期以来，巴西经济过度依赖大宗商品出口，形成单一的对外贸易结构，主要依靠原材料参与全球生产，位于全球产业链上游。这种贸易结构使得巴西经济极易受到国际市场波动等外部因素的影响，呈现较大的脆弱性。此外，去工业化方面出现错误决策，导致巴西产业结构失衡。尽管巴西早期拥有良好的工业基础，但由于过度依赖出口、大量引入外资以及外债问题严重等因素，错误地将发展重心转向第三产业的消费经济，忽视基础设施建设和技术创新，巴西出现产业结构失衡现象，制造业的重要性下降。卢拉政府若想实现经济持续增长，在平衡产业结构和加快

---

① 李子联：《收入不平等的成因：从思想演变到现实描述》，《社会科学》2013 年第 3 期。

技术创新方面任重而道远。

其次，宗教文化多元性和社会高度极化可能给政策改革带来阻力。宗教和文化是影响国家政治、经济和外交等方面的软性因素。巴西是一个天主教国家，"难以在该国的宗教、政治间划分清晰的边界"。[①] 2010年，巴西天主教徒数量自有记录以来首次出现下降，占总人口比重从1970年的91.8%跌至2010年的64.6%；与之相对，巴西基督教福音派发展迅猛，是该国近年来势头最盛的宗教群体，占总人口比重从1970年的5.2%升至2010年的22.2%。[②] 福音派更加关注私人事务，关注个人的皈依、拯救与转变，并强调宗教体验的强度和直接性，其宗教仪式往往充满精神力量。[③] 博索纳罗执政时曾获得福音派的大力支持。在社会、道德议题上，福音派比天主教更保守，更强烈反对酗酒、堕胎、人工节育、婚外性行为等，并将对生活、家庭、性等问题的焦虑带入政治，成功动员了具有保守道德观的信徒。[④] 这种偏激的宗教文化思想构成卢拉"新政"改革的制约因素。

最后，人口老龄化引发的社会危机是巴西找到合适发展道路面临的长期问题。对于国家产业发展和经济增速，人口是一个重大的变量。在巴西城市化的初期和中期，由于大规模的国际移民涌入巴西，当时人口增长的主要来源是人口迁移。进入20世纪80年代以后，农村人口的减少和严重的经济危机使得自然增长成为巴西城镇人口增长的主要因素，并一直持续到现在。[⑤] 2010年，每100个15~60周岁的巴西人对应39个60周岁以上的老年人；

① Ari Pedro Oro, "A Política da Igreja Universal e Seus Reflexos nos Campos Religiosos e Políticos Brasileiros", *Revista Brasileira de Ciências Sociais*, Vol. 18, No. 53, 2003, pp. 53 - 69.

② 刘婉儿：《巴西基督教福音派的政治扩张及其影响》，《拉丁美洲研究》2021年第2期，第42~63+155~156页。

③ Daniel H. Levine, "The Future of Christianity in Latin America", Paper presented at a workshop on "Trajectories in Modern Christianity" held at the School of Oriental and African Studies, University of London, 2007.

④ Chayenne Polimédio, "How Evangelical Conservatives Are Gaining Power in Brazil", *Foreign Affairs*, March 7, 2019, https://www.foreignaffairs.com/articles/brazil/2019-03-07.

⑤ 王放：《中国和其他发展中国家城市化的比较》，《人口与发展》2021年第2期。

而预计到 2040 年，每 100 个年轻人则对应 153 个老年人。[①] 随着人口老龄化的到来，巴西的社会保障和卫生系统受到挑战。人口结构过早进入老龄化，即"未富先老"，是卢拉政府需要解决的又一难题。

结 语

正如卢拉在 2023 年圣诞讲话中所提及的，"2023 年是播种和重建的一年"。[②] 社会层面，新政府重启曾经给巴西带来巨大变化的"家庭救助金""我的家园，我的生活""更多医生""大众药房"等计划措施；债务偿还计划"Desenrola"使得数百万巴西人得以缓解债务问题，债务折扣甚至高达 98%；增加对卫生和教育领域的投入，加大对有组织犯罪的打击力度。经济层面，巴西从全球第十二大经济体跃至第 9 位，实现 GDP 增长高于市场预期，通货膨胀和物价得到控制，股市创新高；新增 200 万个签署劳务合同的就业岗位，80% 的职业类别实现薪酬的实际增长，最低工资标准涨幅高于通货膨胀，通过男女同工同酬的法案；通过税制改革提案是 2023 年最具历史意义的一件大事，也是巴西近 40 年来试图推进的一项重大改革，该项改革将进一步推动投资和出口，促进社会公平；"2023~2024 年丰收计划"（Plano Safra 2023-2024）、"新工业计划"和"新增长加速计划"的实施将会创造史多就业岗位，完善全国基础设施建设。生态环保方面，截至 2023 年 11 月，亚马孙雨林非法毁林行为减少 68%；新政府增加对生物燃料和风能、太阳能、绿氢等新能源的投入。对外关系方面，巴西逐渐回归世界舞台的中央，在应对气候变化、抗击饥饿和不平等、维护世界和平等国际热点议题方面积极发声，寻求树立负责任的大国形象。

---

① G. M. D. Miranda, A. da C. G. Mendes, A. L. A. da Silva, "Population Aging in Brazil: Current and Future Social Challenges and Consequences", *Revista Brasileira De Geriatria E Gerontologia*, Vol. 19, No. 3, pp. 507-519, https://doi.org/10.1590/1809-98232016019.150140.

② https://www.poder360.com.br/integras/assista-e-leia-a-integra-do-pronunciamento-de-natal-de-lula/.

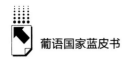

　　然而，卢拉"新政"的实施并非一路坦途，Vector Research 的一项调查显示，卢拉在其第三个任期的第一年里，提案成功率①仅为 27%，是 1995 年以来历届政府中最低的。自卡多佐政府以来，历任政府的提案成功率分别为：卡多佐第一任期和第二任期（34% 和 36%）、卢拉第一任期和第二任期（69% 和 62%）、迪尔玛第一任期和第二任期（40% 和 27%）、博索纳罗（43%）。Vector Research 还调查了每届政府中立法机构支持行政否决的比例。卢拉第三任期第一年的该指数为 55.7%，亦排在最后一位，其余分别为：卡多佐第一任期和第二任期（99.2% 和 99.3%）、卢拉第一任期和第二任期（98.4% 和 98.7%）、迪尔玛第一任期和第二任期（98.5% 和 93.8%）、博索纳罗（60.2%）。② 卢拉若想全面落实新政，在巩固执政联盟、协调国会支持方面还需投入更大精力。

---

① 提案成功率是指行政部门在一年中获得批准的提案数量与提交给众议院的提案总数之比。

② https：//www.cnnbrasil.com.br/politica/lula-tem-menor-taxa-de-projetos-aprovados-desde-fhc-diz-pesquisa/.

B.6
中国与安哥拉产能合作的现状与前景

张维琪*

摘　要：　中安之间是互利共赢的合作关系，可以满足两国各自的发展需求。中安产能合作早在"产能合作"概念出现之前就已展开。本文通过对工业化合作和基础设施合作两方面进行考察，解析中安产能合作的现状。了解、甄别合作方的需求，有利于更好地开展合作。当前，安哥拉在中安产能合作中面临支柱产业发展受挫和资金不足的挑战。同时，安方《2023~2027年国家发展计划》和中国新近发布的对非合作文件，可以为中安产能合作的未来提供新思路、新方向。

关键词：　中国　安哥拉　产能合作　《2023~2027年国家发展计划》

作为非洲地区大国，安哥拉在国土面积、人口、自然资源等方面具有优势。历史上，安哥拉于1975年获得独立，但不久陷入长期内战，直至2002年结束，迎来战后的国家重建。迄今，安哥拉人民解放运动党长期执政，在前总统多斯桑托斯、现任总统若昂·洛伦索的治理下，其国内政局较为稳定。2022年安哥拉GDP约为1044亿美元，按照世界银行的分类标准，属于中等偏下收入国家，面临国家社会发展的重任。同时，安哥拉是中国在非洲的重要伙伴之一。2010年11月，时任中华人民共和国国家副主席习近平应邀正式访问安哥拉之际，中安两国建立了战略伙伴关系。2018年，安哥拉响应"一带一路"倡议，中安两国政府签署了共建"一带一路"合作谅解

---

* 张维琪，上海外国语大学西方语系副教授。

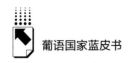

备忘录。2024 年 3 月 15 日，中国国家主席习近平在人民大会堂同来华进行国事访问的安哥拉总统洛伦索举行会谈。两国元首宣布，将中安关系提升为全面战略合作伙伴关系。

国际产能合作是一个近十年才出现的提法，它属于对外国际经济合作的主要内容，是中国政府携手全球南方国家开展南南合作的重要方式。随着中国国家实力的不断提升，"一带一路"倡议、构建人类命运共同体、全球发展倡议等一系列全球治理的中国方案逐步提出，为改革和完善全球治理体系作出积极贡献。从时间顺序上看，共建"一带一路"倡议提出在前，围绕着创建与提升生产能力的国际产能合作随后出台，成为落实建设"一带一路"的抓手。中安合作过程中，有学者高度评价两国通过实践探索而形成的"安哥拉模式"，把它视作独具特色的中非产能合作代表性模式之一。[①]

一 中安立足于互利共赢的合作历程

中国与安哥拉于 1983 年建交，至今已有 40 余年，而中安实质意义上的产能合作也已开展了 20 年。两国 2004 年开启合作之时，把这种获得两国政府大力支持、以两国企业为主体进行的一系列合作视作"一揽子"模式。[②]可以说，中安两国实质上的产能合作早在"产能合作"概念出现之前就已经开始，并以务实合作打造了"安哥拉模式"，[③] 也为之后的国际产能合作提供了先例和经验。

中安两国在 21 世纪之初的发展需求，促成了两国的进一步合作。中安

---

① 隆国强：《中非产能合作的成效、问题与对策》，《国际贸易》2018 年第 8 期，第 6 页。作者列出了三种独具特色的中非产能代表性合作模式，即"安哥拉模式"、"苏丹模式"和"经贸园区"。

② 对外经济贸易大学区域国别研究所葡语国家研究中心：《中国—葡语国家经贸合作论坛（澳门）10 年报告：2003~2013 年》，中国商务出版社，2013，第 59 页。

③ "安哥拉模式"（Angola mode）一词由世界银行最早使用，即"资源换基础设施"合作。参见 Alex Vine, Indira Campos, "China and India in Angola", in Fantu Cheru and Cyril Obi eds., *The Rise of China and India in Africa*, London：Zed Books, 2010, p. 195。

双方之所以能够相向而行,从经贸角度看,主要有以下三方面原因。一是安哥拉战后重建需要大笔资金投入,而这个百废待兴的国家无法独立解决资金问题。西方国家提出了较为苛刻的贷款条件,而中国充分保持了对安方的尊重,愿意提供贷款且不附加任何政治条件。中国立足对非援助的传统与实践,在贷款利息、期限、偿还方式等方面给予安方优惠条件。二是对当时正处于快速发展期的中国来说,需要稳定的能源供应方来保障国家的发展。三是中国对外提供发展援助以优惠贷款为主,对风险控制有要求,特别是涉及大规模贷款的情况。可以说,两国基于各自的需要而开启了最初的合作,中安双方在合作中各有得益,形成了双赢的局面。2005 年,即中安开启合作的第二年,安哥拉就跃升为中国第二大石油进口国。多年来,安哥拉一直位列中国十大石油进口来源国,中国则是安哥拉第一大原油出口目的国家。

及至 2010 年两国建立战略伙伴关系之时,中安发表了联合声明,指引未来发展方向。其中,涉及经贸合作领域的文本进一步明确了两国经贸合作"平等互利、共同发展"的原则,在重点合作领域方面指出,"双方将在积极落实现有合作项目基础上,继续鼓励和支持两国企业和金融机构扩大双边贸易和投资,重点加强在农业、工业、基础设施建设、城市化建设、能源和矿产资源勘探开发、水利、通信、环境和文化等重点领域的互利合作"。① 合作领域的多元化,显示出中安在经贸领域务实合作的意愿,并不拘泥于某一模式。

随着两国经济的不断发展,两国将调整合作内容提上日程。在"一带一路"倡议下,国际产能合作成为中国对外合作的重点。2015 年中国政府发布了相关政策性文件——《国务院关于推进国际产能和装备制造合作的指导意见》,该意见阐述了为什么进行产能合作、如何合作等问题,把钢铁、有色、建材、铁路、电力、化工、轻纺、汽车、通信、工程机械、航空

---

① 《中华人民共和国和安哥拉共和国关于建立战略伙伴关系的联合声明》,中华人民共和国外交部,https://www. fmprc. gov. cn/web/gjhdq _ 676201/gj _ 676203/fz _ 677316/1206 _ 677390/1207 _ 677402/201011/t20101121_ 9310017. shtml。

航天、船舶和海洋工程等作为产能合作的重点行业。① 同年，习近平主席在中非合作论坛约翰内斯堡峰会上提出中非重点实施的"十大合作计划"，助力非洲国家的发展。有学者认为，"中非产能合作被囊括在中非经贸合作的大范畴中。其中，贸易畅通、设施联通、产业投资成为中非产能合作的重要内容，而设施联通和产业投资又是产能合作的两个重要引擎"。② 可以说，中安产能合作是历史的必然。

二　中安产能合作的现状

安哥拉是我国的产能合作重点对象国。在此，本部分就近年的中安产能合作现状，从工业化合作和基础设施合作两方面加以考察。

（一）工业化合作出现新模式

近年来，工业化合作已发展为中安产能合作的重要领域。通过投资合作，中国企业为安哥拉的工业化发展作出贡献。同时，产业园区模式在中安工业化合作中出现，成为"安哥拉模式"之外推动中安产能合作的又一引擎。

一方面，从投资合作角度看，中国企业对安哥拉的投资有所减少。安哥拉企业在华投资较少，主要是中国企业在安投资，但中国并非安哥拉投资的主要来源国。根据商务部等单位发布的公报，如表 1 所示，即便在新冠疫情防控期间，中国企业仍保持向安哥拉进行直接投资，但到 2022 年，对安哥拉的直接投资有所减少，流出 3.15 亿美元，对安哥拉直接投资存量为 19.46 亿美元。③ 而如表 2 所示，2023 年《世界投资报告》的数据显示，

① 《国务院关于推进国际产能和装备制造合作的指导意见》，国发〔2015〕30 号，2015 年 5 月 13 日，https://www.gov.cn/zhengce/zhengceku/2015-05/16/content_9771.htm。
② 姚桂梅：《中国与非洲的产能合作》，中国社会科学出版社，2022，第 18 页。
③ 中华人民共和国商务部、国家统计局、国家外汇管理局：《2022 年度中国对外直接投资统计公报》，中国商务出版社，2023，第 48、54 页。

2017 年以来，外国对安的直接投资流量始终保持流出状态，2021 年和 2022 年外国在安哥拉直接投资存量分别为 208. 61 亿美元、147. 19 亿美元。[①] 可以发现，虽然安哥拉于 2018 年颁布了《私人投资法》为投资者提供优惠和便利，但尚未改变外国直接投资不断减少的情况。

表 1　2017~2022 年中国对安哥拉直接投资情况

单位：万美元

	2017 年	2018 年	2019 年	2020 年	2021 年	2022 年
投资流量	63755	27034	38324	12536	12349	−31500
投资存量	226016	229919	289073	269009	271009	194617

资料来源：根据《2022 年度中国对外直接投资统计公报》编制。

表 2　2017~2022 年外国对安哥拉直接投资情况

单位：百万美元

	2017 年	2018 年	2019 年	2020 年	2021 年	2022 年
投资流量	−7397	−6456	−4098	−1866	−4355	−6142
投资存量					20861	14719

资料来源：根据《2023 年世界投资报告》编制。

　　另一方面，产业园区模式在安哥拉落实，中国工业园助力安哥拉的工业化进程。中安之间传统的产能合作以"安哥拉模式"为主，集中在基础设施和能源资源开发领域。2018 年，山东奥德集团在安哥拉本戈省丹德市投资建设了奥德工业园，成为在安哥拉境内成立的第一家中资工业园，一期投资 5000 万美元，总占地 400 公顷，目前已开发其中的 1/4。它成为"一带一路"建设、中非中安产能合作中的一项重要成果。奥德工业园是一个综合性产业园区，已有陶瓷厂、纸箱厂、物流公司等投入运营。园区中的陶瓷厂是安哥拉境内唯一也是南部非洲地区最大的陶瓷厂，不但填补了安哥拉的

---

① UNCTAD, *World Investment Report 2023*, New York：United Nations Publications, 2023, pp. 197, 201.

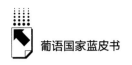

产业空缺，生产的陶瓷产品还可以出口到周边国家，更为当地提供了就业岗位。2021 年安哥拉总统洛伦索视察之时，对工业园给予高度赞赏和充分肯定。2022 年，安哥拉丹德国家级自贸区正式启动，奥德工业园有限公司成为在该自贸区首期开发区域布局的企业，在税收方面享受政府给予的减免优惠。

（二）基础设施合作有新成果

中国企业在安哥拉从事工程承包，优化改善当地基础设施，早已是中安产能合作的传统。中国企业在安哥拉签约、承建或建成基础设施方面持续产生新成果，包括机场、水电站、桥梁、市政基础设施等。根据中国一带一路网提供的中国企业海外项目进展情况，2023 年，中企在安哥拉的基础设施建设情况主要集中在以下五个方面。一是安哥拉首都罗安达的新机场项目。这座以安哥拉首位总统安东尼奥·阿戈斯蒂尼奥·内图博士名字命名的国际机场，由中国航空技术国际工程有限公司承建，并于 2023 年 11 月举行开航庆典。安哥拉方面对新机场的建设尤为重视，洛伦索总统不仅在项目建设过程中前往视察，更是出席了开航庆典并亲自为新机场揭牌。二是南部库内内省恩度大坝项目。这座大坝是一项抗旱工程，由中国电力建设集团承建。在建期间，洛伦索总统前往视察，并对项目进度表示满意。大坝附属项目于 2023 年底举行移交仪式。三是北宽扎省的凯凯水电站项目。这座水电站由中国能建葛洲坝集团承建，2023 年 5 月举行截流仪式，进入大坝主体工程施工阶段。相关项目的配套工程宽扎河大桥，也已完成上部钢梁结构架设，拟于 2024 年初建成通车。四是南隆达省市政基础设施项目。该项目由中国电力建设集团承建，并于 2023 年底竣工。五是中国企业签约了多项新工程。例如，中国化学国际工程公司、中国能建广西水电工程局安哥拉公司等企业分别在各自业务领域与安方签署了新项目。此外，就中国企业在安哥拉基础设施建设成果来说，根据中国驻安大使馆统计，"中国企业在安修复或新建铁路 2800 公里、道路 2 万公里，建设社会住房 10 万余套、学校逾 100 所、医院逾 50 所。在安中资企业数量已超过400家"。①

需要指出的是，中安产能合作并不局限于上述方面，双边领域的产能合作机制建设、多边平台的产能合作共识，甚至是相关人员的能力培训都值得深入研究。而作为对中安合作发展历程的总体评价，不妨用安哥拉现任外交部部长2023年底访华时的表述来加以概括："在反殖民战争期间，安哥拉得到了中国的支持；在安哥拉内战结束时，中国向安哥拉伸出援手，帮助安哥拉人民重建国家。中国在安哥拉国家前进的道路上扮演了重要角色。"②

三 安哥拉在中安产能合作中面临的挑战

在中安产能合作过程中，安方主要面临着两大挑战，一是安哥拉的支柱产业发展受挫，二是资金不足问题亟待解决。安哥拉政府意识到存在这两个彼此密切关联的问题，试图采取措施加以应对。而明晰安方的实际关切，有助于中安产能合作的顺利开展。

（一）支柱产业发展受挫

石油产业是安哥拉的支柱产业，其生产关乎安哥拉国民经济和政府收入。石油产品出口额常年占据安哥拉年度出口总额的九成以上，也是长期以来中安产能合作的重点。

一方面，近两年国际原油价格高位震荡，安哥拉原油出口量较以往有所增加，但油价的下降趋势影响到安哥拉的后期收入。国际贸易中，石油属于大宗商品，其价格并非一个国家可以决定，而是由国际市场供需关系、世界宏观经济形势、地区冲突等多重因素来确定。2022~2023年，国际原油市场价格在高位大幅波动，受俄乌冲突影响，2022年3月的国际油价最高价与

---

① 《中企修建的基础设施推动安哥拉发展——访安哥拉外长泰特·安东尼奥》，新华网，http://www.news.cn/2023-12/14/c_1130026467.htm。
② 《中企修建的基础设施推动安哥拉发展——访安哥拉外长泰特·安东尼奥》，新华网，http://www.news.cn/2023-12/14/c_1130026467.htm。

年底的最低价相差近一倍。根据 2023 年《世界能源统计年鉴》,迪拜、布伦特、福卡多斯、WTI 四大市场 2022 年原油现货简单平均价格为 98.42 美元/桶。[①] 2023 年,受供给过剩、全球经济增速放缓等因素的影响,"布伦特、WTI 油价在 65~97 美元/桶波动,全年平均价格分别为 82.3 美元/桶和 77.7 美元/桶,同比下降 16.9% 和 17.6%"。[②] 即使国际油价因以哈冲突而暂时有过提升,但未能改变油价下跌的趋势。根据安哥拉国家银行的数据,2022 年安哥拉原油出口总额为 402.7 亿美元,同比增长 44.5%。其中,如图 1 所示,对华出口额达到 215.9 亿美元,占当年安哥拉原油出口总额的 54%。[③]

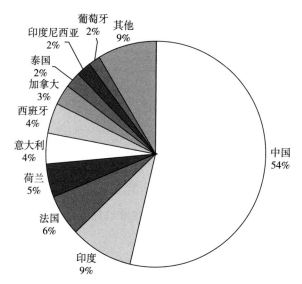

图1 2022 年安哥拉十大原油出口目的地及其占比

资料来源:根据安哥拉国家银行(BNA)数据整理。

---

① The Energy Institute, *Statistical Review of World Energy*, London: Statistical Review of World Energy, 2023, p. 24.

② 王馨悦:《全球油气市场回顾在动荡与变局中持续重塑 2023》,《中国石油报》2024 年 1 月 2 日,第 5 版。

③ "Destino das Exportações de Petróleo Bruto 1998-2023", Banco Nacional de Angola(BNA), https://www.bna.ao/.

另一方面，安哥拉原油产量呈逐年下降趋势，亟须采取措施提升产能来增加国家收入。从安哥拉原油产量情况来看，原油年产量已从 2015 年的 8820 万吨降至 2022 年的 5780 万吨。[①] 如图 2 所示，2008 年后，安哥拉原油日产量几乎逐年下降，从最高值 1901 千桶/日，下滑至 2022 年的 1190 千桶/日。因此，倘若安哥拉有意进一步提高原油产量，那就既要勘探新油田，又要投入更多先进机器设备、修建改建基础设施来优化老油田的生产，而这一切都意味着大笔资金的投入。

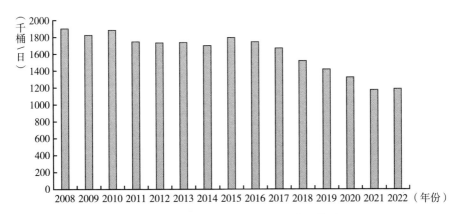

图 2　2008~2022 年安哥拉原油日产量情况

资料来源：根据 2012 年、2023 年《世界能源统计年鉴》数据整理。

总之，在无法改变未来油价下降趋势的情况下，安哥拉需要尽全力提升原油产量，确保此支柱产业能够带来相应的收益，为国家发展提供资金支持。这也是安哥拉正式退出石油输出国组织的主要原因。

（二）发展资金匮乏

适当的公共债务可以加快国家发展的脚步，但也要注意到其可能带来的风险，特别是在宏观经济形势不佳、国家财政遭遇困难的时候。公共债务可分为外债和内债，这里主要讨论外债的情况。一方面，由于国家基础设施建

---

① "Destino das Exportações de Petróleo Bruto 1998—2023", Banco Nacional de Angola（BNA），https：//www.bna.ao/.

设的需要，再加上近年应对新冠疫情，安哥拉的公共债务规模逐步增长。如图3所示，2013年安哥拉对外公共债务为281.781亿美元，十年间增长了近一倍，2022年达到520.657亿美元。[①] 另一方面，安哥拉采取积极措施偿还对外债务，努力降低债务率（公共债务与国民生产总值之比）。2022年底至2023年第三季度，安哥拉向中国偿还债务24.9亿美元。[②]据安哥拉国家通信社的报道，安哥拉财政国务秘书在2023年底出席活动时指出，安哥拉债务率约为85%，政府方面将出台相应政策，力争2024年将债务率降至69%。[③]

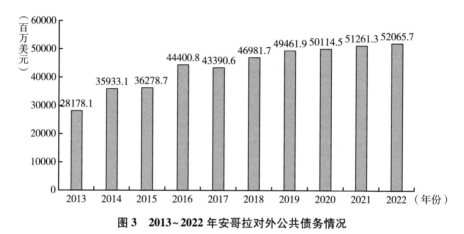

图3 2013~2022年安哥拉对外公共债务情况

资料来源：根据安哥拉国家银行（BNA）数据整理。

通过分析安哥拉在中安产能合作中面临的两大挑战，可以发现，安哥拉需要资金来解决原油产量问题，又需要偿还外债来降低债务率，而之前的分析也表明，近年来外国对安直接投资显著减少。面对这样的窘境，安哥拉政府方面又该如何解决？

---

① "Stock da Dívida Externa Pública por País 2009 – 2023", Banco Nacional de Angola（BNA），https：//www.bna.ao/.

② Henrique Kaniaki，"Dívida externa caiu 2.678 milhões USD para 49.388 milhões desde o final de 2022", *Expansão*，15 de dezembro 2023，https：//expansao.co.ao/.

③ "Governo prevê rácio da dívida pública na ordem dos 69% em 2024"，Angop，https：//www.angop.ao/noticias/economia/governo-preve-racio-da-divida-publica-na-ordem-dos-69-em-2024/.

四 安哥拉发展规划与中安产能合作前景

安哥拉新近发布的《2023～2027年国家发展计划》,[1] 为了解安方未来阶段的发展需求提供了基础。该发展计划涉及七大领域的发展规划,包括国内政治、国内区域发展、文教体卫发展、社会发展、基建与环保、经济发展、国家安全与对外政策。其中,第五部分"国家基础设施现代化高效化及保护环境"、第六部分"确保经济多元化可持续、包容性并由私营部门引领,及粮食安全"与产能合作密切相关。在此,对这两部分进行简要解析,以明确安哥拉在未来一段时间内的相关发展规划。

安哥拉的《2023～2027年国家发展计划》呈现两大特点。一是发展理念体现当今的时代价值。相关文本中,现代化、可持续发展、包容性发展、经济多元化、环境保护等成为安哥拉能源、通信、交通与物流等领域诸多行业发展的关键词。二是规划中对私营部门的态度。文本多处提及吸引、鼓励私人投资,主张更加平衡的公共财政。

基础设施领域的规划内容主要涉及以下六个方面。第一,电力行业的并网发电和可再生能源发电将在规划期内分别提升6%和9%,预付费制将逐步推行,并进一步发掘光伏发电、水电的潜力。第二,石油行业对安哥拉GDP的贡献率将在规划期内减少6%,石油勘探有待加强,兴建炼油厂并建设仓储、配送系统,让安哥拉可以在燃料方面实现自给自足。第三,天然气行业对安哥拉GDP的贡献率将在规划期内减少1%,天然气的发展规划有待完成,满足化肥、钢铁、电力行业的使用需求。第四,通信行业是安哥拉经济现代化的关键,在不断提升各类移动网络、宽带、数字电视覆盖率的同时,发展ITC能力。第五,交通和物流方面,民航、铁路、海运和港口的基础设施将得到加强,创建高效物流活动的条件,并推动国内城市公交、跨省公路交通的发展。第六,水务方面,将对供水和排水设施进行建设与重建,

---

[1] Governo de Angola, *Plano de Desenvolvimento Nacional 2023-2027*, https：//mep.gov.ao/.

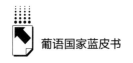

并对水资源进行综合管理。

经济发展领域的规划内容主要涉及以下六个方面。第一，农牧林渔产业对安哥拉 GDP 的贡献率将在规划期内分别提升 2.4%、0.2%、0.3% 和 0.7%。除了生产用的设备需求以外，农田灌溉、畜牧站、动物医学中心、疫苗厂、林业站、森林产品经销站、渔业养殖等相关基础设施都有相应的建设需求。第二，制造业方面的规划，包括农产品加工，石化、钢铁、化肥等矿物资源和能源生产，纺织、服装、鞋类、木材加工等轻工业，以及可以产生高附加值的本地装配行业，对工业发展枢纽、农村工业园区的发展予以重视。第三，矿业方面，完成安哥拉境内地质调查，改善投资环境，支持促进钻石、黄金、有色金属等矿产领域的发展。第四，内贸重组与外贸促进方面，以现代化视野提高生产部门的效率。第五，旅游业方面，加强旅游相关基础设施建设和人力资源培训。第六，通过国家经济正规化，生产支持、出口多样化和进口替代，公共财政可持续性改革，国家计划体系和国家统计体系的现代化，来达到提高安哥拉经济吸引力、改善营商环境、推进自贸区工业发展、促进公私伙伴关系等目标。

上述内容体现出安哥拉现代化、工业化、数字化、正规化、国际化发展规划。现阶段，安哥拉试图以私有化方案来解决对发展资金的需求。中安产能合作可以在已有的基础上进一步深化，特别是各类产业合作和可能的投资，以及诸多基础设施工程承包的参与机会。同时，中国对非洲的发展需求有清晰的认识。2023 年，中国在约翰内斯堡发布了《支持非洲工业化倡议》等三份文件。在倡议中，中国明显注意到非洲国家在制造业、数字产业和可再生能源的发展诉求，并提出了中方以实现所有国家共同发展为宗旨的各项举措。[1] 中安双方可以依据两国面临的具体情况，进一步细化产能合作的内容。

---

① 《中非领导人对话会发布〈支持非洲工业化倡议〉〈中国助力非洲农业现代化计划〉〈中非人才培养合作计划〉》，新华社，http://www.news.cn/politics/leaders/2023 - 08/25/c_1129823262.htm。

结　语

可以看到，中安产能合作起步早，即使当前面临错综复杂的世界经济形势，两国在工业化合作和基础设施建设合作方面依然产出了相当的成果。这是两国始终立足于互利共赢开展合作的必然。通过分析可以发现，安哥拉近期面临支柱产业发展受限和资金不足难题，安方正努力摆脱对石油的依赖，致力于国家经济的多元化，并在国家未来规划中选择吸引私人投资来平衡公共财政。通过解析安哥拉的《2023～2027年国家发展计划》，进一步明确了安方在现代化、可持续发展、进口替代等方面的需求，相信未来中安两国在产品、产业、工程等方面将有更多深化产能合作的机会。

国别报告

B.7

安哥拉共和国

文卓君[*]

摘 要： 2022 年，执政党安哥拉人民解放运动党在大选中以微弱优势胜出，安哥拉国内政治形势的稳定仍面临诸多挑战。在国际原油价格持续上涨拉动下，安哥拉经济重回增长轨道，政府继续大力推行经济多元化战略使其未来经济的发展充满机遇和潜力，但私有化进展依然缓慢。安哥拉延续以经济外交为主线的外交方针，积极参与国际、地区事务，努力提高本国的国际影响力，同时安美关系有所升温。中安建交 40 周年之际，双方持续推进、扩大各领域合作，取得丰硕成果，进一步深化了双边友好关系。

关键词： 安哥拉 大选 经济多元化 经济外交 中安合作

2022 年，安哥拉人民解放运动党在大选中的艰难胜出暴露出执政党面

---

* 文卓君，对外经济贸易大学外语学院葡语系主任，对外经济贸易大学区域国别研究院中国葡语国家研究中心主任，副教授。

临的诸多问题，整体政治形势仍将充满挑战。在遭受新冠疫情重创后，安哥拉经济重回增长轨道，未来发展充满机遇。积极参与国际事务、与美国关系升温是近年来安哥拉外交工作的亮点，同时中安关系发展势头保持良好，两国关系稳步向前，各领域合作成果丰硕。

一 执政党在大选中艰难取胜 政治形势仍将充满挑战

自 1975 年安哥拉独立以来，安哥拉人民解放运动（以下简称"安人运"）一直牢牢把持着安哥拉政权，不仅通过蓬勃发展的石油产业获取大量现金资助竞选，还牢牢控制着国家的立法机关和司法部门。争取安哥拉彻底独立全国联盟（以下简称"安盟"）一直是最大反对党，是安人运的主要竞争对手。

自 2017 年 9 月就任安哥拉独立后第三任总统以来，若昂·洛伦索（João Lourenço）大刀阔斧地持续推进政治经济改革和反腐败斗争，但在其第一任期的 5 年间未能完全兑现振兴安哥拉经济、改善民生的选举承诺，经济出现萎缩。通胀、失业率、生活成本的"三高"让大多数安哥拉家庭和企业不堪重负，民众对政府腐败现象及一系列改革推进缓慢的不满情绪滋生并蔓延。新冠疫情、全球油价下跌、政府采取紧缩措施等令形势进一步恶化，全国接连爆发反政府抗议示威活动，并在 2020 年底达到顶峰。同时，以安盟为首的反对党联盟抓住了公众对洛伦索政府治下民生问题的广泛不满，持续施压，谴责安人运贪污腐败、经济管理不善、大搞政治独裁，并呼吁改革选举制度，支持地方选举，推动司法、行政部门之间的进一步分权，安人运的执政党地位遭受前所未有的巨大挑战，也给寻求连任的洛伦索政府在 2022 年大选中的前景蒙上阴影。早期民调显示，安人运的领先优势正在缩小，有可能在 8 月的总统选举及议会选举中被以安盟为首的反对党联盟推翻，2022 年的大选充满悬念和不确定性。

然而，自 2021 年以来，得益于国际油价的持续上升、国际货币基金组

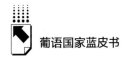
织的援助以及新冠疫情的放缓，安哥拉经济状况得以改善，社会动荡明显减弱。2021 年，经历 5 年经济衰退后，安哥拉经济重回增长通道，GDP 出现了 1.2% 的正增长，2022 年更是预估达到 3.04%，① 为近年来的最高增速。对安人运和洛伦索总统来说，宏观经济指标整体转好恰逢其时。尽管在安盟及其盟友的呼吁下，大选前后依然有民众走上街头抗议执政党，但与 2020 年相比，2022 年的暴力抗议示威活动频率已显著减少，且活动规模也未达到之前民众对政府不满程度最大时的水平。安人运借此契机挫败了反对党自 2020 年底开始出现的崛起势头。

此外，大选前夕的 7 月 8 日，安哥拉前总统若泽·爱德华多·多斯桑托斯（José Eduardo dos Santos）在西班牙去世，导致安人运竞选宣传工作的重心发生偏移，执政党内部出现新的分化。但即便如此，安哥拉经济复苏和通胀放缓的政绩也足以确保执政党手握重要筹码，在大选中占据一定优势。

2022 年 8 月 24 日，安人运以 51.17% 比 43.96% 的微弱优势战胜安盟，赢得了此次议会选举的胜利。安人运在议会选举中赢得了 220 个席位中的 124 个席位（比 2017 年选举时减少了 26 个）；安盟赢得了 90 个席位（比 2017 年增加了 39 个），巩固了其在城市地区的主导地位。相较于 2017 年大选，此次大选的艰难取胜难以保证安人运对安哥拉政治的持续主导地位，这可能也是安人运宣布推迟地方政府选举的主要原因。

作为安哥拉独立以来的最大反对党，回顾以往的选举，安盟及其盟友习惯于将其选举失败的原因统统归咎于安人运的政治干预，以及安人运对司法和立法系统的影响。但事实是，安盟直到 2022 年也仍未提出一套完整可行的施政方案。以安盟主席阿达尔贝托·达科斯塔·儒尼奥尔（Adalberto da Costa Júnior）为例，作为反对党风头正盛的政治家，他在都市青年群体中拥有大批拥趸，但他并没有把自己的人格魅力转化为有效的政党言论。安盟称安人运的经济多元化和私有化举措是失败的，并承诺增加一倍的教育、卫

---

① 英国经济学人智库国别数据，https://viewpoint.eiu.com/data，最后访问日期：2023 年 12 月 12 日。

生、农业、科研预算，将打造真正的市场经济，鼓励竞争，创造财富，促进就业，但其经济改革方案远谈不上具体。事实上，安盟并没有试图在意识形态以及政治、经济主张方面与安人运做大的区分，只是一直在努力传达这样的信息：如果有机会，我们会做得更好。但是，无论在地方省份，还是国家层面，安盟都从未掌握过权力，没有实绩，很难说服选民。此次选举结果也再次证明，尽管民众对执政党安人运有诸多不满，但相较而言，安盟也并非稳妥或更优的选择，难堪民众心中最有效的政治经济改革推动者的重任。

2022 年 9 月 15 日，洛伦索宣誓就任总统并在演讲中强调将把"所有力量和注意力都投入寻求长期解决安哥拉主要问题的最佳方案上，特别关注社会领域的人民福祉"。他指出："我们将继续制定政策和良好做法，鼓励和促进私营经济，增加国民生产的商品和服务供应，增加出口，为安哥拉人民，特别是最年轻的人创造越来越多的就业机会。""我们将始终致力于不断加强我们的经济，使安哥拉成为能够保证工人获得体面工资和工资购买力与基本消费品价值相适应的经济体"，同时"安哥拉社会和主管司法机构将继续开展工作，防止和打击腐败以及仍然盛行的有罪不罚现象"。

2022 年大选的艰难取胜暴露出执政党面临的诸多严峻挑战，从洛伦索总统的就职演说中可以发现其第二任期的政治重点将在于解决民众的不满情绪，扭转安人运日益下降的人气，但目前来看收效甚微。综上所述，在解决高生活成本、打击腐败、减少贫困和创造就业方面进展缓慢威胁到安哥拉政治形势的稳定，由此可以预见，一定时期内，安哥拉的政治形势仍将充满挑战。

二　经济重回增长轨道　未来发展充满潜力

2020 年以来，新冠疫情给安哥拉的经济社会发展带来巨大冲击，GDP大幅缩水，GDP 实际增长率急速下滑至-5.64%，[1] 出口额锐减至 2018 年的

---

[1]　英国经济学人智库国别数据，https：//viewpoint．eiu．com/data，最后访问日期：2023 年 12月 12 日。

54.4%，为近年来最低点。2021 年以来，安哥拉政府持续推进经济改革，鼓励非石油行业生产投资，严格执行财政紧缩政策，增收节支，同时在二十国集团缓债倡议框架下完成债务重组，积极推动债务可持续发展。[1] 2022年，安哥拉国内新冠疫情已基本得到有效控制，安政府宣布自 5 月 16 日起结束全国公共灾难状态。同时，受俄乌冲突影响，国际市场原油价格自 2022 年 3 月以来居高不下，7 年来首次突破 100 美元，拉动安哥拉石油出口收入大幅增加，再加上本国货币汇率升值，推动公共债务占 GDP 的比重持续下降。金融评级机构标准普尔在 2022 年 2 月已将安哥拉的主权债务风险评级上调至 B-，并在 8 月维持其展望为稳定；同年 11 月，穆迪将安哥拉的评级展望由稳定提升至正面，主权债务风险评级维持在 B3。根据英国经济学人智库的数据，2021 年安哥拉 GDP 实际增长率为 1.2%，预计 2022 年和 2023 年分别增长 3.04%和 0.8%。[2] 在国内外利好因素驱动下，安哥拉经济止跌回升，经济、金融形势趋好，有望进入新一轮增长周期，有利于其经济多元化战略的实施。

安哥拉于 2023 年 9 月 28 日批准通过的《2023～2027 年国家发展计划》以《安哥拉 2050 长期战略》明确的目标为指导，提出今后 5 年重点发展方向之一就包括继续推进经济多元化进程。根据新的国家发展计划，预计到 2027 年，安哥拉 GDP 将达到 62 万亿宽扎，GDP 年平均增长率为 3.3%。其中，非石油行业的 GDP 年平均增长率将达到 5%，占 GDP 比重有望增至 79%。与此同时，公共债务在 GDP 中的占比将从 66%降至 60%，非石油产品年出口额将由 50 亿美元增加至 170 亿美元，每年吸收外国直接投资将从 60 亿美元增加至 140 亿美元。[3]

近年来，安哥拉一直渴望通过实施经济多元化战略刺激非石油部门的发

---

① 《对外投资合作国别（地区）指南：安哥拉（2022 年版）》，第 3 页，http：//www. mofcom. gov. cn/dl/gbdqzn/upload/angela. pdf，最后访问日期：2024 年 2 月 20 日。

② EIU, *Country Report: Angola*, February 8, 2024.

③ 参见中国驻安哥拉大使馆经商处网站，http：//ao. mofcom. cn/article/sqfb/202310/20231003444301. shtml，最后访问日期：2024 年 2 月 20 日。

展，逐渐摆脱对石油产业的过度依赖，例如充分利用人口密度低、耕地和水资源丰富等优势，制订将安哥拉发展成为非洲最大农业生产国之一的目标。当前，木薯、红薯、香蕉、菠萝、鸡蛋和山羊肉6种农产品生产可以满足本国市场需求，实现自给自足，无须从国外进口。2022年3月，安哥拉政府批准超过150亿宽扎用于支持农业和渔业发展，该项目将由农业发展支持基金（FADA）负责实施。2022年7月，安哥拉批准连续实施5年、每年支持20亿宽扎的国家粮食生产促进计划，旨在促进玉米、水稻、小麦和大豆4种主要粮食作物的大规模生产，填补上述粮食作物的供需缺口，提高粮食自给率，使安哥拉成为这些粮食作物的主要生产国。预计到2027年，玉米、小麦和水稻的产量将达到约500万吨，大豆产量达到约110万吨，合计约610万吨。在2022年10月发布的国情咨文中，洛伦索总统特别强调了国家粮食生产促进计划，希望通过此举措促进谷物价值链和动物生产。政府承诺将继续努力确保执行家庭农业加速综合计划，在技术援助、保障生产要素、支持农业机械化和建立基础设施以支持农业生产方面采取行动。同时，为促进畜牧业和渔业发展，这两个领域也将分别获得约3亿美元的融资支持。在2023年发布的国情咨文中，洛伦索总统再次谈及农业、渔业和畜牧业的三项专属融资计划，并称安哥拉已经开始生产小麦，水稻产量增加，国家粮食生产促进计划初见成效。

在石油、天然气和矿产资源方面，洛伦索总统在2022年国情咨文中指出，政府部门将继续采取行动，创造有利于吸引投资的环境，在今后几年内将原油产量维持在100万桶/日以上，促进石油储量的更新，开发新项目，优化和促进精炼石油产品的生产，以确保本国的自给自足。事实上，自2016年以来，安哥拉的石油产量一直在大幅下降，当前的石油产量远低于2008年190万桶/日的峰值。2023年，安哥拉与石油输出国组织就石油产量配额产生争议，该配额从之前的128万桶/日下调至111万桶/日，低于安哥拉当局要求的118万桶/日大关。① 为寻求更大灵活性、提高石油产量，

---

① EIU, *Country Report: Angola*, February 8, 2024.

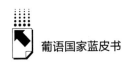

2023 年底安哥拉宣布退出石油输出国组织。在不受石油输出国组织配额限制的情况下，安哥拉政府推进石油行业的改革，包括将边际油田的特许权使用费和所得税税率减半等为投资和勘探提供税收优惠，以及允许安哥拉国家石油公司与外国公司合资，同时，安哥拉也在扩大其近海面积，并已开始发放新的勘探和生产许可证。随着现有油井和新投产油井活动的增加，安哥拉石油产量将有所提高。

2023 年，安哥拉国内炼油能力约为 7 万桶/日，远低于约 13 万桶/日的燃料消耗量。安哥拉正通过建设新的大型炼油厂来提高国内炼油能力、减少燃料进口，这也将促进燃料市场的自由化。在提高国内炼油能力的预期下，政府在 2023 年 6 月取消了汽油补贴，并计划在 2024 年取消柴油补贴，2025 年底取消焦煤和石蜡补贴。

安哥拉拥有 3010 亿立方米的已探明天然气储量。得益于欧洲国家努力寻求俄罗斯能源供应替代的现状，安哥拉天然气行业的未来发展前景光明。当前安哥拉国家石油公司和由意大利能源巨头埃尼集团（ENI）牵头的一个财团正在联合开发一个新的海上天然气项目，计划从 2026 年开始产量达到 40 亿立方米/年。[1]

当前疲软的全球经济环境影响着国际市场对钻石的需求，钻石国际价格的持续低位促使安哥拉由囤积取代了出售。但考虑到钻石价格有望上涨，全球钻石行业巨头戴比尔斯公司正在向安哥拉扩大业务。安哥拉最大的钻石矿卢埃莱（Luele）于 2023 年 11 月投产，初始产能为 400 万吨/年，并计划将产量提高到 1200 万吨/年。安哥拉国家钻石公司（Endiama）也将 2027 年的生产目标从 2023 年的 800 万克拉大幅提高到 1750 万克拉。[2] 由此可见，安哥拉钻石行业的未来前景仍是积极的。

此外，洛伦索政府大力推行的私有化计划（PROPRIV）的进展并不尽如人意。2019~2022 年，在 178 家国有目标企业中，只有 96 家主要是小型

① EIU, *Country Report: Angola*, February 8, 2024.
② EIU, *Country Report: Angola*, February 8, 2024.

实体的国有企业完成私有化，私有化计划因此被延长至 2026 年。例如，政府原计划将安哥拉国家石油公司部分私有化，其高达 30% 的资本最初计划于 2022 年在国内证券交易所上市，但官僚主义障碍和腐败使得上市进程遥遥无期。安哥拉国家钻石公司等其他主要国有资产也准备私有化，但考虑到安哥拉许多国企都处于亏损的现状，叠加政治承诺和透明度的缺失，国内投资环境不佳等不利因素，大型国有企业的私有化进展预计更为缓慢，这也将一定程度上影响洛伦索政府在经济领域改革的推进。

总体来看，在经济多元化战略引领下，安哥拉一直强调大力发展非石油部门的重要性，旨在提升非石油部门在国民经济中的权重，但从《2023～2027 年国家发展计划》中可以发现，政府仍然旨在利用石油收入为社会支出和基础设施发展提供资金，并偿还公共债务。由此可以预见，短期内安哥拉经济发展的重点将是利用国际原油价格高企的有利条件，最大限度地增加本国石油收入，并以此作为未来长期发展的基础和催化剂。在 2022 年大选尘埃落定后，安人运的工作重心已重新回到经济发展上来，安哥拉也已重回经济增长轨道。在洛伦索总统承诺向外国投资者确保相关政策法规稳定性和连续性的背景下，外国投资者正在涌入安哥拉，其未来经济发展充满机遇和潜力。

三 积极参与国际事务 安美关系有所升温

在安哥拉《2023～2027 年国家发展计划》中，"维护国家主权和安全，扩大国际影响力"被确定为今后五年重点发展方向之一，凸显出安哥拉在对外交往、积极参与和开展国际合作方面的重视程度。

在 2022 年国情咨文中，洛伦索总统指出经济外交是外交工作的重中之重，是安哥拉政府的优先事项之一。政府一直在努力巩固各种条件，使安哥拉能够继续利用与其有着战略利益关系的国家和组织开展充满活力、多样化且有效的国际合作。在 2023 年国情咨文中，洛伦索总统依然强调积极的外交政策，主要侧重于经济外交，除了国事访问议程中的吸引外国直接投资、

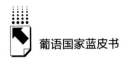

刺激国家出口等持续目标外，将越来越关注区域和非洲大陆的机会，以期改善本国的经济状况。可见，在洛伦索政府治下，经济外交仍然是外交政策的核心与主线，但其模式更为务实，希望由此吸引更多渠道和形式的外来投资，刺激更大规模的民族工业商品出口，从而在优化经济发展外部环境的同时，增强内生动力，促进宏观经济结构性改革，实现经济转型和可持续增长。

此外，执政党非常重视安哥拉在国际和地区事务中影响力的提升，洛伦索总统曾表示，今天的安哥拉是一个对全世界开放的国家，外交充满活力，对国家形象和经济益处颇多。可见安哥拉外交政策的另一个重点在于继续致力于改善非洲的和平与安全局势，继续在其作为成员的国际和地区性组织中发挥积极作用，重点包括葡语国家共同体、南部非洲发展共同体、中非国家经济共同体、非洲大湖区问题国际会议组织、非洲联盟以及联合国。其中，安哥拉在解决南部非洲发展共同体和非洲大湖地区的冲突问题中发挥了重要作用并取得了一些成功，使其在非洲地区和世界上赢得了声望和尊重，提升了国际影响力，有助于塑造良好的国际形象。

在国际层面，面对俄乌冲突、巴以冲突等对世界和平与安全产生极大冲击和负面影响的重要议题，洛伦索总统在多个正式场合均强调安哥拉始终是世界和平与安全的捍卫者，始终坚守诉诸对话、和平解决冲突的重要性，力求明确尊重国际法，呼吁立即停止战争，并敦促各方通过谈判和平解决上述问题，同时重申安哥拉对多边主义的承诺，认为这是促进对话平台的最安全途径之一，避免日益增加的两极格局危机。

2022 年 12 月 9～10 日，第十届非洲、加勒比和太平洋国家集团（OEACP，以下简称"非加太集团"）首脑会议在安哥拉首都罗安达成功举行。此次会议的议题涉及经贸合作、消除贫困、粮食安全和应对气候变化等国际社会普遍关注的内容，旨在加强非加太集团作为国际参与者的作用以及各成员之间的合作。在此次大会上，安哥拉正式担任该组织轮值主席国，成为国际关注的焦点。2023 年 7 月，安哥拉以轮值主席国身份向总部位于比利时布鲁塞尔的非加太集团介绍了 2023～2025 年战略的主要优先事项。

2023 年 8 月，安哥拉担任南部非洲发展共同体轮值主席国。上述活动的顺利进行再次体现出安哥拉参与国际、地区性事务的积极性和活力，也标志着其作为非洲重要大国之一，国际影响力和话语权的进一步提升。

在与世界各国、各组织的关系中，基于市场经济的明确选择，安哥拉始终寻求在维护现存合作关系的同时，不断开启和发展新的友谊与伙伴关系。尤其值得注意的是，在洛伦索总统第一任期持续改善与西方国家关系的基础上，在其第二任期，安美高层互访频繁并在多领域达成合作协议，双方关系有所升温。2022 年 6 月，美国总统拜登在 G7 峰会期间提及加强美国与安哥拉在贸易方面的合作，具体表现为美国对安哥拉太阳能项目的融资支持。同年 7 月，洛伦索总统会见美国驻安哥拉大使穆辛吉，美方表示赞赏安哥拉在维护区域稳定方面做出的努力，并邀请洛伦索参加 12 月在华盛顿举行的美国—非洲领导人峰会。11 月 30 日，洛伦索总统与拜登总统在白宫会晤，双方元首公开表示安美关系达到新高度，安哥拉得到了美国对其未来投资的保证，洛伦索明确表示安哥拉对加强与美国的经济伙伴关系持完全开放的态度，双方未来合作将不设限制，释放安哥拉在各个层面的潜力。两国元首的此次会晤被普遍认为是两国双边关系的历史性时刻。随后，洛伦索在参加美非峰会时再次表示欢迎美国在安投资，包括"能源和矿产资源开发在内的所有感兴趣的领域"。美非峰会后，美国进出口银行便向安哥拉提供信贷额度以支持美对安出口，美安商会也为两国间贸易投资提供了便利。2023 年 5 月，安哥拉外长安东尼奥在安美建交 30 周年纪念日活动现场表示，"安哥拉将继续尽一切努力在各个层面和领域加强并深化与美国的合作关系"。同年 9 月，美国首位非洲裔国防部部长奥斯汀访安期间，称赞"安哥拉是非洲地区备受尊重且非常有价值、非常合适的合作伙伴，是非洲地区冉冉升起的领导者"。此次访问的成果不再局限于经济合作与投资范畴，扩展至"深化双方在军事现代化、军事训练、海上安全和医疗方面的合作""两国建立年度高层防务对话并优先考虑加强防务合作的机会""美方正在分析安哥拉提出的军事武器装备购买申请"等军事合作层面，显示出安美外交关系快速发展到了新高度。

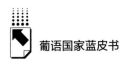

种种迹象表明，在延续经济外交为主线的外交政策之余，在当下全球南方崛起、非洲大陆各国寻求自主发展与外交的大趋势下，着眼于本国的长远利益，安哥拉正逐步推进其灵活的平衡外交策略，努力在政治、经济和安全等方面与各国，尤其是大国发展平衡的关系，寻求一个相对平衡、稳定的位置来实现本国预期利益。

四　中安关系稳步向前　合作领域更加广泛

中安之间的友谊经受住了新冠疫情的考验，在双方政府的不懈努力下，两国持续开展各领域合作，进一步深化了双边友好关系。2023 年 1 月 12 日，在中安建交 40 周年之际，中国国家主席习近平同安哥拉总统洛伦索互致贺电，为两国关系发展和双边务实合作指明了方向。2024 年 3 月 15 日，国家主席习近平在人民大会堂同来华进行国事访问的安哥拉总统洛伦索举行会谈。两国元首宣布，将中安关系提升为全面战略合作伙伴关系。

经贸关系一直是中安关系的"压舱石"和"推进器"。[1] 2022 年和 2023 年，中国继续保持安哥拉第一大商品贸易伙伴国、第一大出口目的地国和第一大进口来源国地位，安哥拉则超越了尼日利亚，成为中国在非洲仅次于南非的第二大贸易伙伴，是中国原油的重要来源国之一。可见，安哥拉是中国在非洲以及葡语国家中非常重要的经贸伙伴。在 2021 年双边贸易额大幅度增长的基础上，2022 年中安双边贸易额持续快速增长，达到 273.43 亿美元，同比增长 16.3%。其中，中方出口额为 40.97 亿美元，同比增长 65%，进口额为 232.46 亿美元，同比增长 10.6%。[2] 2023 年，中安双边贸易总额为 230.5 亿美元，同比下降 15.2%。其中，中方出口 41.4 亿美元，同比增

---

[1] 《对外投资合作国别（地区）指南：安哥拉（2022 年版）》，第 4 页，http://www.mofcom.gov.cn/dl/gbdqzn/upload/angela.pdf，最后访问日期：2024 年 2 月 20 日。

[2] 参见中华人民共和国商务部网站，http://www.mofcom.gov.cn/article/tongjiziliao/sjtj/xyfztjsj/202311/20231103451974.shtml，最后访问日期：2024 年 2 月 28 日。

长 5.1%，进口 189.1 亿美元，同比下降 18.7%。① 国际市场原油价格下跌是安哥拉对华出口明显下降的主要原因。中国对安哥拉出口的商品主要包括机电产品、汽车及零配件、纺织品等，从安哥拉进口的商品以原油为主，同时包括石料、水泥、砂矿、铜、铝等。随着咖啡、啤酒和花岗岩等其他产品的加入，双边贸易往来更为频繁。中方在中安双边贸易中常年保持逆差地位，2022 年贸易逆差为 191.5 亿美元，2023 年为 147.7 亿美元，受国际市场原油价格波动影响，贸易逆差明显收窄。

2023 年 7 月 28 日，中安经贸合作论坛在安哥拉首都罗安达成功举办。中国驻安哥拉大使龚韬在主旨演讲中表示，中安建交 40 年来，两国经贸合作务实推进，成果丰硕，特别是在"一带一路"倡议的推动下，双方已形成"你中有我，我中有你"的利益交融格局，树立了中非合作互利共赢典范。新形势下，中安经贸合作踏上新征程，将迎来更多机遇。中方愿与安方一道努力，通过签署中安投资保护协定，完成 98% 输华产品零关税待遇换文，邀请安方参展进博会、广交会等一系列措施，进一步提升中安贸易投资便利化水平，为两国企业合作创造良好环境，实现两国经贸合作提质升级和高质量发展，构建更加紧密的中安命运共同体。出席活动的安哥拉经济协调国务部长马萨诺表示，安方高度重视同中国开展经贸合作。40 年来，安中两国始终坚持相互尊重、友好互助，中方多次在安方困难时刻伸出援手，安方对此铭记在心。欢迎更多中国企业来安投资兴业，特别是在农业、工业、基础设施和人力资源培训等领域开展合作，为安经济社会发展做出更大贡献。② 2023 年 8 月 12 日，中国商务部部长王文涛在罗安达应约拜会洛伦索总统，就落实两国元首重要共识、进一步深化中安经贸领域务实合作深入交换意见。③

---

① 参见中国驻安哥拉大使馆经商处网站，http：//ao. mofcom. gov. cn/article/sqfb/202401/20240103467476. shtml，最后访问日期：2024 年 3 月 10 日。
② 参见中国驻安哥拉大使馆经商处网站，http：//ao. mofcom. gov. cn/article/sqfb/202307/20230703424759. shtml，最后访问日期：2024 年 3 月 10 日。
③ 参见中华人民共和国商务部网站，http：//www. mofcom. gov. cn/article/xwfb/xwbldhd/202308/20230803432356. shtml，最后访问日期：2024 年 3 月 10 日。

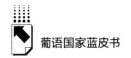

8月13日，中国—安哥拉经贸合作指导委员会第二次会议在罗安达举行，确定下一阶段两国经贸合作优先方向和发展重点。双方共同宣布完成中安投资保护协定谈判，并就进一步深化贸易投资、基础设施、产业发展、人力资源开发等领域务实合作深入交换意见。①

在投资领域，中国一直是安哥拉外资的重要来源国。中国企业全方位地参与了安哥拉国家重建，除石油项目外，还对安哥拉农业、渔业、工业加工、商贸、房地产等领域进行投资，而安方希望吸引更多中国企业投资。据中国商务部统计，截至2022年底，中国企业对安哥拉直接投资存量为19.5亿美元。② 2023年12月，中国和安哥拉在北京签署了投资保护协定。中安投资保护协定对双方投资保护义务和争端解决机制进行了规定，是一份互惠互利、高质量的投资协定。协定的签署有望进一步增强双方投资者信心，为两国企业创造更加稳定、便利、透明的营商环境，为两国战略伙伴关系蓬勃发展持续注入动力。③

2022年和2023年，中安两国在双边合作关系的其他领域也收获了丰硕成果。2022年3月9日，洛伦索总统正式批准《安哥拉共和国和中华人民共和国对所得消除双重征税和防止逃避税的协定》（以下简称《协定》）。此前，安哥拉国民议会已于2019年6月24日通过第29-A/19号决议批准了该协定。上述协定于2018年10月9日在北京签署，有助于消除两国跨境经营纳税人面临的双重征税问题，提高税收确定性，对于进一步推动两国间经济合作与资本、技术、人员往来具有积极作用。④ 2022年5月，安哥拉最大电信运营商Unitel与华为签署框架合作协议。该协议涵盖全系列解决方案，

---

① 参见中国驻安哥拉大使馆网站，http：//ao. china - embassy. gov. cn/chn/zagx/202308/ t20230814_ 11126266. htm，最后访问日期：2024年3月10日。
② 参见中华人民共和国商务部网站，http：//www. mofcom. gov. cn/article/tongjiziliao/sjtj/ xyfztjsj/202311/20231103451974. shtml，最后访问日期：2024年3月10日。
③ 参见中华人民共和国商务部网站，http：//www. mofcom. gov. cn/article/syxwfb/202312/ 20231203458662. shtml，最后访问日期：2024年3月10日。
④ 参见中国驻安哥拉大使馆经商处网站，http：//ao. mofcom. gov. cn/article/sqfb/202204/ 20220403301615. shtml，最后访问日期：2024年3月10日。

包括无线接入网（RAN）、传输，家宽服务、CEM 解决方案和 Mobile Money 移动支付服务，为双方长期合作打下坚实基础。2022 年 11 月 14 日，洛伦索总统为华为安哥拉公司科技园揭幕，彰显安方对华合作关系的重视程度。中国驻安哥拉大使龚韬应邀出席揭幕仪式并致辞。龚韬大使表示，多年以来，华为安哥拉公司一直高度重视履行社会责任，全力普及推广通信技术知识，创造就业机会，培养当地青年人才，对推动当地发展作出了长足贡献，为中安人才交流和数字合作搭建了良好平台。华为在安投资建设科技园，必将促进安创新发展和数字化转型，助力安 ICT 专业技术人才成长。中安经济互补性强，合作前景广阔，中方对中安合作未来发展始终充满信心并保持乐观。中方愿同安方一道努力，加快推进两国发展战略对接，深化高新技术领域合作，扎实推进数字经济、信息通信、人力资源培训等各领域务实合作，助力安加快实现经济多元化目标，提升安可持续发展能力，不断丰富两国战略伙伴关系内涵，更好造福两国人民。① 2023 年 11 月 10 日，由中国航空技术国际工程有限公司总承包的罗安达新国际机场举行落成仪式，洛伦索总统出席仪式并为机场揭牌。机场将首先启用货物航运，2024 年 2 月开通国内航班，6 月开通国际航班。罗安达新国际机场距离罗安达市东南方向约 40 千米，占地面积 1324 公顷，拥有双跑道，可以停降 A380 在内的各类民用航空器，设计年旅客吞吐量 1500 万人次、货邮吞吐量 13 万吨。启用后，该机场将成为安哥拉通往世界的主要门户，同时也将推动非洲地区航空运输市场的增长，是目前非洲较大的现代化国际机场。②

除了传统合作领域，中安双方也在不断探索新的合作形式与内容。2023 年 3 月 17 日，中国驻安哥拉大使龚韬会见安哥拉渔业和海洋资源部部长多斯桑托斯，双方就加强两国渔业合作等议题交换意见。双方表示两国渔业互补性强，合作潜力巨大，希望开展更多海洋经济和渔业领域的合作，包括海

---

① 参见中国驻安哥拉大使馆经商处网站，http：//ao. mofcom. gov. cn/article/sqfb/202211/20221103369324. shtml，最后访问日期：2024 年 3 月 10 日。
② 参见中国驻安哥拉大使馆经商处网站，http：//ao. mofcom. gov. cn/article/sqfb/202311/20231103454134. shtml，最后访问日期：2024 年 3 月 10 日。

洋保护与科研、海水养殖、海产品加工物流等，推动渔业和海洋资源利用可持续发展。双方正积极探讨签订渔业合作谅解备忘录，建立双边渔业合作机制，为推动中安渔业合作更大发展奠定基础。①

疫情之后，中安关系发展势头保持良好，各领域互利合作成果丰硕，切实惠及两国人民。中安全面战略合作伙伴关系蓬勃发展迎来新时期，为两国间深化政治互信，密切互利合作，增进民间友好提供了新机遇。

---

① 参见中华人民共和国商务部网站，http：//www. mofcom. gov. cn/article/zwjg/zwxw/zwxwxyf/202303/20230303396675. shtml，最后访问日期：2024 年 3 月 10 日。

B.8
巴西联邦共和国[*]

谌华侨　王丛汐[**]

摘　要：　2023 年卢拉总统第三次执政开始，巴西政治在经历了 1 月 8 日三权机构遭受暴力冲击的动荡后，逐步恢复稳定。尽管经济上仍面临通胀压力，但外贸顺差持续存在。总统选举后的社会对立未能完全平息，左右翼之间的对抗态势依旧。在外交领域，巴西积极调整策略，重返国际舞台。中巴关系迎来新的发展阶段，卢拉领导的代表团访华并签署了多项重要协议，开启了双边关系的新篇章。

关键词：　巴西　政治　经济　社会　外交　中巴关系

2023 年是卢拉上台执政的开局年。政治上，遭受极右翼极端势力的冲击后，逐渐趋稳，逐步恢复到正常轨道。经济上，通过新的财政框架，实现税收改革，推出"巴西新工业计划"，实现经济增长，并高于预期。社会领域，实现自 2014 年以来最低失业率，推出系列社会计划，致力于减少贫困。外交上，重新回归理性的外交政策，出访 24 个国家，强化与世界的联系。2023 年是中巴建立战略伙伴关系 30 周年，两国关系迈入新阶段。

---

[*]　本文为国家社科基金冷门"绝学"和国别史等研究专项"中国与巴西关系史研究"（2018VJX096）的阶段性研究成果。

[**]　谌华侨，四川外国语大学西方语言文化学院院长；王丛汐，葡萄牙里斯本大学经济管理学院硕士，现就职于国家开发银行国际金融事业部。

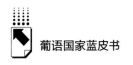
一 政治形势

2023年1月1日，巴西劳工党候选人、前总统卢拉·达席尔瓦（Lula da Silva）在国会宣誓就职，正式成为巴西联邦共和国第39任总统，任期4年。卢拉于2003~2010年连任两届巴西总统，为该国历史上首位工人出身的总统。2018年，卢拉涉嫌贪腐被判入狱，并于次年获最高法院批准出狱。随后，巴西联邦最高法院撤销了对他的所有指控，清除了其2022年再次参选总统的法律障碍。2022年大选为巴西历史上选情最为胶着的总统竞选，在第一轮投票中，得票率排名前两位的卢拉和时任巴西总统雅伊尔·博索纳罗（Jair Bolsonaro）分别获得48.43%和43.20%的有效选票，二人因得票率均未超过50%而进入第二轮决选。在第二轮投票中，卢拉获得50.90%的支持率，以1.8%的微弱优势险胜博索纳罗，当选新一任巴西总统。从二位候选人的支持者分布来看，卢拉的支持者主要分布在巴西东部与北部地区，而博索纳罗的选票则更多来源于人口更多、经济发达的东南部各州。上届政府执政期间，巴西经历了经济恶化、通货膨胀、失业高企等一系列问题。作为在上两届任期内曾带领巴西从动荡和衰退走向稳定和发展、开创新局面，并在国际舞台上曾享有盛誉的"巴西之子"，卢拉以过往的耀眼政绩及独特的个人魅力，在许多巴西公民对博索纳罗政府充满失望和不信任、迫切想要改变现状之时重回政坛，如同黎明前的曙光，其在此次选举中的胜利或许也有迹可循。在卢拉上任一周后，数千名博索纳罗的支持者暴力入侵位于首都巴西利亚的巴西国会、联邦最高法院和总统府等国家权力机构，并与军警发生冲突，引起了各方的强烈谴责。

卢拉就职后，致力于恢复国家政治秩序，寻求民众的和平与团结。为此，他制定了新的政府框架，将政府部门数量由博索纳罗时期的23个增至38个（其中包括32个部委及6个部级机构），恢复和新增妇女部、种族平等部、原住民部等5个部门，并将原经济部拆分为3个部委，分别为财政部、计划与预算部以及发展、工业与贸易部。新内阁的38个部委及部级机构分别由多名不同党派和无党派人士执掌,其中包括在选举中并未支持卢拉的3个中右翼政党。博索纳罗执政期间,巴西国内出现政治两极化现象,社会撕裂状况一再加剧,这一改革反映了卢拉平衡不同政治力量、整合多元意见的策略,旨在缓解国内的政治极化和社会分裂,通过包容和合作的方式推动国家前行。

巴西调查机构 Ipec 于 2023 年底发布的关于卢拉政府执政满意度的民意调查结果显示,卢拉执政一年后,对其执政表现持"满意或非常满意"态度的民众占比为 38%,同比其执政初期下降 6%,① 新政府仍面临重重困难与挑战。巴西 2022 年大选的激烈竞争、选民偏好集中于两大主要候选人,以及卢拉与博索纳罗高而接近的反对率,均显露了严重的政治极化态势。尽管右翼在总统大选中未能胜出,但其在南部重要州如圣保罗保持主导地位,并在议会选举中取得优势,这可能给卢拉政府的政策实施带来挑战,影响国内政治稳定。

二 经济形势②

2023 年,巴西名义 GDP 预估为 2.15 万亿美元,增长率为 10.69%,比拉丁美洲和加勒比海地区该年的预计 GDP 增长率高一个百分点。③ 这一年,巴西的通货膨胀率显著降低至 4.5%,为 2020 年以来巴西全年通胀率首次降至巴西国家货币委员会(CMN)设定的通胀目标区间内。这一经济表现的提升,得益于农业的超预期发展、服务业的稳定与强劲,以及社会消费的增长。卢拉政府上任后实施了一系列经济改革措施,旨在推动经济发展,这些举措得到了国际机构的认可,其多次上调了巴西经济增长的预期。

2023 年 8 月,巴西议会投票通过了一项新的财政框架,经卢拉总统认

---

① "Ipec: Pesquisa Ipec sobre avaliação do governo Lula-Dezembro/2023", https://www.ipec-inteligencia.com.br/pesquisas/.
② 此部分数据若无说明,均来自 EIU, *Country Report: Brazil*, February 2023。
③ "The World Bank: Economic Review | Latin America and the Caribbean October 2023", https://openknowledge.worldbank.org/server/api/core/bitstreams/0f4d6df3-bfa2-48fd-b12f-80581ca89f4b/content.

可后正式施行。该财政框架旨在通过一种财政赤字控制机制，用一套注重收支平衡的可持续财政政策取代原先的"财政支出上限"制度（Teto de Gastos）。与之前将财政支出增长限制在前一年通胀率内的旧政策不同，新的财政框架提供了更大的灵活性，既避免了政府支出的无节制增加，又允许在控制下适度扩大政府开支。这一措施不仅有助于缓解财政赤字问题，同时也为降低贷款利率、加强社会福利体系以及推动经济增长创造了良好的条件。其主要包括以下三个方面的重点内容。①

（一）设立财政目标，控制财政赤字

在新的财政框架下，巴西政府每年的"初级财政目标"将不再是一个固定值，而是根据预算指导法（LDO）设定一个浮动区间，允许目标在上一年经济实际增长率±0.25%的范围内进行调整。依据《2024 年预算指导法》，2024~2026 年，巴西的财政目标分别设定为实现财政零赤字、财政盈余达到 GDP 的 0.5%及 1%。此外，为避免财政支出僵化，财政支出的年增长率将根据收入变动，保证至少实际增长 0.6%，最大不超过 2.5%，即便在财政收入补偿方面面临挑战时也是如此。

（二）提高财政资金分配自由度，扩大财政支出

在巴西的新财政框架下，政府财政支出的实际增长率设定在 0.6%~2.5%，以确保财政的灵活性和可持续性。若财政支出的实际增长率达到此区间，则下一年度的政府财政支出增长可达到过去 12 个月内基本财政收入实际增长的 70%。如果财政支出的实际增长率未达到 0.6%的最低限制，则下一年度的财政支出增长需限制在基本财政收入实际增长的 50%以内。此外，如果政府实现了基本的财政盈余目标，财政支出的实际增长率可高达 1.75%；若未达标，则实际增长率最多为 1.25%。这种财政

---

① "Câmara dos Deputados do Brasil：Novo arcabouço fiscal"，https：//www. camara. leg. br/internet/agencia/infograficos-html5/novo-arcabouco-fiscal/index. html.

支出的灵活调整机制不仅确保了财政支出的持续增长，还为政府在基础设施、教育、医疗等关键领域的投资提供了空间，从而促进了国家的全面发展和民众福祉的提升。

（三）鼓励公共投资，刺激经济增长

巴西的新财政框架确保了政府每年的最低投资额至少与前一年持平，并根据通货膨胀率进行相应调整。如果政府的财政盈余超出了目标上限但未超过 GDP 的 0.25%，则将其中 70% 的额度专门用于投资。这一策略在新冠疫情后的全球经济恢复中尤为关键，因为增加公共投资不仅能短期内直接创造数百万个就业机会，还能增强公众对经济复苏的信心，刺激消费，从而推动经济增长，[①] 因此，新财政框架将成为巴西实现经济复苏和增长的重要经济政策。

巴西在 2023 年底实施了一项重大税收改革，通过宪法修正案建立了符合国际标准的增值税（IVA），这一举措旨在简化税收体系，通过合并五种主要税种为单一的 IVA 来实现。此外，改革还引入了对教育、健康、公共交通等领域商品和服务的优惠税率，同时创设了"国家基本食品篮子"免税政策，并对危害健康和环境的产品征收附加税。为了促进地区发展平衡，新法案还设立了区域发展基金（FDR）。新税制的过渡期计划从 2026 年开始，直到 2033 年完全替代现行税收制度。这次改革预计将减轻企业税负，激励就业，增强巴西企业的国际竞争力，同时促进经济增长。此外，新税收框架旨在提供一个更简单、公平、透明的税制，特别是为极端贫困群体带来利益，确保税收公正。[②]

为了促进国内工业的复兴，卢拉政府推出了巴西"新工业计划"

---

① "IMF：Public Investment for the Recovery"，https：//www.imf.org/en/Blogs/Articles/2020/10/05/blog-public-investment-for-the-recovery.

② "Secretaria de Comunicação Social：Reforma tributária é aprovada pela Câmara dos Deputados"，https：//www.gov.br/secom/pt-br/assuntos/noticias/2023/12/reforma-tributaria-e-aprovada-pela-camara-dos-deputados.

（NIB），这是一个旨在在未来十年内促进巴西再工业化的全面发展方案。自
20世纪80年代以来，巴西经历了去工业化的趋势，新自由主义政策进一步
加剧了这一现象，忽视了工业在国家战略中的作用，将巴西定位为国际市场
上的原材料出口国，这限制了工业发展潜力，导致产业结构初级化、产业链
弱化及出口产品低附加值，进而降低了生产效率和收益。卢拉总统在就职演
讲中强调，巴西拥有巨大的生产潜力和技术能力、资金及市场需求，有责任
推动国家的数字化转型，并有能力在世界经济中处于领先地位。①

巴西"新工业计划"聚焦六大重点任务：发展可持续和数字化的农业
工业链；推进健康产业经济；建设可持续基础设施、卫生、住房和交通；促
进工业数字化转型，提升竞争力；推动生物经济、脱碳经济和能源转型与安
全；加强国家主权和国防技术发展。这些重点领域体现了政府对绿色、低碳
和数字经济的重视，预示了未来工业政策的基调和方向。②

副总统杰拉尔多·阿尔克明指出，再工业化对于巴西实现可持续发展至
关重要，国内经济增长和社会发展依赖于工业的复苏。当前，巴西亟须制定
与绿色经济相一致的现代工业政策，以应对全球经济的挑战。这一全面的工
业复兴计划，旨在为巴西带来长期的经济增长、就业创造和国际竞争力提
升，同时确保社会公平和环境可持续性。③

为了进一步加速经济复苏和增长，卢拉政府推出了"新增长加速计划"
（Novo PAC），预计在全国范围内投资高达1.7万亿雷亚尔。该计划旨在通
过强化联邦政府与私营部门、各州、城市以及社会团体之间的合作，共同促
进就业、增加收入、减少地区与社会不平等。此外，"新增长加速计划"特

---

① "UOL: Leia na íntegra os discursos de Lula na posse", https://noticias.uol.com.br/politica/
ultimas-noticias/2023/01/01/posse-lula-discurssos-congressso-planalto-integra.htm.

② "CartaCapital: Nova Indústria Brasil, um passo estratégico para a reconstrução nacional",
https://www.cartacapital.com.br/opiniao/frente-ampla/nova-industria-brasil-um-passo-
estrategico-para-a-reconstrucao-nacional/.

③ "Serviços e Informações do Brasil: 'A reindustrialização é essencial para a retomada do
desenvolvimento sustentável', diz Alckmin", https://www.gov.br/pt-br/noticias/financas-
impostos-e-gestao-publica/2023/01/a-reindustrializacao-e-essencial-para-a-retomada-do-
desenvolvimento-sustentavel201d-diz-alckmin.

别关注推动生态转型、工业现代化、包容性增长及可持续性发展，涵盖了九个关键投资领域：数字化普及、健康、教育、基础设施改善、可持续发展城市、水资源管理、高效交通、能源转型与安全，以及国防。巴西政府致力于打造一个更加公平、绿色、廉洁的社会，[①] 创造更多优质就业岗位、减少社会及地区的不平等以及加速经济增长。

2023 年，巴西经济实现了显著增长和低通胀的双重成就，按照国际货币基金组织（IMF）的《世界经济展望》报告，巴西升至全球第九大经济体，重新跻身全球影响力最大的十大经济体行列。这一年，巴西农业生产的成功不仅增强了国家的粮食安全，还有效减轻了部分农村人口的贫困问题。然而，巴西经济的发展仍受到多重挑战，包括结构性问题较为明显、制造业和服务业生产力停滞不前，以及经常性公共开支僵化问题，这些都严重限制了关键部门的投资。展望未来四年，巴西经济增长率预计将保持在 1.3%～2.4%，相较于中国、印度和土耳其等国家，这一增长率较低。[②]

三 社会形势

2023 年，巴西平均失业率为 7.8%，[③] 为 2014 年以来的最低值，巴西就业市场在新冠疫情后及卢拉总统上台后缓缓复苏。巴西国内基尼系数为 0.518，较 2022 年的 0.544 有所回落，[④] 2023 年，巴西在新任总统卢拉的领导下，收入分配不平等现象得到了明显改善。出身贫寒的卢拉总统深知贫困

① "Serviços e Informações do Brasil：Novo PAC vai investir R $ 1,7 trilhão em todos os estados do Brasil"，https：//www. gov. br/pt－br/noticias/transito－e－transportes/2023/08/novo－pac－vai－investir－r－1－7－trilhao－em－todos－os－estados－do－brasil.
② "The World Bank：The World Bank in Brazil"，https：//www. worldbank. org/en/country/brazil/overview.
③ "IBGE：Taxa de desocupação cai a 7,8% em 2023, menor patamar desde 2014"，https：//agenciadenoticias. ibge. gov. br/agencia-noticias/2012-agencia-de-noticias/noticias/39022-taxa-de-desocupacao-cai-a-7-8-em-2023-menor-patamar-desde-2014.
④ "IBGE：Síntese de Indicadores Sociais"，https：//cidades. ibge. gov. br/brasil/pesquisa/45/62585？ano＝2023.

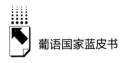

人口的困境，因此格外重视民生福祉，致力于减少贫富差距，推动社会平等。为实现这一目标，他上任后采取了一系列措施，包括调整或重启其上一任期内制订的一系列社会计划：如"更多医生"（Mais Médicos）计划，以解决偏远或不发达地区医疗资源短缺问题，加强国家基本医疗保健服务的供应；"大众药房"（Farmácia Popular）计划，以为一些慢性疾病患者提供享受折扣或免费的治疗药物，减轻该群体的负担；以及"我的家园，我的生活"（Minha Casa Minha Vida）计划，以为巴西低收入家庭提供补助性住房等。

在上述社会计划中，"家庭救助金"（Bolsa Família）计划备受关注。该计划始于2004年，被视为全球最重要的反贫困举措之一，由卢拉在其首个任期内推出，后来被博索纳罗总统在2021年改为"巴西援助金"（Auxílio Brasil）。"家庭救助金"计划规定，家庭人均月收入不超过218雷亚尔（42美元）即可获得至少600雷亚尔（115美元）的补助；若家庭有6岁以下儿童，则可额外获得150雷亚尔（29美元）；而有7~18岁儿童、青少年或孕妇、哺乳期妇女的家庭，可再额外获得50雷亚尔（10美元）的补助。这项计划并非无条件提供，家庭需要满足一系列条件，如青少年入学率、疫苗接种等。除了在短期内直接缓解贫困群体的经济压力外，"家庭救助金"计划还旨在帮助打破贫困代际循环，实现长期效益。卢拉总统在该计划出台20周年之际承诺，到2026年底，将彻底消除巴西的饥饿问题。

该届政府还与银行及其他金融机构合作推出了一项新的、关键的社会政策，即"债务重新谈判"（Desenrola Brasil）计划。巴西政府旨在通过这项计划恢复中低收入债务违约者的信用，使他们能够申请新的贷款，正常办理房屋租赁等业务。根据规定，该计划分三个阶段实施，每一阶段制定不同的条件，满足条件的债务人可以获得银行及其他金融机构为其提供的债务折扣和分期付款服务，以支持他们偿还债务。计划的前两个阶段始于2023年7月并终止于9月，受益群体主要是月收入低于2万雷亚尔或债务低于100雷亚尔的公民。自2023年9月起，月收入低于2倍最低工资标准（2640雷亚尔）的群体或在联邦政府社会计划统一登记处登记过的债务人能够就其个人债务可获得的减免进行谈判。可获得折扣的债务范围包括 2019～2022 年欠下，且数额在更新后低于 2 万雷亚尔的债务。据巴西财政部预测，该项计划将帮助 3200 万巴西公民摆脱拖欠债务，恢复购买力。① 该政策预计将成为卢拉在本届任期内的重要政绩。卢拉重建亚马孙基金具有重要意义，该基金能够为亚马孙森林保护提供必要的融资支持，是应对当前气候问题的首要也是最紧迫的措施之一。2023 年，巴西自然灾害频发，创下历史新高。已记录的自然灾害事件超过千起，大部分发生在东部地区，导致超过 7.4 万人流离失所。据巴西国家自然灾害监测与预警中心分析，巴西这一年反常的自然灾害发生频率可能与气候变化密切相关。这凸显了加强环境保护和气候变化应对的迫切性。②

四　外交形势

卢拉政府的外交政策温和中庸，注重多边主义，致力于平衡各方势力。他的上任标志着巴西与世界的关系将回归传统正轨，摆脱了博索纳罗时期过于亲美和意识形态外交的倾向。截至 2023 年年底，也就是卢拉执政一年后，他已经出访了 24 个国家。在就职演说中，卢拉提到，巴西希望重建与美国、欧盟、中国以及其他国家的对话桥梁，加强与金砖五国及非洲国家的合作，促进南美一体化并振兴南美洲国家联盟，以打破前总统执政时期巴西在国际舞台上的孤立局面。③

美国一直是巴西历史上的重要合作伙伴和外交政策的焦点。2022 年，巴西与美国的贸易总额达到约 8870 亿美元，创下历史新高。美国是巴西制

---

① "Ministério da Fazenda: Governo federal lança o Desenrola Brasil e deve beneficiar cerca de 30 milhões de pessoas", https://www.gov.br/fazenda/pt-br/assuntos/noticias/2023/julho/governo-federal-lanca-o-desenrola-brasil-e-deve-beneficiar-mais-de-30-milhoes-de-pessoas.

② "UOL: Brasil registrou número recorde de desastres naturais em 2023", https://gizmodo.uol.com.br/brasil-registrou-numero-recorde-de-desastres-naturais-em-2023/.

③ "UOL: Leia na íntegra os discursos de Lula na posse", https://noticias.uol.com.br/politica/ultimas-noticias/2023/01/01/posse-lula-discursso-congressso-planalto-integra.htm.

成品和半制成品的主要出口目的地，也是巴西最大的投资来源国，投资总额高达 1230 亿美元。这一合作关系在巴西经济和外交政策中具有重要意义。[①] 2023 年 2 月，卢拉总统访问美国，这是他就职后首次访问拉美以外的国家，彰显了其对巴西与美国关系的高度重视。在与美国总统的会谈中，双方就加强民主、尊重人权、应对气候变化和促进可持续发展等议题达成共识。尤其在气候问题上，两国领导人的主张高度契合，但在解决俄乌冲突方面存在分歧。卢拉呼吁中立国如中印等共同调停俄乌冲突，但美方未表态。随后的 9 月，卢拉再次访美，共同倡导促进体面工作和维护工人权利的合作倡议。两国在减少经济不平等、保障工人权利和反对歧视等关键问题上达成一致。卢拉政府大力支持南南合作，维护多边主义和多极化，多次提及"去美元化"，致力于巩固巴西作为地区性大国的地位，进一步扩展其在国际舞台上的影响力。其种种表态及诉求或与美方期望有相悖之处，两国关系在合作共赢的主基调下仍存在对抗风险。

卢拉政府外交政策的另一大重点是团结拉美各国，推动拉美区域一体化。前总统博索纳罗在外交活动中以意识形态划分敌友，其执政时期，巴西先后退出南美洲国家联盟和拉共体，与地区左翼国家关系恶化，与委内瑞拉甚至断交，与其他拉美国家的关系日益疏远。卢拉上台后，重建与拉美国家的关系成为其政府的首要任务。在就职演说中，卢拉提到，巴西希望再次成为应对气候和环境危机的领导者，这需要振兴南方共同市场（MERCOSUL）和南美洲国家联盟（UNASUL），以促进南美一体化的进程。[②] 卢拉此次任期执政的目标之一是努力打造巴西在拉美地区的主导地位，推动该地区合作与一体化发展。他就职当月即访问阿根廷与乌拉圭，这传达了一个重要信息，即巴西迫切希望恢复与拉美地区其他国家的关系。2023 年，巴西宣布与委

---

① "Ministério das Relações Exteriores：Viagem do senhor Presidente da República a Washington"，https：//www. gov. br/mre/pt–br/canais_ atendimento/imprensa/notas–a–imprensa/viagem–do–senhor–presidente–da–republica–a–washington.

② "UOL：Leia na íntegra os discursos de Lula na posse"，https：//noticias. uol. com. br/politica/ultimas–noticias/2023/01/01/posse–lula–disc`ursso–congressso–planalto–integra. htm.

内瑞拉恢复大使级外交关系、重返拉共体机制、回归南美洲国家联盟。此外，卢拉在会见南美洲国家元首时呼吁建立地区共同货币，减少对美元的依赖。这些举动有助于提高巴西在拉丁美洲的战略地位，推动区域内经济贸易合作，增强区域内向心力，促进一体化进程。同时，拉美地区意识形态同质化，大多数国家由左翼政府统治，为一体化进程提供了有利背景。然而，西方国家的干涉和意识形态分歧仍存在不稳定因素。这些举措有助于拉美作为一个整体树立团结形象，建立更紧密的国际联系。①

博索纳罗执政时期，巴西对环境问题采取了消极态度，引发了欧盟国家的强烈不满。新任总统卢拉重拾对环境议题的关注，在其上任后不久，欧盟即明确表达了与巴西加强战略伙伴关系的意愿。2023年12月，卢拉在于迪拜举行的第28届联合国气候变化大会的高级别会议上发表讲话，呼吁发达国家履行职责，与各国共同应对气候变化。他指出，巴西愿意以身作则：巴西已经调整了应对气候变化的相关目标，并已大幅减少了亚马孙地区的森林砍伐。卢拉还承诺在2030年之前实现零砍伐目标，并介绍了巴西的生态转型计划，包括发展绿色工业、低碳农业和生物经济等措施。这一计划旨在推动巴西向可持续发展和生态友好型经济转型，为应对全球气候变化做出贡献。2023年6月，欧盟委员会主席访问巴西，宣告了"欧盟与巴西双边关系新时代的开始"，并承诺将在巴西投资20亿欧元以帮助该国发展氢能等领域。这标志着巴欧关系迈入了一个新阶段，为两国合作开辟了新的机遇。② 除此之外，欧盟成员国表示支持卢拉政府解决森林砍伐问题的措施，德国与挪威作为亚马孙基金的主要资助国，表示将共同支持该基金的重启和后续投资。巴西政府也在积极推进扩大与欧盟的经贸关系，其中包括推动欧

① "The London Globalist：Lula：A New Momentum for Brazil and Latin America?"，https：//thelondonglobalist. org/lula-a-new-momentum-for-brazil-and-latin-america/.

② "Público：A Parceria Estratégica União Europeia-Brasil em 2024：o fim da animação suspensa"，https：//www. publico. pt/2024/01/09/opiniao/opiniao/parceria-estrategica-uniao-europeiabrasil-2024-fim-animacao-suspensa-2076256；"Público：A Parceria Estratégica União Europeia-Brasil em 2024：o fim da animação suspensa"，https：//www. publico. pt/2024/01/09/opiniao/opiniao/parceria-estrategica-uniao-europeiabrasil-2024-fim-animacao-suspensa-2076256.

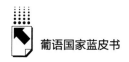

盟—南共市自贸协定的签署。这项协议谈判已近 20 年，前总统博索纳罗执政期间基本达成共识，卢拉上任后即着手重启该协议。总的来说，2023 年巴欧关系基本向好，但也受到俄乌冲突立场分歧及欧盟对巴西提出的环境保护措施的影响。未来，双方在投资贸易、科学技术、可持续发展和环保领域有着较大的合作潜力。①

五　中巴关系

中国和巴西作为东西半球最大的发展中国家，自建交以来，双边关系在共同应对各种挑战和变化的过程中稳步发展，日益成熟，取得了丰硕成果，成为全球发展中国家合作的典范。2023 年是中国与巴西建立战略伙伴关系 30 周年，卢拉总统上任后，在两国元首的重视和引领下，两国关系迈入新阶段，各领域合作更加丰富多彩。

（一）政治互信不断增强

2023 年，中巴高层往来频繁，双方在许多重大事项上立场一致，政治互信不断提升。卢拉总统对华态度积极友好，始终将中国视为巴西重要的战略合作伙伴。4 月，卢拉就职 100 天时，受邀赴华进行国事访问，这也是他首次到访美洲以外的国家。访问期间，两国元首进行了深入的战略沟通，达成了多项合作协议。双方共同发表了《中华人民共和国和巴西联邦共和国关于深化全面战略伙伴关系的联合声明》，内容涉及 49 个领域，包括粮食安全、减贫、信息通信、航天、科技创新、数字经济、贸易便利化等。双方还同意开展部长级合作，分享知识和经验，共同促进两国消除饥饿、贫困，改善社会民生。此外，

① "CIPÓ: Policy Brief: Brazilian Foreign Policy and the Relations with the EU", https: // plataformacipo. org/en/publications/policy-briefbrazilian-foreign-policy-and-the-relations-with-the-eu/.

就乌克兰危机解决方案，双方达成共识，寻求通过和平谈判解决危机。①

此外，两国承诺将进一步深化在联合国、G20、世界银行、国际货币基金组织、金砖国家集团等多边合作机制下的合作。两国还将共同见证沙特、埃及、阿联酋、阿根廷、伊朗、埃塞俄比亚六国受邀加入金砖国家集团的历史性扩员，并见证金砖合作机制在发展中国家间获得普遍认可。

（二）经贸合作成果显著

中巴双边贸易实现持续增长。2022 年数据显示，中巴双边贸易额达到 1714.9 亿美元，同比增长 4.9%。其中，中国出口额为 619.7 亿美元，同比增长 15.7%，而进口额为 1095.2 亿美元，同比下降 0.4%。② 巴西已经成为中国第九大贸易伙伴国，而中国已连续 14 年成为巴西第一大贸易伙伴。

经济伙伴关系进一步加深。2023 年 3 月 29 日，在北京举行的中国—巴西商业研讨会上，双方签署了 20 项合作协议，旨在促进和扩大双边贸易，深化双边经贸联系。其中，一项重要的协议是可使用本币而非中间货币美元进行大规模贸易。这意味着双方贸易将直接以本国货币结算，避免使用美元进行交易，有望简化贸易流程、降低成本、促进贸易发展，并实现投资便利化。该协议的签署被视为两国经济关系中的一个里程碑，反映了两国在加强经贸关系和深化双边合作方面取得的重要进展。

在中国对巴投资上，大项目稳步推进。国家电网巴西控股公司正在戈亚尼亚稳步推进建设 500 千伏输电线项目，以增强电力输送能力。与此同时，中国广核集团也在巴西能源控股有限公司进行 LDB 风力发电扩建项目，该项目计划于 2023 年 6 月完成并投入运营，为巴西能源供应注入新的动力。另外，国家电投集团在里约热内卢阿苏港投资天然气项目，第一阶段已经开始运营，第二阶段于 2022 年启动，于 2023 年稳步推进，预计于 2025 年开始运营，将为巴西的能源结构优化和经济发展做出重要贡献。

---

① "Politize：Relações Brasil-China：impactos do encontro entre Lula e Xi Jinping em 2023"，https：//www.politize.com.br/relacoes-brasil-china/.

② 参见中华人民共和国海关总署网站，http：//stats.customs.gov.cn/。

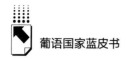
（三）绿色合作提质升级

2023 年 4 月卢拉访华期间，中巴双方共同发布了《中国—巴西应对气候变化联合声明》，强调扩大、深化和丰富在应对气候变化领域的合作，展现了发展中国家在全球气候变化应对和环境保护方面的责任与担当。该联合声明还在中巴高层协调与合作委员会（COSBAN）的框架下设立了环境和气候变化分委会，以便于两国共同协商并处理与环境和气候变化相关的问题。同时，巴西表示愿意主办第 30 届联合国气候变化大会（COP30），并获得了中国的明确支持。这一举措进一步巩固了中巴两国在气候变化领域的合作，展现了双方共同致力于推动全球环境保护和气候行动的决心。[①] 5 月，中国国家开发银行向桑坦德（巴西）银行提供了 6 亿美元的授信项目，主要用于支持巴西的风能、太阳能、水电等可再生能源领域企业，进一步深化了两国在可持续发展领域的合作。6 月，中广核巴西能源控股有限公司在巴西巴伊亚州新坦基市建设的 180 兆瓦风电项目正式投产。该项目利用巴西丰富的风能资源，降低了对有限自然资源的依赖，减少了大气污染和温室气体排放，提升了能源的安全性和稳定性，推动了绿色发展。这一项目的实施也有助于改善基础设施，吸引投资，创造就业机会，进而促进了巴西经济的发展。此外，可持续的能源供应也为卢拉总统实现"再工业化"目标提供了坚实的支撑。

未来随着可持续能源技术的成熟和规模效应的实现，相关能源的成本将逐渐降低，制造业的生产成本也将大幅降低，从而提高产业竞争力，有利于构建更加现代化和可持续的产业结构。此外，中国车企比亚迪宣布在巴西卡马萨里市投资建设三大工厂组成的大型生产基地综合体，总投资达 30 亿雷亚尔，将助力巴西新能源乘用车生产。这一举措有助于推动新能源汽车在巴西的普及，为当地的环境保护和可持续发展做出贡献。

---

① "CIPÓ: Declaração conjunta reforça compromisso de Brasil e China com a pauta ambiental e climática"，https：//plataformacipo. org/clima - estrategia - internacional/declaracao - conjunta - reforca-compromisso-de-brasil-e-china-com-a-pauta-ambiental-e-climatica/.

佛得角共和国

李诗悦*

摘　要：　2022~2023 年，佛得角国内政局稳定，两大主要政党完成党内选举。疫情后经济实现快速复苏，2022 年 GDP 同比增长 17.7%；年通胀率达到 7.9%，是过去 20 年来最高水平；公共债务存量占 GDP 比重大幅下降，但仍高于疫情前水平；对外贸易规模同比增长 25.4%，贸易逆差明显。各项社会发展指标排在非洲前列，失业率和贫困率明显下降，公共卫生服务水平不断提高，在抗击新冠疫情和疟疾方面取得积极成效。中佛关系方面，两国在农业、教育、海洋经济等领域合作持续深化，为中佛关系发展注入新动力。

关键词：　佛得角　政局稳定　疫后复苏　中佛合作

2022~2023 年，在新冠疫情危机的考验下，佛得角国内政局继续保持稳定。随着疫情防控形势持续向好，在旅游业全面回暖的拉动下，佛得角国民经济呈现恢复态势，经济社会发展主要指标回升向好，展现出较强的发展韧性。

一　政治形势

佛得角政治局势长期稳定。自 1990 年实行多党制以来，地方政府选举、议会选举和总统选举定期举行，两个主要政党争取民主运动（以下简称"民运

---

* 李诗悦，北京外国语大学葡萄牙语专业硕士，国家开发银行国际金融事业部职员。

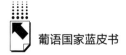

党")和佛得角非洲独立党(以下简称"独立党")和平轮替。最近一次地方政府选举于 2020 年 10 月举行,在全国 22 个市政府中,民运党赢得 14 个市政府,独立党赢得 8 个市政府。本届议会于 2021 年 4 月选举产生,民运党获得 72 个议席中的 38 个议席,再次成为议会第一大党,党主席若泽·乌利塞斯·科雷亚·席尔瓦(José Ulisses de Pina Correia e Silva)连任总理,并于同年 5 月组建新政府。2021 年 10 月,佛得角举行总统选举,来自独立党的若泽·马里亚·佩雷拉·内韦斯(José Maria Pereira Neves)以 51.7% 的得票率当选为新一届总统。

佛得角民运党在全国范围内拥有 2.81 万名注册党员,在海外侨民中拥有 0.44 万名注册党员,现任党主席为佛总理若泽·乌利塞斯·科雷亚·席尔瓦,于 2023 年 4 月第四次连任该党主席,承诺要带领民运党赢得下一届地方政府选举和议会选举。佛得角独立党在全国范围内拥有 3.19 万名注册党员,在海外侨民中拥有 0.16 万名党员,现任党主席为前议会事务部长(2011~2014年)、前国防部长(2014~2016 年)鲁伊·门德斯·塞梅多(Rui Mendes Semedo),于 2021 年 12 月当选,承诺任内将致力于国家结构降本增效、提升公共服务水平、推动教育系统改革以及提高卫生健康供给质量等工作。

根据非政府组织"透明国际"发布的 2022 年全球清廉指数,在参与排名的 180 个国家和地区中,佛得角以 60 分排第 35 位,较上一年提升了 2 位。在葡语国家中排在第 2 位,仅次于葡萄牙(62 分,第 33 位);在所有非洲国家中同样居于第 2 位,仅次于塞舌尔(70 分,第 23 位)。该指数主要反映全球各国商人、学者及风险分析人员对世界各国腐败状况的观察和感受。根据世界银行发布的《2023 年非洲国家政策与制度评估》报告,2022年佛得角国家政策与制度评估(CPIA)总体得分为 3.9 分(满分为 6.0分),高于有资格接受国际开发协会(IDA)优惠贷款的所有撒南非洲国家平均分(3.1 分)。佛得角在分项"公共部门管理和机构"下的得分为 4.0分,其中 5 个子指标的得分分别为:"公共部门的透明度、问责制和腐败"4.5 分,"预算和财务管理质量"3.5 分,"产权与法治"、"财政收入使用效率"和"公共行政质量"均为 4.0 分。该指标是世界银行基于良治原则而构建的评估发展中国家国内制度发展水平和决策科学水平的关键变量。

二 经济形势

2022 年佛得角疫后经济复苏进展良好，旅游业复苏速度快于预期，酒店餐饮、运输仓储、贸易和维修等领域表现强劲。佛得角中央银行公布的数据显示，2022 年佛得角 GDP 同比增长 17.7%，远高于 2021 年的 6.8%，超过疫情前的水平。侨汇是佛得角国民收入的重要来源，2022 年佛得角侨汇达到 299.8 亿埃斯库多，较 2021 年增长 14.8%，占当年 GDP 的比重为11.3%，其中美国、葡萄牙和法国为前三大侨汇来源国。由于俄乌冲突引发国际大宗商品价格大幅上涨，2022 年佛得角通胀率高达 7.9%（佛得角国家统计局数据），为过去 20 年来最高水平，其中食品通胀率达到 15.7%，能源通胀率达到 23.8%。财政方面，由于税收收入增加和公共投资支出下降，2022 年佛得角财政赤字占 GDP 比重由 2021 年的 7.4% 下降至 4.0%。公共债务方面，佛得角公共债务占 GDP 比重是撒南非洲地区最高的。根据佛得角中央银行公布的数据，2022 年佛得角公共债务存量占 GDP 比重为128.3%，较 2021 年的 151.2% 下降明显，但仍高于新冠疫情暴发前的水平。[1]

对外贸易方面，根据英国经济学人智库国别数据，2022 年佛得角进出口总额为 13.0 亿美元，较 2021 年增长 25.4%，其中，出口总额为 2.8 亿美元，较 2021 年增长 58.0%；进口总额为 10.2 亿美元，较 2021 年增长18.7%。根据佛得角国家统计局数据，欧洲是佛主要出口目的地，占出口总额的 93.8%，其中西班牙是其最大出口目的国，占比为 54.7%，主要出口商品包括鱼制品、服装和鞋类，分别占出口总额的 70%、10.7% 和 5.9%；进口方面，欧洲是其主要进口来源地，占其进口总额的 67.8%，其中葡萄牙是其最大进口来源国，占比为 42.7%，主要进口商品包括燃料、肉类和

---

[1] "PIB cresce em 2022, em desempenho 'histórico', Dívida pública baixa", August 2, 2023, https://expressodasilhas.cv/economia/2023/08/02/pib-cresce-em-2022-em-desempenho-historico-divida-publica-baixa/87029.

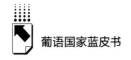

大米，分别占进口总额的 19.2%、4.0% 和 3.1%。①

随着疫后经济复苏，佛得角吸引外资规模显著增长。根据佛得角中央银行统计数据，2022 年佛得角吸引外商直接投资总额为 134.5 亿埃斯库多（约合 1.3 亿美元），较 2021 年的 85.0 亿埃斯库多增长 58.2%。其中，约 77.0 亿埃斯库多被投资于旅游和旅游房地产领域相关项目。2022 年佛得角前三大外资来源国是葡萄牙、意大利和安哥拉，投资额分别为 45.2 亿埃斯库多、3.7 亿埃斯库多和 3.0 亿埃斯库多；主要外商投资目的地是圣地亚哥岛、圣文森特岛和博阿维斯塔岛。②

旅游业是佛得角国民经济的支柱产业，旅游收入占其国民生产总值（GDP）的 1/4，被视为经济增长的最大引擎。根据佛得角中央银行数据，2022 年佛得角旅游人数达 78.5 万人次，同比增长 481.5%，恢复至疫前水平，旅游收入增长 209.7%。③ 其中，萨尔岛和博阿维斯塔岛是接待游客数量最多的两个岛屿，游客人数占比为 92.6%。英国成为佛得角最大游客来源地，占比为 36.6%，其次是德国、荷兰和葡萄牙。佛政府计划进一步扩大旅游市场需求，推动旅游目的地多元化和分散化，力争到 2026 年接待游客数量达到 126 万人次，其中约 40% 的旅客将前往萨尔岛和博阿维斯塔岛以外的岛屿。

佛政府将国有企业私有化视为优先事项，以期激发国有企业活力，降低财政债务风险，推动国家经济社会可持续发展。然而，受新冠疫情影响，多家国有企业私有化进程被迫推迟。随着疫后经济持续复苏，佛政府重新规划国企私有化时间表和路线图，加速推进国企私有化改革，计划在 2022~2026 年通过私有化、部分出售、特许经营和公私合营等方式降低国有资本在 9 家

---

① "Importações aumentam e exportações diminuem em 2022", January 31, 2023, https://expressodasilhas.cv/economia/2023/01/31/importacoes-aumentam-e-exportacoes-diminuem-em-2022/84178.

② "Investimento estrangeiro em Cabo Verde aumentou 8.5% e continua a ser liderado por Portugal", June 29, 2023, https://observador.pt/2023/06/29/investimento-estrangeiro-em-cabo-verde-aumentou-85-e-continua-a-ser-liderado-por-portugal/.

③ "Turismo em Cabo Verde cresceu 481.5% em 2022 para mais de 785 mil—banco central", August 2, 2023, https://www.sapo.pt/noticias/economia/turismo-em-cabo-verde-cresceu-481-5-em-2022_64cab85f194e9a3206dc239e.

国有企业中的股权比例，涉及金融、电信、电力、船舶、港口、航空、制药等多个领域。2022 年 7 月，世界银行表示向佛得角提供 1000 万美元资金以支持其国有企业私有化进程并给予技术支持，与佛政府合作制定清晰明确的私有化政策。

近年来，佛政府大力发展数字经济，积极推动数字化转型，将其视为推进中央和地方行政管理现代化、提升互联互通水平、改善营商环境以及提高企业工作效率和生产力的加速器。佛政府重视数字基础设施建设，根据佛数字经济部统计数据，佛得角网民规模超 46.6 万人，互联网普及率超过 80%。佛政府计划到 2026 年以数字方式提供公共服务比例达到 60%，并于 2030 年达到 80% 以上。目前，佛得角数字经济占 GDP 的 6%，佛政府有信心将其扩大至 25%。为扩大和改善佛得角岛际以及佛得角与欧洲、非洲西海岸国家之间的数字链接，欧盟承诺将通过全球门户计划向其提供 9200 万欧元资金支持，助力将佛得角打造为非洲数字中心。

佛政府将加速能源转型视为其施政优先领域，以期减少对化石燃料的依赖，降低国际能源价格波动对当地经济民生的影响，力争到 2025 年实现可再生能源发电量占比 25%，到 2030 年超过 50%，并于 2040 年达到 100%。此外，佛政府还承诺加快车辆电动化进程，计划到 2026 年 1/4 的政府采购公务用车为电动汽车，同时强调要加快推进电动汽车充电基础设施建设。佛政府与德国国际合作署开展合作，从 NAMA 基金会筹集 700 万欧元用于支持佛得角电动汽车推广计划，预计在 2022～2025 年为佛得角提供约 600 辆电动汽车和 100 个充电站。

三 社会形势

得益于稳定的政治局势，佛得角各项社会发展指标均排在非洲国家前列。根据联合国开发计划署发布的《人类发展报告 2021/2022》，佛得角 2021 年人类发展指数为 0.662，排第 128 位，较 2017 年下降 1 位，居非洲葡语国家首位，在非洲国家中仅次于博茨瓦纳（排名第 117 位）和摩洛哥

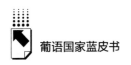

（排名第 123 位）。人类发展指数由健康长寿、知识获取和生活水平三部分构成，其中衡量健康长寿水平的人均预期寿命为 74.1 岁，衡量知识获取水平的成人平均受教育年限和学龄儿童预期受教育年限分别为 6.3 年和 12.6 年，衡量生活水平的人均国民总收入为 6230 美元。

佛得角人口以黑白混血的克里奥尔人为主，人口性别比例基本平衡，主要集中在普拉亚市、圣文森特市、圣塔琳娜市和萨尔市。根据佛得角国家统计局 2021 年人口普查数据，2021 年佛得角共有居民 49.1 万人，家庭户 14.8 万户，平均每户 3.3 人，通电人口超过 90%，近 75% 的居民可获得安全饮用水。① 值得注意的是，佛得角海外侨民众多，据佛得角侨民事务部统计，海外目前约有 200 万名佛得角侨民，相当于佛本土居民人数的 4 倍左右，主要侨居地为美国和欧洲国家。

就业方面，根据佛得角国家统计局数据，2022 年佛得角就业人口总数为 178016 人，就业率为 50.5%。按性别划分，男性就业人口为 141669 人，占就业人口总数的 54.4%，女性就业人口为 81210 人，占就业人口总数的 45.6%；按年龄段划分，25~34 岁和 35~64 岁年龄段的就业率最高，分别为 64.9% 和 64.8%，15~24 岁青少年的就业率为 25.6%；按区域划分，萨尔市和博阿维斯塔市就业率最高，分别为 65.1% 和 64.6%，其次是普拉亚市和圣文森特市，就业率分别为 55.3% 和 55.1%；按产业划分，第三产业吸纳劳动力最多，拥有 122346 个就业岗位，占就业岗位总数的 66.9%，第一产业和第二产业占比分别为 10.1% 和 23.0%。②

佛政府一直高度重视减贫事业。近年来，佛贫困人口数量显著下降，贫困率从 2000 年的 56.8% 降至 2019 年的 27.7%。受新冠疫情影响，佛得角支柱产业旅游业被迫中断，2020 年 GDP 萎缩 19.3%，贫困人口新增约 2 万人。随着疫后经济持续复苏，当地贫困人口数量有所减少。根据佛得角国家

---

① 《佛得角公布 2021 年人口普查最终数据》，中国驻佛得角共和国大使馆网站，2022 年 4 月 15 日，http://cv.mofcom.gov.cn/article/jmxw/202204/20220403305527.shtml。

② "Cabo Verde teve 12,1% de desemprego em 2022", March 31, 2023, https://expressodasilhas.cv/economia/2023/03/31/cabo-verde-teve-121-de-desemprego-em-2022/85102.

统计局数据，2022 年佛得角贫困率为 28.1%，较 2020 年的 31.3% 有明显下降，但仍高于新冠疫情出现前的水平；极端贫困率从 2015 年的 22.6% 下降至 2022 年的 11.1%。为消除极端贫困，佛政府制定《2022～2026 年消除极端贫困国家战略》，以期到 2026 年使佛得角成为西非地区第一个消除极端贫困的国家，具体措施包括支持可持续基础设施项目建设、大力扶持中小企业发展、创造更多就业岗位、提供教育和就业培训、向弱势群体提供生计援助等。①

在卫生领域，佛得角各项健康状况指标表现良好。根据联合国人口基金发布的《世界人口状况》报告，佛得角全民健康覆盖率为 69%，在葡语国家中排在第 3 位，仅次于葡萄牙（84%）和巴西（75%），在所有非洲葡语国家中居首位。此外，佛得角孕产妇死亡率为 42/100000，在葡语国家中仅高于葡萄牙（12/100000）。近年来，佛得角在抗击疟疾方面取得积极成效，是继毛里求斯和阿尔及利亚之后，第三个获得世卫组织无疟疾认证的国家。在抗击新冠疫情方面，佛政府携手各方积极应对公共卫生危机，大规模推进新冠疫苗接种。根据佛国家卫生局统计数据，佛得角约 90% 的人口完成了两剂新冠疫苗接种，是新冠疫苗接种率最高的非洲葡语国家。

四　中国与佛得角关系

中国与佛得角于 1976 年 4 月 25 日正式建立外交关系。建交 40 多年来，两国关系发展顺利，实现高层定期互访，双方在经贸、文化、教育、农业等多领域务实合作且不断深化。2018 年 9 月，两国签署共建"一带一路"合作倡议谅解备忘录，为中佛关系发展注入新动力。

中佛两国相距甚远，佛得角市场容量有限，因此双边贸易规模较小，且

---

① "Realizando Sonhos, Transformando Vidas：O Plano Ambicioso de Cabo Verde para Quebrar o Ciclo da Pobreza Extrema até 2026", October 12, 2023, https://www.worldbank.org/pt/news/feature/2023/10/12/realizing-dreams-transforming-lives-cabo-verde-ambitious-plan-to-break-the-cycle-of-extreme-poverty-by-2026.

以中方出口为主。2022 年中佛双边贸易额为 9298.5 万美元，同比增长 8.8%，其中出口额为 9296.5 万美元，进口额为 2 万美元。对佛投资方面，截至 2022 年底，中国企业对佛得角直接投资存量为 162 万美元。当前中佛经贸合作以中国对佛得角援助为主。2022~2023 年中国对佛援助主要包括：援佛得角社会住房项目、平安城市二期项目、海关现代化设备项目以及圣文森特岛明德卢医院产科大楼、巴普蒂斯塔·德索萨医院产科及儿科大楼、佛中友好协会总部办公大楼等成套项目援建；向佛提供多批粮食、药械、体育器材等物资援助，以及派出第 20 批援佛医疗队等。

农业是中佛传统合作领域。近年来，由于遭受干旱影响，佛得角食品价格大幅上涨。为缓解佛粮食安全风险，中国政府先后向佛得角提供多批粮食援助。2023 年 9 月，中方应佛方请求，继 2016 年、2017 年和 2019 年后再次同意为佛提供紧急粮食援助，佛政府承诺粮食援助将惠及最脆弱人群。[①] 同月，佛得角农业与环境部宣布重启受新冠疫情影响被迫推迟的联合国粮农组织—中国南南合作计划框架下的技术援助试点项目。该项目将历时 4 年，6 名中国专家将前往佛得角，在防治害虫、水土保持、农业生产和海藻养殖等领域提供技术支持。2023 年 11 月，在第二届中非农业合作论坛期间，中佛两国农业部长举行会晤，探讨加强农业生物多样性保护和利用等领域的合作，佛方表示愿与中方就共同感兴趣的领域缔结合作协议。

教育合作是中佛关系的重要组成部分，目前中文教育已被纳入佛得角国民教育体系。2021 年 12 月，佛得角大学孔子学院汉语言文学专业本科项目首届开学典礼在佛大新校区中心礼堂举行，该项目的成功开办为中佛人文领域交流合作再添新活力。[②] 2022 年 9 月，来自普拉亚市十余所中小学近百名青少年以视频方式参加由中国驻非盟使团、中国载人航天工程办公室、非盟

---

① 《驻佛得角大使徐杰出席向佛得角提供紧急粮食援助交接仪式》，中国驻佛得角共和国大使馆网站，2022 年 9 月 7 日，http://cv.china-embassy.gov.cn/sghd/202309/t20230906_11138872.htm。

② 《我校佛得角大学孔子学院汉语言专业本科首届开学典礼举行》，广东外语外贸大学新闻网，2021 年 12 月 23 日，https://news.gdufs.edu.cn/info/1002/92955.htm。

委员会共同主办的"天宫对话——神舟十四号航天乘组与非洲青少年问答"线上课堂活动,为佛青少年提供了解航天知识的宝贵机会。[①] 2023 年 6 月,中国驻佛得角大使徐杰出席 2023 年"汉语桥"世界大、中学生中文比赛佛得角赛区决赛并致辞,共 16 名选手参赛。[②] 2023 年 11 月,在联合国教科文组织第 42 届大会期间,中佛两国教育部长举行会晤,探讨深化两国教育合作相关事宜,特别是在教育数字化转型方面的合作。

海洋经济是两国合作的重点领域。2016 年,佛政府向中方提出圣文森特岛海洋经济特区规划项目技术援助请求,计划依托海洋资源形成以海洋活动为中心的产业链,以促进当地经济社会发展。2018 年中非合作论坛北京峰会期间,我国编制的《佛得角圣文森特岛海洋经济特区规划》(以下简称《规划》)正式移交佛方。《规划》提出了圣文森特岛海洋经济特区建设的基本理念、产业方向和政策框架,助力佛得角探索海洋经济发展新路径。佛政府表示期待实现圣文森特岛海洋经济特区建设与"21 世纪海上丝绸之路"有效对接,希望将中国作为圣文森特岛海洋经济特区建设的优先战略合作伙伴,学习中国特区建设和经济发展经验,并欢迎中国企业参与特区建设与运营。

---

① 《驻佛得角大使徐杰出席"天宫对话"佛得角线上课堂活动》,中国驻佛得角共和国大使馆网站,2022 年 9 月 7 日,http://cv.china-embassy.gov.cn/chn/sghd/202209/t20220912_10765277.htm。

② 《驻佛得角大使徐杰出席 2023 年"汉语桥"世界大、中学生中文比赛佛得角赛区决赛》,中国驻佛得角共和国大使馆网站,2023 年 6 月,http://cv.china-embassy.gov.cn/sghd/202306/t20230620_11101151.htm。

B.10

几内亚比绍共和国

宋 爽[*]

摘 要： 2022 年，几内亚比绍政局稳定，但总统、总理与议会之间依然存在意见分歧，军事政变的发生更引起国内各界担忧。随着疫情影响逐渐退去，该国经济恢复较快增长，政府出台措施促进腰果产业、渔业发展；由于出口下降、进口上升，贸易赤字大幅增加。为促进社会发展，几内亚比绍政府继续在卫生、医疗、教育、粮食供应、基础设施建设等方面做出努力，国际社会也提供了广泛的援助或融资支持。中国与几内亚比绍在政治、经贸、发展援助等领域的合作持续推进，在涉疆、涉台等问题上几比各界表达了对中方立场的支持。

关键词： 国内政治分歧 经济增长 国际援助 中几比合作

疫情结束后，几内亚比绍政府在分歧中推动国家发展，特别是加强了腰果产业的价格管制和渔业的国际合作，并在卫生医疗、粮食供应、基础设施等领域做出努力。国际社会继续为几内亚比绍的经济、社会发展提供支持，中国的援助项目推进顺利。

一 政治形势

几内亚比绍的政治体制仍在不断完善，总统、总理与议会之间的关系尚

---

* 宋爽，中国社会科学院世界经济与政治研究所助理研究员，研究方向为国际政治经济学。

未得到有效协调。2022 年 1 月，几内亚比绍总统乌马罗·西索科·恩巴洛（Umaro Cissoko Embalo）在参加新年活动时承认与议会存在紧张关系。他指出，议会必须致力于防止政治激进化，促进对国家利益问题的冷静辩论，而非使社会陷入动荡。总理努诺·戈梅斯·纳比亚姆（Nuno Gomes Nabiam）也承认其与国家元首保持着紧张关系，认为在巩固国家机构、民主进程和实现人民愿望方面仍然任重道远。[①] 2022 年 5 月 16 日，总统恩巴洛宣布解散议会，发布总统令，指出几比第十届全国人民议会同国家其他权力机构间存在"持续且不可调和"的分歧，全国人民议会以议员豁免权为名包庇被控犯有贪腐、渎职和盗用公款等罪行的议员，致使国家各权力机构间的正常关系变得几乎不可持续，并由此产生了严重政治危机。[②] 2023 年 6 月 4 日，几内亚比绍举行议会选举。6 月 7 日，国家选举委员会宣布反对派联盟（PAI-Terra Ranka）赢得 102 个议员席位中的 54 席，占绝对多数，将独立执政；总统恩巴洛所在政党（Madem-G15）赢得 29 个席位，社会革新党赢得 12 个席位，几比工人党赢得 6 个席位，人民团结大会—几比民主党赢得 1 个席位。[③]

2022 年 2 月，几内亚比绍发生军事政变，造成了短期的政治恐慌。2 月 1 日，一些大多着便装的武装人员攻入位于首都比绍的政府大楼，进行了持续 5~6 个小时的袭击，共造成 11 人死亡。当时，总统恩巴洛、总理纳比亚姆以及一些部长正在大楼内召开特别内阁会议。在军方及总统卫队的护卫下，恩巴洛和纳比亚姆等人安全撤离政府大楼。恩巴洛事后表示，此次未遂政变应来自那些反对他所做的各种决定的人，特别是在打击贩毒和腐败方面。这一被挫败的袭击发生在布基纳法索民选领导人被军人推翻约两周后，被认为是西非一系列政变中的最新一起。当日，西非国家经济共同体（西

---

① "PR Guineense Considera que país 'Reergueu-se ao Sair de Crises Cíclicas' em 2021", January 5, 2022, https：//www. rtp. pt/noticias/mundo/pr - guineense - considera - que - pais - reergueu - se-ao-sair-de-crises-ciclicas-em-2021_ n1374646.

② 《几内亚比绍总统宣布解散议会》，新华网，2022 年 5 月 17 日，http：//www. news. cn/2022-05/17/c_1128656091. htm。

③ "XI Legislatura：Novos Deputados Tomam Posse em 27 de Julho", June 23, 2023, https：//www. odemocratagb. com/? p=45012.

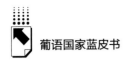
共体）委员会发表声明，对几内亚比绍此次未遂政变进行谴责。① 事后，来自陆军、海军和空军的士兵以及国民警卫队人员展开全面搜查，以寻找军事武器及参与此次未遂政变的武装人员。自 1974 年获得独立以来，几内亚比绍已经历了 4 次政变和 10 余次未遂政变。

政府内部的治理问题仍困扰着几内亚比绍，引发国内大规模罢工。2021年，该国最大的工会联合会几内亚比绍全国工人联盟（National Union of Workers of Guinea Bissau, UNTG）在公共服务部门发起罢工，要求政府解雇未经公开考试聘用的雇员，并将最低工资标准提高至 10 万西非法郎。2022年 1 月 6 日，公共服务部长图马内·巴尔德（Tumane Baldé）访问几内亚比绍全国工人联盟总部，与该组织秘书长胡利奥·门多萨（Júlio Mendonça）会谈，要求工会采取合作立场而非与政府进行对抗，提出暂停罢工 90 天。② 1 月 12 日，门多萨表示，如果政府不遵守改善雇员生活的要求，他们可能会重返罢工。在全国人民议会的协调下，几内亚比绍全国工人联盟向政府提交了 12 点要求，主要涉及遵守法律和改善公务员工资条件等方面。目前，几内亚比绍没有出台新的最低工资标准，执行的还是 1988 年的版本，几内亚比绍全国工人联盟认为国家有义务增加工资并提出了 95000 西非法郎（约合 144 欧元）的提议。③

2022 年，几内亚比绍的政治环境继续在全球居于后位。根据透明国际发布的 2022 年全球清廉指数，几内亚比绍得分为 22 分（满分 100 分），较2021 年提高 1 分，在 180 个国家中排第 158 位。该指数主要反映全球各国商人、学者及风险分析人员对世界各国腐败状况的观察和感受。根据世界银行

---

① 《几内亚比绍政府就未遂军事政变发表公报》，中国驻几内亚比绍使馆，2022 年 2 月 4 日，http://gw.china-embassy.gov.cn/chn/xwdt/202202/t20220204_ 10638643.htm。

② "Governo Guineense Pede 'Trégua de 90 Dias' aos Sindicatos", January 6, 2022, https://www.rtp.pt/noticias/economia/governo-guineense-pede-tregua-de-90-dias-aos-sindicatos_n1375050.

③ "Principal Central Sindical da Guiné-Bissau Admite Voltar à Greve se Governo não Cumprir", January 12, 2022, https://visao.pt/atualidade/mundo/2022-01-12-principal-central-sindical-da-guine-bissau-admite-voltar-a-greve-se-governo-nao-cumprir/.

的国家政策与制度评估（CPIA）数据库，2022 年几内亚比绍总体得分为 2.5 分（满分为 6.0 分），较 2021 年提高 0.1 分，在 74 个有分值的国家中排名第 66 位。其中，"公共部门管理和机构"项下有 5 个子指标，几内亚比绍在"公共部门的透明度、问责制和腐败"指标下仅得 1.5 分，在"公共行政质量""预算和财务管理质量""产权与法治"指标下均得 2.0 分，在"财政收入使用效率"指标下得 3.0 分，不仅距离满分有很大差距，而且显著低于西部和中部非洲平均水平。

二　经济形势

2022 年，几内亚比绍实现了较快速经济增长，预计在 2023 年将继续保持。根据英国经济学人智库（EIU）的数据，2022 年几内亚比绍的名义国民生产总值（GDP）为 18.2 亿美元，在 9 个葡语国家中排名第 8 位；GDP 实际增长率达到 4.7%，虽然较 2021 年下降 1.74 个百分点，但仍在葡语国家中排第 3 位；按购买力平价计算的人均 GDP 为 2480 美元，较 2021 年增长了 116 美元，在葡语国家中排名倒数第 2 位，仅高于莫桑比克。2022 年，几内亚比绍的通货膨胀率为 10.9%，较 2021 年上升 6.6 个百分点；预计 2023 年通货膨胀率将有所下降，降至 5.7%。从产业结构来看，农业占 GDP 比重仍然很高，工业占比较低。2022 年，农业产值约占 GDP 的 36.6%，农业就业人口占全国就业人口的 50.3%；工业产值约占 GDP 的 12.7%，工业就业人口占比为 10.6%；服务业产值约占 GDP 的 50.7%，服务业就业人口占比约为 39.1%。

对外经济联系方面，几内亚比绍在 2022 年的贸易赤字大幅增加，吸引外资显著增长。根据英国经济学人智库的数据，2022 年几内亚比绍商品贸易进出口总额为 5.59 亿美元，较 2021 年下降了 1150 万美元；其中，商品出口额约为 1.63 亿美元，较 2021 年下降了 5180 万美元；商品进口额为 3.95 亿美元，较上年增加了 4030 万美元。由于出口的大幅下降和进口的大幅上升，2022 年几内亚比绍商品贸易赤字达到 2.32 亿美元，较 2021 年增

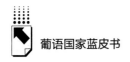

加了 1.6 亿美元。根据联合国贸发会议（UNCTAD）的数据，几内亚比绍在 2022 年吸引外商直接投资流量约为 2200 万美元，较 2021 年增加了约 300 万美元；吸引外资存量约 3.15 亿美元，较 2021 年增加了约 400 万美元。另外，几内亚比绍在 2022 年的外汇储备（不含黄金）为 3.82 亿美元，较 2021 年减少了 1.27 亿美元；西非法郎兑美元汇率为 623.76，较 2021 年贬值 11.1%。

为促进经济增长，几内亚比绍政府在腰果产业、渔业等领域出台了多项措施。根据非洲腰果联盟的数据，几内亚比绍是仅次于科特迪瓦的第二大腰果生产国，其产量约占世界坚果产量的 8%。该国腰果产量每年可达 35 万吨，官方出口约 20 万吨，为国库带来约 1.56 亿欧元的收入，是外汇收入的主要来源。2022 年 3 月，总理纳比亚姆表示，计划将腰果产业国有化，以提高行业产值并增加 GDP。他指出，一些外国商人利用腰果赚了很多钱，却并没有回馈给当地，该国的农业部门仍处于贫困之中。2022 年 4 月，几比贸易与工业部长谢尔诺·贾洛（Tcherno Djaló）表示，将严格执行当局设定的每公斤 375 西非法郎（约合 0.57 欧元）的腰果基本价格，低于此价格进行收购者将被撤销腰果收购许可证，以保障国家的经济利益以及家庭和经营者的收入。不过这一价格政策执行起来却面临挑战，在几比北部部分地区腰果的收购价格一直是每公斤 300 西非法郎，而当局并没有对收购者进行有效的监督和惩罚。这一方面是由于政府没有及时派出检查员到实地进行监督管理，另一方面也是因为存在收购商与政府官员勾结从事价格投机的行为。①

对于在经济中发挥重要作用的渔业部门，政府也积极采取措施以促进出口，并在此过程中获得了国际支持。2022 年 3 月，总理纳比亚姆表示，渔业部门也应当推进国有化，以使该国能够开始出口渔业产品。他提到与中方合作建设的板丁渔业码头项目，指出几比在 2~3 个月内就能实现鱼类产品出

---

① "Ausência de fiscais: produtores exigem cumprimento do preço base para a compra da castanha de cajú", May 5, 2022, https://www.odemocratagb.com/? p=37941.

口，这将为国家经济带来增加值。2022 年 4 月，渔业部长马里奥·西亚诺·法贝（Mário Siano Fambé）与欧盟就几比水产品出口欧盟资格认证进行协商，并就几比与欧盟渔业协议的修改进行探讨。双方于 2018 年 11 月 15 日在比绍签署渔业协议，协议为期 5 年（2019~2024 年）。此次几内亚比绍代表团与欧盟代表团在里斯本的会面，旨在讨论改进现有协议的一揽子提案，特别是关于几比鱼类产品认证的提案。① 2022 年 7 月，几比渔业部表示有迫切需要对国家水产品实验室进行认证、对工作人员进行培训，因为实验室发出的认证证书将是该国水产品出口欧盟的必要条件。2022 年 12 月，几内亚比绍政府与联合国粮农组织签署渔业发展援助协议，后者表示将协助几比建立水产品检疫中心，该机构已被欧盟承认为水产品检疫主管部门。几比政府将投资 1.6 亿西非法郎，用于推动国家水产品实验室建设和水产养殖的发展。②

为帮助几内亚比绍改善经济条件，国际货币基金组织（IMF）为其提供了融资支持。2022 年 11 月，国际货币基金组织代表团与几内亚比绍政府就信贷额度扩大方案达成共识，该方案为期 36 个月，将为几比提供约 3630 万美元的贷款。2023 年 1 月，国际货币基金组织董事会通过了前述信贷额度扩大方案，同意提供 3840 万美元贷款，并立即支付 320 万美元。剩余金额将在 36 个月内分期支付，在此过程中还将进行审查以监督几内亚比绍的经济改革进程。该信贷方案的目标是确保几比的债务可持续性，同时支持经济复苏、改善政府治理、减少腐败风险并创造财政空间以维持包容性增长。③ 2023 年 5 月 8 日，国际货币基金组织结束了对几内亚比绍扩展信贷计划的第一次审查，并发放了 316 万美元贷款。5 月下旬，国际货币基金组织展开第二次审查，主要对该国的预算执行、公务员工资、几比水电公司情况及政府财政改革等方面的情况进行评估。

---

① "Acordo de Pesca: ministro das pescas negocia com a união europeia a certificação do pescado nacional", April 24, 2022, https://www.odemocratagb.com/? p = 37633.

② "Ministro das Pescas: plano para desenvolvimento da pesca prevê inspeção de pescado reconhecido pela união europeia", November 29, 2022, https://www.odemocratagb.com/? p = 41862.

③ "Fmi aprova facilidade de crédito alargado para a guiné-bissau em mais de trinta milhões de dólares", January 31, 2023, https://www.odemocratagb.com/? p = 42799.

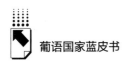
三　社会形势

2022 年，几内亚比绍的人口稳步增长，卫生、公共服务普及率仍然很低。根据世界银行的数据，2022 年几内亚比绍总人口为 207 万人；其中，城市人口约 94.84 万人，占比 45.04%；农村人口约 115.7 万人，占比 54.96%。相比 2021 年，该国总人口、城市人口和农村人口分别增长 2.48%、3.15% 和 1.39%，城市人口占比上升 0.42 个百分点。2022 年，几内亚比绍全国可享受基本卫生服务的人口比例为 27.84%，较 2021 年增加 0.11 个百分点；可享受基本饮用水服务的人口比例为 61.78%，较 2021 年增加 0.09 个百分点；可享受基本洗手设施的人口比例为 19.69%，较 2021 年增加 0.04 个百分点。根据《2022 年度"一带一路"国家基础设施发展指数报告》，几内亚比绍在 2022 年得分为 99 分，虽然较 2021 年提高 2 分，但是在 9 个葡语国家中仍排在最后一位，还有很大提升空间。

为帮助几内亚比绍改善卫生、医疗和教育条件，法国、欧盟等提供了国际援助或融资支持。2022 年 10 月，法国宣布为几内亚比绍提供 500 万欧元的预算支持，该笔款项将大部分用于支持卫生和教育部门的发展。法国政府要求这一预算支持能够达成一些目标，如与国际货币基金组织建立金融计划、减少国家工资和公共债务负担。[①] 2023 年 5 月，欧盟与几内亚比绍签署了两项价值 3800 万欧元的教育和城市发展领域融资协议。其中，1700 万欧元用于教育和职业培训，旨在加强教育和公共管理部门的治理模式和战略规划，同时也提高职业培训的质量，以及扩大职业培训和社会经济发展各个领域的青年就业机会；2100 万欧元用于绿色和包容性城市建设，主要包括加强部门治理、减少首都固体垃圾、改善其他城市的饮用水

---

① "França dá apoio orçamental à Guiné-Bissau de cinco milhões de euros", October 7, 2022, https: // www. sapo. pt/noticias/economia/franca-da-apoio-orcamental-a-guine-bissau-de-_63401b68ef39231af7249392.

供应和污水处理等，以改善当地生活条件。①

在粮食供应方面，几内亚比绍政府采取了积极举措，并且也得到国际多方的支援。该国计划成立跨部门协调机构并起草《2022～2024 年行动计划》，以改善目前粮食供需方面的缺口。2022 年 8 月，几内亚比绍农业部长马拉姆·卡萨马（Malam Cassamá）指出，国内现有可耕地面积达 130 余万公顷，但其中只有 30% 得到了常规利用。鉴于气候变化带来的风险以及市场全球化带来的价格活力，有必要采取措施减轻威胁并保护生产者收入。部分国家和国际组织也在积极帮助几内亚比绍应对粮食危机。联合国世界粮食计划署（WFP）在几内亚比绍为 9.6 万名孕妇和哺乳期妇女、5 岁以下儿童以及 6500 名接受艾滋病和结核病治疗的人提供营养支持；同时正在制订一项计划，为 17.3 万名学龄儿童提供热餐，并为女孩提供部分食物带回家，以鼓励她们留在学校。世界粮食计划署与中国建立了牢固的伙伴关系，其于 2022 年 5 月向几比 3 所特殊教育学校儿童派发的 1.1 吨大米，就由中国大使馆出资在当地购买。② 2022 年 11 月，塞内加尔政府向几比提供上千吨大米种子、500 吨花生、250 吨大豆、300 吨肥料及数台脱壳机器，价值约 30 亿西非法郎。2023 年 4 月，几内亚比绍政府启动粮食安全紧急支持项目（PAUSA），在未来 12 个月为农民提供种子、肥料和农业机械，预计将使 4.7 万人受益。该项目由几内亚比绍政府协调，由非洲开发银行资助约 660 万美元，将与世界粮食计划署联合实施。项目将直接支持该国所有地区的农民，其中约 70% 的受益人是妇女。③

2022 年，几内业比绍政府继续致力于基础设施建设，多个项目获得了国

---

① "UE e Guiné-Bissau assinam dois acordos de financiamento no valor de 38 ME", May 4, 2023, https：//24. sapo. pt/noticias/ue－e－guine－bissau－assinam－dois－acordos－de＿6453ba371c6c5f48d1353a25.

② "ONU distribui arroz, com apoio da China, a crianças guineenses com necessidades especiais", May 26, 2022, https：//visao. sapo. pt/atualidade/mundo/2022－05－26－onu－distribui－arroz－com-apoio-da-china-a-criancas-guineenses-com-necessidades-especiais/.

③ "Governo guineense lança projeto de emergência alimentar para apoiar 47 mil camponeses", April 25, 2023, https：//24. sapo. pt/noticias/governo－guineense－lanca－projeto－de－emergencia＿6447e2b1d7516548b757de3d.

际支持。在能源领域，几内亚比绍有望于 2022 年年底前为全国人民提供电力。2022 年 3 月，总理纳比亚姆表示冈比亚流域开发组织能源项目是几比投资额最高的工程，工程额达 2 亿美元。该项目覆盖几内亚科纳克里、几内亚比绍、塞内加尔和冈比亚，电力将在科纳克里的卡莱塔大坝生产，然后输送到这 4 个国家。① 在交通领域，几内亚比绍进行了多条公路的修缮和建设。2022 年 3 月，纳比亚姆为比绍城市道路修复项目奠基，该项目涵盖全国 4 个标段共 11 公里的公路，将在两年内完成。项目由承包商 General World 公司预先融资，随后由政府支付。2022 年 6 月，几内亚比绍获得世界银行 7000 万美元的融资，用以建设由比绍郊区萨芬延伸至塞内加尔边境 M'Pack 的公路。这条公路将改善该国北部地区的交通，并加强区域连通性，特别是与塞内加尔和冈比亚的连通。② 2022 年 11 月，公共工程、住房和城市化部就（比绍、巴法塔和加布）城市道路修复项目、萨芬–Jugudul 路段修复项目及 Tchetche 桥梁建设项目发布国际公开招标，资金由国家一般预算支持，但需由承包商预先融资。同月，欧洲投资银行（EIB）代表团会见几比财政部长，表示将为萨芬–M'Pack 公路修复项目提供 3500 万欧元的融资。

四 中国与几内亚比绍外交关系

中国与几内亚比绍继续在政治、经贸、发展援助等领域展开双边合作。在政治外交方面，两国在 2022 年没有开展高层领导互访。中国驻几内亚比绍大使馆为增进两国互信做出努力，几内亚比绍各界在一些国际问题上表达了对中方的支持。2022 年 3 月 21 日，驻几内亚比绍使馆和几比记者协会联合举办涉疆问题研讨会，几比国家电台、吉拉拉电台、《民主报》等当地主

① "PM espera fornecer até ao final do ano eletricidade a toda a população da Guiné-Bissau", March 9, 2022, https：//www. sapo. pt/noticias/economia/pm-espera-fornecer-ate-ao-final-do-ano_622905a1f62dcd6533bc15f1.

② "Banco Mundial e Guiné-Bissau assinam acordo de financiamento para estrada até ao Senegal", June 22, 2022, https：//www. cmjornal. pt/mundo/africa/detalhe/banco - mundial - e - guine - bissau-assinam-acordo-de-financiamento-para-estrada-ate-ao-senegal.

流媒体记者代表以及几比主要伊斯兰教宗教团体负责人等共约 30 人与会。郭策大使向与会者简要介绍了新疆维吾尔自治区的基本情况，并结合自身经历讲述了新疆各民族团结一致、和睦相处的感人故事。几比记者代表表示，中国政府十分重视保障新疆维吾尔族等少数民族的生存和发展权利；还呼吁几比媒体拓宽信息来源，以更加全面真实地了解新疆、了解中国。几比伊斯兰教宗教团体负责人表示，伊斯兰文化已在中国广泛传播，中国的宗教信仰自由充分受到尊重和保护。[①] 2022 年 8 月 4 日，中国驻几内亚比绍使馆举行记者会，使馆政务参赞李锋就美国国会众议长佩洛西窜访中国台湾地区阐明中国政府的严正立场，几比国家电视台、国家电台、国家通讯社、《民主报》和《前进报》等主流媒体代表悉数到场。几内亚比绍外长巴尔博萨专门委派几比外交部对外政策总司长贾洛出席记者会，重申对一个中国原则的坚定支持。几比各界人士纷纷反对并谴责佩洛西窜访台湾，表示佩洛西此举是对中国的严重挑衅，更是对地区乃至世界和平稳定的严重破坏，重申支持一个中国原则，支持中方为维护国家主权和领土完整采取的正当举措。

在经贸关系方面，2022 年中国对几内亚比绍出口大幅下降，直接投资显著增长。中国与几内亚比绍的双边贸易，以中国向几比出口商品为主。中国海关总署资料显示，2022 年 1~12 月，中国与几内亚比绍进出口商品总值为 5651.8 万美元，同比下降 36.3%；其中，中国自几内亚比绍进口额为 0.3 万美元，同比上升 130.7%；对几内亚比绍出口额为 5651.6 万美元，同比下降 36.3%。2022 年 11 月，中国国务院关税税则委员会公布，自 2022 年 12 月 1 日起，对原产于几内亚比绍等 10 个最不发达国家的 98% 税目产品实施零关税，此举有利于践行互利共赢的开放战略，推动建设开放型世界经济，支持和帮助最不发达国家加快发展。[②] 另外，根据《2022 年度中国对外

---

① 《驻几内亚比绍使馆和几比记者协会联合举办涉疆问题研讨会》，中国驻几内亚比绍使馆，2022 年 3 月 23 日，http://gw.china-embassy.gov.cn/chn/xwdt/202203/t20220323_ 10654603.htm。

② 《中国给予几比和圣普等国 98% 税目产品零关税待遇》，中国—葡语国家经贸合作论坛（澳门）常设秘书处，2022 年 11 月 14 日，https://www.forumchinaplp.org.mo/zh-hans/economic_ trade/view/2265。

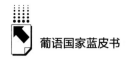

直接投资统计公报》，2022 年中国对几内亚比绍的直接投资流量为 81 万美元，显著高于 2021 年的 8 万美元；对几内亚比绍投资存量为 2506 万美元，较 2021 年增长 3.34%。

发展援助仍是中国与几内亚比绍合作的重要方面，涉及交通、医疗等领域。2022 年 2 月 10 日，郭策大使考察中国援几比西非沿海公路比绍至萨芬路段项目的施工情况。该项目自 2021 年 8 月 17 日开工以来进展顺利，已完成路基土方工程约 7 万立方米，水泥混凝土拌合站、水泥稳定碎石拌合站、沥青混凝土拌合站等建设正在按计划稳步推进。2022 年 3 月 4 日，中国政府援几比药械交接仪式在几比首都中几比友谊医院举行。几比武装部队副总参谋长图雷、国防部祖国解放战士国务秘书尼亚加在致辞中高度赞扬了中国医疗专家们为几比医疗卫生事业发展做出的积极贡献，并感谢中国政府一直以来为几比经济社会发展提供的无私帮助。3 月 25 日，中国政府援几内亚比绍政府议会大厦维修项目举行开工仪式。几比副议长平托和工程部长福布斯代表总理、总统、政府和人民感谢中国政府自独立战争以来对几比各领域的无私援助和支持，表示议会大厦维修项目对几比的繁荣、进步和发展意义重大。4 月 22 日，郭策大使与纳比亚姆总理一同视察中国援几比西非沿海公路比绍至萨芬路段项目。纳比亚姆称中国援助建设的比绍至萨芬路段公路是几比至今等级最高的公路，将成为几比公路建设的标杆。2022 年 10 月 26 日，中国派驻几内亚比绍第 18 批医疗队圆满完成任务，第 19 批医疗队进驻。郭策大使充分肯定了第 18 批医疗队全体队员的工作，尤其在疫情期间勇于担当，圆满完成了援外医疗任务，为中几比抗疫和医疗卫生合作做出了巨大努力，并希望第 19 批医疗队继续发扬中国援外医疗队精神，再创中几比医疗卫生合作佳绩。①

---

① 《驻几内亚比绍大使郭策为我援几比医疗队送老迎新》，中国驻几内亚比绍大使馆，2022 年 10 月 27 日，http://gw.china-embassy.gov.cn/chn/xwdt/202210/t20221027_ 10792918.htm。

B.11
赤道几内亚共和国

李紫莹　张峻溢*

摘　要： 赤道几内亚共和国是葡语国家共同体中唯一以西班牙语作为第一官方语言的国家，现任总统奥比昂一手缔造了现代赤几，自其执政以来，赤几政治环境一直处在相对稳定的状态。从 2014 年至今，国际油价下降对赤几这类资源型国家经济发展造成了深刻影响，为改变单一的经济结构，赤几政府提出 2035 年国家发展战略，将产业升级转型提上工作日程。近年来，随着与葡共体各国合作的不断深入，赤几在国际社会中的影响力持续增强。与此同时，中国与赤几的双边贸易额不断提高，合作前景更加广阔。

关键词： 赤道几内亚　奥比昂　石油资源　2035 年国家发展战略

赤道几内亚素有"几内亚湾明珠"的美誉。2023 年 2 月，奥比昂总统就任，开始其最后一个长达 7 年的执政任期。由于工业上过度依赖能源产业，2023 年赤道几内亚财经和货币整体下行，经济面临较大压力。自 1970 年 10 月 15 日与华建交以来，两国全面合作伙伴关系深入发展，政治互信不断加深，各领域合作成果丰硕，成为中非友好合作关系和大小国家一律平等相待的典范。

一　国家概况及与葡共体的渊源

赤道几内亚共和国（以下简称"赤几"）位于非洲中西部，靠近赤道

---

* 李紫莹，教授，博士生导师，北京外国语大学西班牙葡萄牙语学院副院长；张峻溢，山东青年政治学院教师，安第斯国家研究中心副主任。

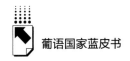

线，国土由大陆和岛屿两部分组成，面积约 2.8 万平方公里，西临几内亚湾。赤几属热带雨林气候，4~10 月为雨季，月最大降水量可达 500 毫米。赤几首都马拉博地处比奥科岛北部，最大城市及经济中心巴塔位于赤几大陆地区西海岸。全国共划分成 7 个省、18 个区和 30 个市。赤几北部与喀麦隆接壤，东部、南部与加蓬毗邻，向西与圣多美和普林西比、尼日利亚隔海相望。截至 2022 年年底，赤几人口约 155.8 万人，人口自然增长率为7.9‰，[①] 主要民族为芳族、布比族，大部分民众信仰天主教。

赤几曾先后被葡萄牙、西班牙殖民统治。葡萄牙于 1471 年首先发现几内亚湾的岛屿，并将其经营为贩卖黑奴的中转站。1493 年与西班牙签订《托尔德西利亚斯条约》后，葡萄牙虽获得了"教皇子午线"以东的区域，但并未对赤几开展大规模的殖民建设。1776 年，布宜诺斯艾利斯总督塞瓦略斯向占领巴西的葡萄牙军队开战，后者战败并提出休战。1778 年 3 月 11日，西班牙与葡萄牙签订《帕尔多条约》，葡萄牙正式将比奥科岛、安诺本岛和奥果韦河口至尼日尔河口的海岸线割让给西班牙。自此，赤几正式成为西班牙殖民地，西班牙也重新开展对赤几的殖民掠夺。二战后，出于国际社会压力和自身利益考量，1963 年 12 月 20 日，弗朗哥正式签署《赤道几内亚自治法》，确定赤几独立自治的政治权利。1968 年 9 月 22 日，赤几正式举行第一次总统选举，弗朗西斯科·马西埃·恩圭马担任首任总统，赤几正式宣告独立。1979 年 8 月 3 日，现任总统特奥多罗·奥比昂·恩圭马·姆巴索戈发动"自由政变"，结束了马西埃的独裁统治，完成政权交接，新政府很快得到国内外的一致承认。

赤几是中部非洲经济与货币共同体、法语国家组织成员。在奥比昂发动"自由政变"后，法国是最先承认新政权的国家之一。为尽快摆脱前总统马西埃带来的统治影响，推动国家尽快走出经济困境，赤几曾向西班牙政府表示希望使用比塞塔作为其法定货币。遭到拒绝后，又向法国求助申请加入法郎区。最终，在法国的支持下，赤几于 1983 年加入中部非洲关税和经济联

---

① INEGE, *Guinea Ecuatorial en Cifras 2023.*

盟，1985 年中非金融合作法郎在赤几正式流通，1985 年赤几加入法语国家
组织，1997 年正式宣布法语为第二官方语言。

赤几是葡语国家共同体成员。以西班牙语国家为主要成员的区域经济、政治合作组织，如伊比利亚美洲国家组织等，多围绕欧洲—拉丁美洲设立，远在非洲的赤几只能望洋兴叹。此外，赤几于 20 世纪 70 年代、90 年代两度与西班牙交恶，为尽快推动多边外交发展，赤几积极谋求加入葡语国家共同体，2010 年 6 月，赤几申请成为葡语国家共同体正式成员；① 同年 7 月 20 日，奥比昂签署法令，正式将葡萄牙语作为本国的第三个官方语言，② 扫清了加入葡共体的最后一个障碍；2014 年 7 月，奥比昂总统赴东帝汶出席第 10 届葡语国家共同体首脑会议，会议宣布赤几成为葡共体第 9 个成员。③

二　政治发展

现任总统奥比昂是目前世界范围内在任时间最长的非君主制国家的国家元首。2022 年 11 月 26 日，在其发动的总统、议会和市政"三合一"提前选举中，他以 94.9% 的绝对选票优势连任总统，任期 7 年。

赤几在 1968 年正式独立后，由第一次总统大选获胜者马西埃担任首任总统。由于受到宗主国时任统治者弗朗哥的军事独裁影响，马西埃逐步加强政治集权，最终发展成为独裁统治，并受到国际社会孤立。1979 年 8 月 3 日，时任国家革命人民武装力量副部长的奥比昂发动"自由政变"成功，

① Missão da CPLP à Guiné Equatorial，https：//web. archive. org/web/20111212105328/http：//www. cplp. org/Default. aspx？ ID = 316&M = News&PID = 304&NewsID = 1635，accessed：2024-04-15.

② Guiné-Equatorial anuncia o português como língua oficial do país，https：//web. archive. org/web/20120112091918/http：//www. africa21digital. com/noticia. kmf？ cod = 10390803&canal = 401，accessed：2024-04-15.

③ X conferência de chefes de estado e de governo da comunidade dos países de lígua portuguesa，Declaração de Díli，https：//web. archive. org/web/20140726131715/http：//www. cplp. org/id-316. aspx？ action = 1&newsId = 3294&m = newsv2&pid = 304，accessed：2024-04-15.

从而取代马西埃成为赤几最高权力统治者。新政权在国内的一系列政治举措使其在短时间内获得了国际社会的承认，奥比昂也积极带领赤几融入国际社会，着力推动赤几经济发展，逐步开启赤几民主化进程。

1986 年 7 月 4 日，奥比昂建立赤道几内亚民主党；1992 年 1 月 8 日，奥比昂颁布了具有自由主义色彩的政党组织法，为实行多党制铺平了道路。截至目前，赤几共有 17 个合法政党。然而，自多党制建立以来，赤几民主党在 1993 年、1999 年、2004 年、2008 年、2015 年、2022 年六次选举中均获压倒性多数席位，一直处在执政党地位，反对党力量十分薄弱，对赤几民主党的执政地位尚不构成威胁。奥比昂在组建政府时，也会吸收反对党人士参政，从而达到其加强团结、巩固统治的目标。

2011 年 11 月，赤几举行全民公投，通过了以限制总统任期、设立副总统职位和参议院等为主要内容的宪法改革方案。新宪法规定，总统最多可以连任两届，每届任期 7 年。奥比昂于 2023 年 2 月就职后，将开始其最后一个执政任期，依照宪法，他将于 2030 年卸任。同大多数非洲国家相似，赤几的政治权力集中在以恩圭马为代表的少数家族手中。现任副总统特奥多罗·恩圭马·奥比昂·曼格为总统奥比昂之子，也是外界所猜测的下一任总统人选。此外，诸如武装部队总监、国家政府部门负责人、驻外大使等重要岗位，均由恩圭马家族人员担任。[1]

自执政以来，奥比昂已挫败多起以颠覆政权为目的的政治叛乱。20 世纪 90 年代赤几发现石油资源，一跃成为非洲经济增长最快的国家之一，这进一步巩固了奥比昂在赤几的执政地位。奥比昂总统在赤几受到很多民众的拥护，其宣传海报在大街上随处可见，其政权亦存在家族势力的特点。家族统治也带来一系列问题，如政治贪腐、任人唯亲、暗箱操作等。高度集权的政治体制、居高不下的基尼系数以及低下的政府工作效率时常引得世界关注，赤几因人权、民主问题不时遭到西方国家的批评与质疑。[2] 奥比

---

[1] El gobierno de la República de Guinea Ecuatorial, http：//www. guineaecuatorialpress. com, accessed：2024-01-29.

[2] BTI 2022 Country Report.

昂总统之子、现任副总统曼格在法国被判贪腐罪，也受到外界诸多批评，他能否平稳接收奥比昂的政治遗产将直接影响到赤几的社会安定与发展走向。

三　经济发展

赤几曾为农业国，也是非洲最不发达的国家之一，林业与渔业是其经济支柱。20世纪90年代，在美国公司的帮助下发现油气资源后，赤几经济开始高速发展。1997~2004年年均经济增长率达31.9%，2012年人均GDP突破2万美元，居非洲第一位。自2014年以来，受国际油价下跌影响，经济连续出现负增长。近年来，随着国际油价回升，以及受到俄乌冲突、加沙冲突等地缘战争影响，GDP呈现正增长态势（见图1）。

目前，赤几单一经济结构现状并未得到改变。根据2022年赤几国家统计局有关数据，可燃油类及其衍生物仍是该国最主要的出口、盈利产品，占比达90%（见图2）。进口方面，船舶、水上器材，大型机器、发动机以及电子产品分列进口产品总额的前三位（见图3）。

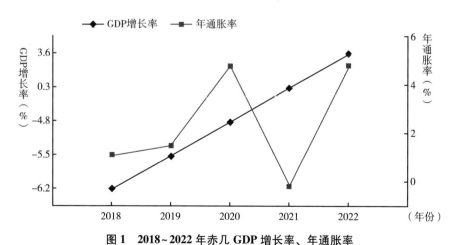

图1　2018~2022年赤几GDP增长率、年通胀率

资料来源：世界银行。

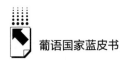
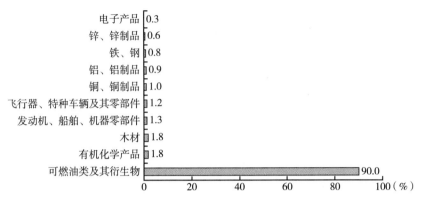

图 2　2022 年赤几出口额占比排前十位的产品

资料来源：赤几国家统计局。

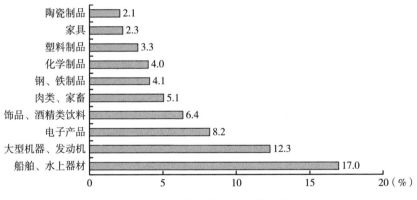

图 3　2022 年赤几进口额占比排前十位的产品

资料来源：赤几国家统计局。

　　为摆脱对油气产业的过度依赖，2021 年 5 月，赤几政府颁布政令，宣布实施"2035 经济社会发展远景规划"中的《赤几 2035 日程》国家可持续发展战略，希望利用石油收入扶持农业、渔业、中小型工业、金融服务业、通信业、航空业、教育、卫生、旅游等其他行业的发展，努力推动经济发展转型升级。2023 年 11 月，赤几国家发展署发布《赤道几内亚：机遇之国》手册，邀请国际投资者关注赤几 2035 年国家发展战略，以及与经济多元化相关的蓝色经济、绿色经济、黄色经济、数字经济和旅游经济等投资机遇，并承诺在电力、道路、深港、移动网络和高速电信、饮用水分配系统和初级卫生保健等领域提供更完备的基础设施，推动产业现代化、提高生产效率。

在新冠疫情防控期间，赤几的进出口贸易受到较大影响，2020 年出口额、2021 年进口额更是达到近 5 年最低点（见图 4）。2023 年 4 月 20 日，总统奥比昂召集各部门负责人，要求外交、国际合作与侨务部推进领事服务数字化，财政与预算部打击腐败，矿产与石化部实施天然气枢纽二期和三期工程以进一步提振油气经济，公共工程、住宅与城市规划部启动国家二级公路维护和清洁以及在农村地区打井供水，农业、畜牧业与农村发展部保障食品安全，渔业与水资源部推进手工捕鱼、渔业养殖和渔业专业培训，文化、旅游与手工业促进部通过在线签发旅游签证振兴旅游业发展。

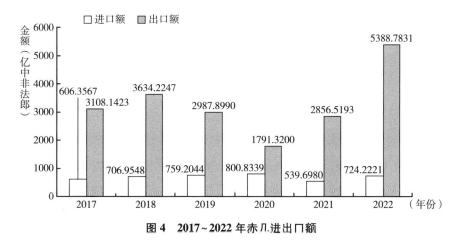

图 4　2017~2022 年赤几进出口额

资料来源：赤几国家统计局。

赤几与美国、西班牙、印度等国家均有大规模贸易往来。中国已连续多年成为赤几最大的贸易伙伴（见表 1）、第一大工程承包方，两国在基础设施、通信、农业等领域的务实合作蓬勃开展，双边贸易额不断增长。截至2022 年年底，中国企业对赤道几内亚直接投资存量达 2.31 亿美元。中国主要从赤几进口石油、天然气及木材等初级产品，主要出口石油开采设备、机械及组装零件、日用百货等加工产品。

表 1　2021~2022 年赤几进出口贸易合作排前十位的国家及金额统计

单位：亿中非法郎

排名	2021 年				2022 年			
	出口情况		进口情况		出口情况		进口情况	
	国家	金额	国家	金额	国家	金额	国家	金额
1	中国	673.9299	西班牙	106.9172	中国	945.8592	中国	143.9182
2	印度	474.0973	中国	68.7628	西班牙	944.6972	西班牙	105.3842
3	西班牙	445.5182	尼日利亚	64.6587	印度	533.5166	尼日利亚	73.1957
4	韩国	202.7532	多哥	36.7348	意大利	427.8198	美国	72.6293
5	荷兰	167.2815	美国	28.5203	智利	339.7787	土耳其	30.6541
6	美国	156.3850	英国	22.6317	韩国	285.7094	安哥拉	24.3173
7	日本	89.5296	荷兰	20.2527	荷兰	273.4394	荷兰	23.3673
8	新加坡	83.0939	土耳其	18.9216	德国	232.5283	意大利	21.6169
9	加蓬	79.4583	韩国	14.4014	葡萄牙	228.1432	印度	19.1332
10	智利	74.0826	比利时	14.3269	美国	145.2574	英国	18.4639

资料来源：赤几国家统计局。

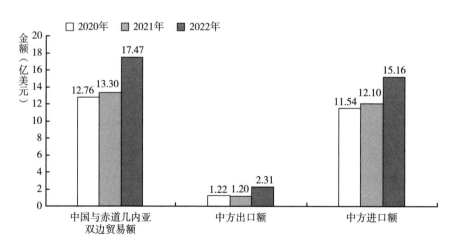

图 5　2020~2022 年中国与赤几双边贸易情况

资料来源：中华人民共和国商务部。

　　赤几国家统计局在对未来的经济展望中指出，在过去的 20 年里，国民经济活动一直依赖石油部门的表现。在未来几年，这种依赖性预计将继续存在，但依赖度不高。2022~2023年影响赤几经济表现的主要要素包括：提升提取和转化石油的能力，以扭转当前生产下降的趋势；反通货膨胀政策对贸易伙伴和国家出口石油产品的主要经济体产生的影响；国际地缘政治冲突的发展，特别是俄乌冲突；国内发展其他经济部门的能力，特别是那些已被识别为有潜力使国家经济增长来源多样化的部门。考虑到这些因素，赤几国家统计局报告认为，2023年全国GDP将再次出现衰退，预计GDP增长率为-1.5%，2024年衰退将加剧，预计GDP增长率为-6.6%，2025年GDP增长率预计约为-3.4%。未来几年国民经济活动的这种消极表现主要与石油生产的预测有关。根据矿产与石化部的预测，在该部门没有新投资的情况下，2023年的石油产量将下降4.6%，2024年下降28.4%，2025年下降18.4%。另外，2022年通货膨胀率达到5%，预计2023年平均通胀率降至3.5%，并在2024年和2025年恢复到中等水平，分别达到2.2%、2.3%，低于中非经贸共同体在其趋同标准框架内接受的临界值。在公共财政管理方面，考虑到2023年石油产量预计将下降约4.6%，预计财政赤字将远高于早前预计的2.7%，可能达到4%左右。根据中央银行的预测，2022年经常账户出现盈余后，由于石油出口减少，未来几年将再次呈现赤字。2023年经常账户余额约为GDP的-8.0%，2024年略微放缓至GDP的-7.8%，2025年可能将上升至GDP的近9%。[1]

四　教育与卫生[2]

（一）教育

赤道几内亚的教育体系结构分为四个层次：学前、初等、中等和职业教育、高等。中等和职业教育有两种模式：基础中等教育（ESBA）和高中教

---

① INEGE, *Perspectivas Macroeconómicas 2022-2025.*

② 本部分数据来源：INEGE, *Guinea Ecuatorial en Cifras 2023*。

育（Bach）以及技术和职业培训（FTP）。

关于教育基础设施的最新数据可追溯到 2020/2021 学年，学前教育机构的数量为 1017 所，其中公立学校占 59.1%。各省学前教育机构分布情况为：滨海省（30.2%）、北部比奥科省（21.3%）、基恩特姆省（17.9%）、韦莱恩扎斯省（15.3%）、中南部省（12.0%）、南部比奥科省（2.8%）、安诺本省（0.3%）和吉布罗霍省（0.2%）。在 2020/2021 学年，学前教育阶段注册学生人数下降到 48710 名，与 2019/2020 学年相比，降低了 7.6%。从性别上看，男性减少了 7.8%，女性减少了 7.4%。与整体入学趋势下降不同的是，女性学生占比上升至 49.9%。从各省来看，几乎所有省份的入学率都有所下降，只有基恩特姆省和吉布罗霍省例外，这两个省的入学率分别增长 4.3% 和 80.6%。另外，教师人数增加 7.4%，使学生与教师的比例从 2019/2020 学年的 18.9% 降至 2020/2021 学年的 16.3%。

初等教育方面，2020/2021 学年，小学数量为 961 所，58.4% 为公立学校，约 47.1% 位于农村地区。各省的小学分布情况如下：滨海省（30.9%）、北部比奥科省（21.7%）、基恩特姆省（16.3%）、韦莱恩扎斯省（15.2%）、中南部省（12.2%）、南部比奥科省（3.2%）、安诺本省（0.2%）和吉布罗霍省（0.2%）。与 2019/2020 学年相比，2020/2021 学年全国初等教育入学人数增长 0.7%，从 122742 人增至 123560 人。其中，61.1% 的学生就读于公立学校，公立学校的学生人均入学率比上一年增长 10 个基点，生师比达到 21.6。

中等和职业教育方面，与 2019/2020 学年相比，2020/2021 学年中学数量增加 22 所，从 261 所增至 283 所。公立学校数量下降 1.9%，私立学校数量增长 11%。总体而言，私立学校数量多于公立学校，在 2020/2021 学年，私立中学占比达到 82.3%。2020/2021 学年全国中等教育入学人数增长 10.0%，从 59269 人增至 65172 人。其中，64.3% 的学生就读于私立学校，私立学校的学生平均人数比上一年增长 10 个基点，生师比达到 19.5。从 2019/2020 学年到 2020/2021 学年，职业学校数量减少了 2 所。

值得注意的是，在学前、初等、中等和职业教育中，赤几的女生人数占

比基本保持在 50% 左右，但是高等教育中，女生人数占比明显下降。赤道
几内亚国立大学 2020/2021 学年注册人数为 7925 人，其中男生占比 60.1%，
女生占比 39.9%。比前三个学年有所增加。赤道几内亚国立大学和中非非
美大学根据学位划分教师，2020~2021 年数据显示，共聘有 1026 位教师。
其中 71.9% 拥有学士学位，16.5% 拥有硕士学位，6.5% 为医生，4.9% 为技
术人员。

（二）卫生

2022 年，赤几的公共卫生设施数量为 70 个，其中医院占 30.0%，其他
设施占 70.0%。2022 年，疟疾、沙门氏菌病和急性呼吸道感染是排名前三
的主要疾病。在 2022 年全国新发现的性传播疾病病例中，艾滋病毒、梅毒
和乙肝占 90.0% 以上。在这些疾病中，仅艾滋病毒就占 79.3%。2022 年，
51.0% 的艾滋病新发现病例为 14 岁以上女性。

2023 年 2 月 13 日，赤几卫生和社会福利部宣布本国发生马尔堡病毒病
疫情。截至 6 月 7 日，赤几大陆地区共报告 17 例确诊病例和 23 例疑似病
例。确诊的 17 例病例中死亡 12 例，23 例疑似病例全部死亡。6 月 8 日，在
连续两个潜伏期，即 42 天内没有报告新确诊病例之后，赤道几内亚卫生和
社会福利部宣布疫情结束。在此期间，世卫组织、美国疾病预防控制中心、
古巴医疗队、非洲疾病预防控制中心、红十字会与红新月会国际联合会和联
合国儿童基金会向赤几提供了医疗援助。

新冠疫情对赤几的经济发展同样带来巨大影响。根据世界卫生组织
2023 年 12 月 20 日最后一次更新的数据，赤几共上报确诊病例 17130 例，死
亡病例 183 例。

五 外交关系

赤几与非洲邻国保持较为良好的关系，同时各邻国也是赤几重要的食
品、生活用品进口国。20 世纪 70 年代初，赤几曾与加蓬发生领土争端，后

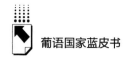

经非统组织调解，两国签订《友好睦邻协定》和《划分陆、海边界协定》。近年来，随着赤几近海发现石油，赤几积极同尼日利亚、加蓬、喀麦隆、圣多美和普林西比四个邻国围绕领海边界问题开展谈判。

自奥比昂总统执政以来，赤几积极融入国际社会，参与各种外交活动。2023 年 11 月 7 日，奥比昂总统主持在马拉博召开的非洲、加勒比和太平洋国家集团农业发展高级论坛开幕式。本届论坛主题是"释放中部非洲农业价值链的工业化和发展潜力：南南合作和三角合作"，旨在推动集团成员出台农产品支持政策和促进农业转型。

美国是赤几最大的外国投资来源国和主要贸易伙伴之一，赤几视美国为重要的合作伙伴。2021 年双边贸易额约为 3 亿美元。美国石油公司是赤几最大的投资者之一，在油气勘探和开采方面发挥着重要作用。赤几对美国的出口以石油产品为主。从美国进口的产品包括机械、钢铁产品、光学和医疗仪器、无机矿物和稀土矿物。持有美国护照的人可免签证入境赤几进行短期访问。2023 年 12 月，赤几驻美国大使克里桑托斯·奥巴马·翁多礼节性拜会美国国务卿安东尼·布林肯。会晤期间，克里桑托斯表示赤几愿与美国继续合作，另外，双方就美国企业继续参与赤几"2035 经济社会远景规划"进行交流。对此，克里桑托斯向布林肯保证赤几是"世界必须发现的一颗明珠"，并强调赤几文化丰富，在几内亚湾具有战略位置，营商环境良好且一直在为进一步吸引外资努力。布林肯保证，美国政府的大门将始终向赤几敞开。

在欧盟，受文化和历史等因素影响，赤几与西班牙、葡萄牙关系密切。赤几对美国和西班牙均提出提供防务培训支持以打击几内亚湾海盗的援助请求，希望与美西两国在打击几内亚湾海盗等共同关注领域加强防务培训等合作。目前，赤几和西班牙已在多个海湾防御领域开展合作，未来可能进一步拓展合作领域。2023 年 12 月 4 日，赤几外长奥约诺与葡语国家共同体经济与商业联合会主席内尔玛·费尔南德斯进行会谈，表示希望在葡语国家共同体中更受关注，希望通过经济与商业联合会以具体和切实的行动加强葡语国家共同体和赤几企业的合作。双方就即将实施的一揽子计划交换立场和观点，涵盖各类实验室、环保、渔业、水产养殖、技术与粮食、国家电力系统、可再生能源发电和旅游业等各方面。

六　中国与赤道几内亚关系

（一）政治关系

中华人民共和国与赤道几内亚共和国于 1970 年 10 月 15 日签署《中华人民共和国政府和赤道几内亚共和国政府建交公报》。此后，两国关系发展顺利。2015 年 4 月，赤几总统奥比昂访华期间，双方发表《中华人民共和国和赤道几内亚共和国关于建立全面合作伙伴关系的联合声明》，两国建立平等互信、合作共赢的全面合作伙伴关系。奥比昂总统对华友好，曾 10 次访华，最近一次是 2018 年 9 月来华出席中非合作论坛北京峰会。

赤几始终坚持一个中国原则。2024 年 1 月 13 日，针对中国台湾地区选举结果，赤道几内亚外交、国际合作与侨务部发表新闻公报，并在该部平台官方账号公开发帖，重申赤几政府一如既往坚定奉行一个中国原则，支持"一国两制"方针，支持中国实现完全统一和两岸关系和平发展。2024 年 1 月 18 日晚，赤几执政党民主党以该党创始主席奥比昂名义发表声明，重申该党坚定奉行一个中国原则，支持中国实现完全统一，反对某些国家干涉中国内政、阻碍中国和平统一进程的行径，呼吁台海两岸加强真诚对话，早日实现和平统一，呼吁国际社会遵守《联合国宪章》宗旨和原则，反对外部势力干涉和单边制裁，尊重他国主权。

2023 年 7 月 5 日，中国国家副主席韩正在北京会见赤道几内亚副总统曼格。韩正表示，自建交半个多世纪以来，中国和赤道几内亚始终肝胆相照、风雨同舟，友谊历久弥坚。在两国元首推动下，中赤几全面合作伙伴关系深入发展。中方始终视赤几为真诚朋友和可靠伙伴，将继续坚定支持彼此维护核心利益，加强治国理政经验交流，密切各层级友好往来，深化各领域务实合作，推动两国关系再上新台阶。当前形势下，中赤几团结弥足珍贵，

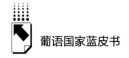

双方要更加旗帜鲜明地共同维护发展中国家正当权益，维护世界和平与发展。曼格表示，赤几同中国有着兄弟般情谊。衷心感谢中方率先驰援赤几抗击新冠疫情，两国传统友好进一步升华。赤几视中国为战略伙伴，将恪守一个中国原则，坚定致力于深化对华友好合作，愿同中方加强协调，捍卫《联合国宪章》宗旨和原则。

中赤几于 2005 年 10 月签署《关于互免持外交、公务和官员护照人员签证的协定》，2006 年 1 月起生效。2017 年 7 月 7 日，双方通过互换照会形式对上述协定进行修订，将免签范围扩大至中国持公务普通护照的公民和赤几持特别公务护照的公民，2017 年 8 月 6 日起生效。2014 年 6 月，驻巴塔总领事馆开馆。

2023 年 12 月 31 日，新任驻赤道几内亚大使王文刚抵赤几履新。2024 年 1 月 4 日，新任驻赤道几内亚大使王文刚向赤几总统奥比昂递交国书。

（二）经贸合作

在双边经贸关系和经济技术合作方面，中赤几签有经济技术合作协定和贸易协定，并设有经贸混委会，迄今共召开了五次会议。2023 年 1～11 月，中赤几双边贸易额为 13.11 亿美元，其中，中方出口额为 1.82 亿美元，进口额为 11.29 亿美元。我方在赤几工程承包企业 20 余家，主要承建电力、交通、住房等项目。

2022 年 4 月 10 日，中国—葡语国家经贸合作论坛（澳门）部长级特别会议成功举办，与会国部长发表声明，正式吸纳赤道几内亚成为该论坛第 10 个与会国，至此，赤道几内亚正式加入中国—葡语国家经贸合作论坛（澳门）。中葡论坛于 2003 年 10 月在澳门创立，是以经贸促进与发展为主题的多边经贸合作机制，旨在加强中国与葡语国家之间的经贸交流，发挥澳门联系中国与葡语国家的经贸平台作用，促进中国内地、澳门特区和葡语国家的共同发展。

赤几外交、国际合作与侨务部文化、司法与侨民事务司长恩苏埃于 2023 年 3 月 27 日率团访问澳门特别行政区，与赤几驻华大使埃夸共同出席

28 日举办的中国—葡语国家经贸合作论坛（澳门）常设秘书处第十八次例会，并分别与澳门特别行政区政府、中葡合作发展基金和澳门大学等机构负责人进行会谈。恩和埃表示，赤几社会稳定，氛围友好，适宜营商，为投资者提供了良好机遇，欢迎澳门私营部门到赤几投资兴业。赤几希望与中葡合作发展基金开展合作，拟提交相关融资项目建议书。

2023 年 5 月 2~5 日，中国援赤道几内亚马拉博电视中心第五期技术援助项目开展验收。项目验收组、技术组和驻赤几使馆经综合检查，共同评定项目绩效为最高的优良等级。该项目得到中赤几两国政府高度重视，是中方在全球发展倡议下践行习近平主席关于打造更加紧密的中非命运共同体重要讲话精神的务实举措。自 2021 年 5 月以来，项目技术组克服生活条件艰苦、新冠疫情肆虐和疟疾等热带疾病频发等困难，推动项目高质量实施并成为中赤几共同落实中非合作论坛第八届部长级会议成果的早期收获，为促进中赤几社会发展和人文等领域合作做出积极贡献。

2023 年 6 月 29 日至 7 月 2 日，第三届中非经贸博览会在中国湖南省省会长沙市隆重举行。此次中非经贸博览会以"共谋发展、共享未来"为主题，旨在推动中非经贸合作。赤几驻华使馆三等秘书埃多率团出席博览会开幕式和中非基础设施合作论坛等活动，多家中国企业表达了与赤几在基础设施领域开展合作的兴趣，彰显了中非合作的巨大潜力。

中国援建的中赤几友好医院项目移交签字仪式于 2023 年 7 月 13 日在赤几滨海省巴塔市举行。中赤几友好医院项目由中国电力建设股份有限公司承建、中国电子工程设计院有限公司负责管理。项目于 2020 年 11 月在赤几中南省涅方市开工，于 2022 年 11 月竣工。

据赤几政府官网 2023 年 12 月 6 日报道，当日在与能源部牵头的多部门委员会举行会议期间，赤几副总统曼格宣布，赤道几内亚政府与中国机械设备工程股份有限公司（以下简称"中设"）就马拉博燃气电厂的运维达成协议，并表示整个服务合同已经根据赤几法律进行调整，有效期为 12 个月，到期可更新，但 36 个月后将由赤几方自行运维。在达成协议后，中设提交

详细材料并在材料中强调去年拖欠的服务费。为此，曼格副总统已指示国库立即支付欠款并预付协议总服务费的30%。

（三）文化、教育、卫生等领域的合作

中赤几建交以来，两国在文化、教育、卫生等领域的交流与合作不断加强。

1982年两国签署文化合作协定，中国自1977年开始接收赤几奖学金生来华学习。2014年10月，中国国家汉办与赤几国立大学签署设立孔子学院合作协议。2015年5月，赤几国立大学孔子学院挂牌成立。2015年4月，奥比昂总统访华期间宣布将为云南省金平县捐建"中国—赤道几内亚友谊小学"，同年7月小学建设正式开工，2016年9月竣工。2023年4月20日，中国驻赤道几内亚使馆与赤几国立大学孔子学院在赤几儿童救助委员会多语种学校共同举办2023年"国际中文日"庆祝活动暨2022年度"中国大使奖"颁奖仪式，中国驻赤道几内亚使馆临时代办吉登华出席颁奖仪式。

1971年6月，两国签订关于中国政府同意派遣医疗队赴赤几工作的议定书，迄今中方已向赤几派遣了33批614人次医疗队，分别在马拉博和巴塔工作。

2023年9月14日，中国援外医疗队派遣60周年、中国援赤道几内亚医疗队派遣52周年纪念活动暨中国医疗队向马拉博地区医院捐赠药械仪式在赤几首都马拉博地区医院隆重举行。中国驻赤几使馆临时代办吉登华、赤几卫生和社会福利部国务秘书埃洛先后致辞，使馆负责经济商务工作的于新宇参赞、中国援赤几医疗队队长杨冰花和双方医护人员代表等出席。

B.12
莫桑比克共和国

张传红　吴董炜*

摘　要： 2022 年，莫桑比克政府积极应对疫情之后的多重挑战，实现了政治、经济、外交等方面的平稳发展。从国内政治经济发展状况来看，2022 年莫桑比克基本实现了国内政局趋向稳定、经济发展稳步提升的目标。在对外交往方面，莫政府积极推动全球伙伴关系，以天然气等能矿资源为抓手，以气候转型为契机，广泛开展国际合作，实现发展投融资与援助资金的稳步增加，对外贸易额也较以前有所增长。2022 年，中莫关系继续走牢走实，在政治交往、贸易投资、援助等各方面的合作关系不断加深。

关键词： 莫桑比克　政治　经济　外交　中莫关系

　　2022 年，逐渐走出疫情阴霾的莫桑比克共和国国内形势趋向平稳，纽西政府在政治、经济等方面积极应对挑战，保障国家安全，助力经济复苏。纽西总统于 4 月发表全国电视讲话宣布解除国家公共灾害状态，在保持国内防疫限制措施不变的同时，于 6 月进一步放宽入境限制。截至 2022 年 12 月 31 日，莫桑比克政府报告新冠肺炎确诊病例 230918 例，累计死亡病例 2229 例，病死率约为 1.0%，相较于 2021 年 1.1%的病死率有一定回落，总体报

---

* 张传红，中国农业大学人文与发展学院教授，博士生导师；吴董炜，中国农业大学国际发展与全球农业学院博士研究生。

告病例数得到控制。①

随着疫情结束，莫桑比克政府在政治、经济、社会和对外关系发展等多方面做出努力，积极应对挑战，实现了平稳过渡，在国家政治安全、经济增长、社会进步及争取有利的国际环境等方面都取得了进展。

一 政治形势

2022 年莫桑比克总体上进入政治稳定阶段。2022 年是莫桑比克总统、该国执政党解放阵线党（Partido Frelimo，以下简称"解阵党"）主席菲利佩·纽西（Filipe Nyusi）自 2019 年获得连任后的第三年。3 月，莫桑比克中央政府经历重大改组，纽西总统罢免了总理卡洛斯·多罗萨里奥（Carlos Agostinho do Rosario），任命前财政部长、73 岁的阿德里亚诺·马莱阿内（Adriano Maleiane）为新总理，调整了包括经济和财政部、矿产资源和能源部、工业和贸易部等 6 个部门的部级成员。此次改组被视为纽西政府对先前 19 名高官侵吞 2 亿美元贪腐丑闻的解决方案，② 以平息解阵党内部、反对党及社会各界对该事件的谴责。该调整改组在一定程度上为 9 月举行的解阵党第十二次全国代表大会的党主席换届选举的顺利举行提供了保障。此次党主席的连任也意味着纽西总统为自己开启第三个五年的任期做好了铺垫，也为其在 2024 年总统大选中再次获胜增加了更多稳定因素。这一系列行动巩固了解阵党的内部团结，确保了解阵党的多数席位，为后续促成宪法的修改、推迟大选以进一步在原抵运党相对活跃的选区获得选民支持等打下了基础。③

莫桑比克反对党引发的冲突在 2022 年得到进一步控制。自 2019 年纽西政府与本国最大反对党全国抵抗运动党（Renamo，以下简称"抵运党"）

---

① 参见世界卫生组织网站，https：//data. who. int/dashboards/covid19/cases？ m49 = 508&n = c，最后访问日期：2024 年 2 月 22 日。

② Africa Research Bulletin：Political，Social and Cultural Series，April 1–30，2022，p. 23507.

③ EIU，*Country Report: Mozambique*，January 11，2023，p. 8.

达成共识以来，双方开启了解除武装、复员和重返社会进程（DDR）的一系列行动。2021 年受疫情影响，极端组织"先知的信徒"（al Sunna wa Jummah，ASWJ）在盛产天然气的北部德尔加杜角省（Cabo Delgado）频繁制造暴力冲突事件，大量的基督教徒遭到攻击，[1] 平民、儿童被迫离开家园。国际移民组织（IOM）对德尔加杜角省冲突的调查显示，2022 年发生的暴力冲突事件导致 293409 人流离失所，相较于 2021 年上升 22.5%。[2]

在莫政府的不懈努力下，这些暴力冲突事件得到有效控制。纽西总统接连发表讲话展现其遏制动乱的决心。2022 年 5 月，莫桑比克议会通过新的反恐法，规定了对被定罪的恐怖分子和传播有关叛乱错误信息的个人采取更加严厉的监禁措施。[3] 9 月底，纽西总统提出大赦自愿向当局投降的武装分子，推动了与叛乱分子的和解，减少了武装分子的数量。[4] 为积极寻求国际社会的帮助，莫政府进一步放开了卢旺达等周边国家、南部非洲发展共同体莫桑比克使命团（the Southern African Development Community Mission in Mozambique，SAMIM）的军队进入冲突地区的限制，[5] 引入外部力量以协助莫政府打击恐怖组织。

来自发达国家和地区以及国际组织的援助为莫进一步平定叛乱提供了经济和军事支持。美国副国务卿维多利亚·纽兰于 6 月 14 日访问莫桑比克，宣布美国将通过联合国世界粮食计划署（WFP）向该国提供价值 2950 万美元的援助。[6] 欧盟最高外交官何塞普·博雷利（Josep Borrell）9 月到访莫桑比克，参加了欧洲和平基金（EPF）所资助设备的交接仪式。据欧盟统计，欧洲和平基金援助的一揽子措施价值高达 8900 万欧元，并指定这些援助资

---

① Africa Research Bulletin：Political，Social and Cultural Series，July 1-31，2022，p. 23615.

② 参见国际移民组织网站，https：//dtm. iom. int/mozambique？page=2，最后访问日期：2024 年 2 月 22 日。

③ Africa Research Bulletin：Political，Social and Cultural Series，May 1-31，2022，p. 23543.

④ Africa Research Bulletin：Political，Social and Cultural Series，October 1-31，2022，p. 23723.

⑤ Africa Research Bulletin：Political，Social and Cultural Series，April 1-30，2022，p. 23507.

⑥ Africa Research Bulletin：Political，Social and Cultural Series，June 1-30，2022，p. 23579.

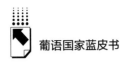

金被用于加强莫桑比克官方军队的作战能力。① 此外博雷利还承诺为卢旺达提供 2000 万欧元用于其援助莫桑比克的军队。② 国际移民组织发布的《2022 年莫桑比克危机应对计划》承诺为莫桑比克提供约 1386 万美元，施以人道援助拯救生命，通过投资地区复苏与危机预防领域来解决危机的长期影响，并帮助莫桑比克建立有效的循证危机响应系统。③ 11 月，纽西总统要求欧盟提供"致命武器"打击武装分子。④

到第四季度，一系列的控制措施使北部的叛乱活动得到有效遏制。德尔加杜角省的天然气、矿业开采逐渐重回正轨。⑤根据武装冲突研究数据库（ACLED）的统计，2021 年莫桑比克累计发生暴力事件 407 例，2022 年前三个季度发生的暴力事件数量仍在升高，第四季度发生的暴力冲突事件数量下降到 110 例（见图 1）。截至 2022 年 11 月，90% 的抵运党战斗人员已完成遣散与复员，联合国政治事务部秘书长的莫桑比克特使莫考·曼佐尼（Mirko Manzoni）高度评价了莫桑比克政府在该进程中做出的贡献。⑥ 冲突和暴力事件的减少，为国家发展和社会稳定创造了更加有利的环境。

① EU, "EU Delivers the European Peace Facility-funded Equipment to the Mozambican Authorities", September 9, 2022, https：//fpi. ec. europa. eu/news/eu－delivers－european－peace－facility－funded-equipment-mozambican-authorities-2022-09-09_ en.

② ACLED, "Cabo Ligado Weekly: 12-18 September", September 20, 2022, https：//acleddata. com/acleddatanew/wp-content/uploads/2022/09/Cabo-Ligado-PDF-Weekly-112. pdf.

③ IOM, " Mozambique Crisis Response Plan 2022", October 31, 2022, https：//reliefweb. int/report/mozambique/mozambique-crisis-response-plan-2022.

④ Africa Research Bulletin: Political, Social and Cultural Series, November 1－31, 2022, p. 23759.

⑤ 《莫桑比克德尔加杜角省矿业开采转回正轨》，中国驻莫桑比克大使馆经济商务处，http：//mz. mofcom. gov. cn/article/jmxw/202209/20220903352642. shtml，最后访问日期：2024 年 2 月 22 日。

⑥ "About 90 pct of Mozambican Renamo's Former Combatants Demobilized: UN Envoy", November 5, 2021, https://english. news. cn/africa/20221105/68d54c7eca7841fa86270ef1c1aeaca1/c. html, accessed：2024-02-22.

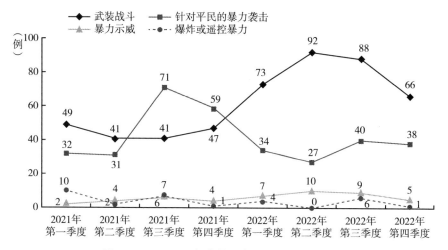

图1 2021~2022年莫桑比克暴力事件发生情况

资料来源：根据武装冲突研究数据库网站数据自制，https://acleddata.com/dashboard/#/
dashboard，最后访问日期：2024年2月22日。

二 经济形势

2022年，莫桑比克的经济在重压之下稳定过渡，并呈现持续上升的趋势。自2015年以来，莫桑比克受国际市场震荡、地缘政治、自然灾害、货币贬值、德尔加杜角省叛乱、新冠疫情等因素的影响，国家经济面临挑战、增长放缓。由于燃料与食物价格上涨，2022年莫桑比克国内平均通胀率持续走高，达到10.28%（见图2），尤其在运输和食品饮料行业，通胀问题最为严重。[①] 在2021年有效管控疫情、持续出台合理经济措施的基础上，2022年莫桑比克继续提升经济韧性。GDP增长率达到4.4%，相较于2021年提高了2个百分点，创下五年内最高增长纪录（见表1）。预算赤字也有所缓解，从2021年占GDP的4.8%下降至2022年的3.7%，贫困发生率出

---

① 《2022年莫桑比克通胀率10.28%》，中国驻莫桑比克大使馆经济商务处，http://mz.mofcom.gov.cn/article/jmxw/202301/20230103379876.shtml，最后访问日期：2024年2月22日。

现小幅下降，从 2021 年的 64.5%下降至 2022 年的 64.2%。值得一提的是，随着 2022 年国际原料市场价格的恢复与本国 Coral South 天然气项目的投产，以液化天然气（LNG）等自然资源为主的大宗商品贸易正在为莫桑比克的经济增长提速。

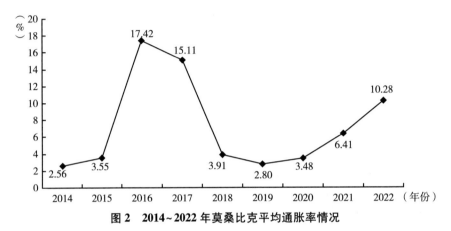

图 2 2014~2022 年莫桑比克平均通胀率情况

资料来源：根据世界银行网站数据自制，https：//www.worldbank.org/en/country/mozambique/overview，最后访问日期：2024 年 2 月 22 日。

表 1 2014~2022 年莫桑比克 GDP 情况

年份	GDP（亿美元）	GDP 增长率（%）	人均 GDP（美元）	人均 GDP 增长率（%）
2014	180	7.7	690	4.4
2015	162	7.4	604	4.2
2016	121	4.7	436	1.5
2017	133	2.6	464	-0.5
2018	150	3.5	510	0.5
2019	155	2.3	512	-0.6
2020	142	-1.2	457	-4
2021	162	2.4	504	-0.5
2022	184	4.4	558	1.5

资料来源：根据世界银行网站数据自制，https：//www.worldbank.org/en/country/mozambique/overview，最后访问日期：2024 年 2 月 22 日。

　　莫桑比克政府大力推动积极的财政政策和货币政策，助力本国经济持续复苏。在财政政策方面，纽西政府出台了一系列财政金融改革措施，促进经济发展，如减免部分增值税和企业所得税，激励在农业、农产品加工、制造业、旅游业、基础设施等关键部门的投资，加强有关生产物资本地化水平以刺激房地产和其他与土地相关行业发展，加强自然资源出口的监管等。纽西政府还加大了对私营企业、中小企业的扶持力度，出资 2.5 亿美元成立中小微企业融资担保基金，增加中小企业融资渠道，降低中小企业融资成本。[①]在货币政策方面，央行决定进一步收紧利率，将本币存款准备金率（LCY）从之前的 10.5% 提高至 28%，外币存款准备金率（FCY）从 11.5% 提高至28.5%。[②] 根据 2023 年 1 月莫桑比克央行货币政策委员会会议传达出的信息，2022 年莫桑比克央行积极应对自 6 月以来的高通胀率，全年累计上调了关键政策利率 400 个基点。[③]

　　为了提升政府管理效能，莫政府还不断简政放权，增强监管，改善营商环境。2022 年，莫政府采取措施简化签证手续，修订劳动法，简化公证、认证、企业注册等行政制度与流程，加强对社会福利基金的监管，改革国家内部审计系统，增加机场与国家物流走廊的竞争力，刺激本地产品的生产力，大大改善了营商环境。此外，莫桑比克政府继续完善国家开放入境政策，助力全国旅游观光业的恢复，2023 年 5 月 1 日起，莫桑比克免除 29 个国家公民的短期入境旅游签证。[④]

　　2022 年，莫桑比克在促进产业转型方面也取得了一定成效，农业与服

---

① 《2022 年莫桑比克通胀率 10.28%》，中国驻莫桑比克大使馆经济商务处，http：// mz. mofcom. gov. cn/article/jmxw/202301/20230103379876. shtml，最后访问日期：2024 年 2 月 22 日。

② 《莫桑比克央行将进一步收紧货币政策》，中国驻莫桑比克大使馆经济商务处，http：// mz. mofcom. gov. cn/article/jmxw/202301/20230103381421. shtml，最后访问日期：2024 年 2 月 22 日。

③ EIU, *Country Report: Mozambique*, January 11, 2023, p. 9.

④ 《5 月 1 日起 29 个国家公民可免签入境莫桑比克》，中国驻莫桑比克大使馆经济商务处，http：//mz. mofcom. gov. cn/article/jmxw/202305/20230503407937. shtml，最后访问日期：2024 年 2 月 22 日。

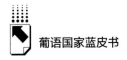

务业对经济复苏的带动作用明显，工业增长速度上升。在产业结构上，莫桑比克仍以农业与服务业为支柱产业，工业的增长速度正在缓慢上升。相较于2021年，2022年莫桑比克的农业占GDP的比重下降0.2%，工业上升0.9%，服务业从39%上升至40.6%（见图3）。莫桑比克政府高度重视农业和工业对国民经济的重要作用，采取一系列措施促进农业和工业的转型升级。农业方面，莫桑比克政府承诺拨款1400万美元支持"更可持续的鱼类"计划，旨在扩大水产养殖，提高渔民收入。① 纽西总统于2022年8月宣布向农业领域投资4700万美元用于农业研究，以保证本国主粮自给自足。② 工业领域，由于莫桑比克极易受气候变化的影响，莫政府积极采取政策，促进产业向绿色发展转型。《2013~2025年莫桑比克适应和减缓气候变化战略》提出通过低碳能源、农业和气候适应型基础设施和保险计划来实现绿色增长的目标。③ 2022年6月，莫桑比克国家电力公司（EDM）通过可再生能源拍卖计划（PROLER），计划投资4000万美元用于太阳能和风力发电厂的建设。④ 2022年7月，位于尼亚萨省的利欣加（Lichinga）太阳能发电厂和太特省的曼杰（Manje）太阳能发电厂项目启动招标。⑤ 这一系列举措表明莫桑比克注重利用可再生能源和气候变化领域的投资，促进莫桑比克的经济复苏和可持续发展。

① 《莫桑比克政府宣布经济刺激方案》，中国驻莫桑比克大使馆经济商务处，http：//mz. mofcom. gov. cn/article/jmxw/202208/20220803340103. shtml，最后访问日期：2024年2月22日。

② 《莫桑比克计划向农业领域投资4700万美元》，中国驻莫桑比克大使馆经济商务处，http：//mz. mofcom. gov. cn/article/jmxw/202209/20220903345665. shtml，最后访问日期：2024年2月22日。

③ African Development Bank Group，"Mozambique Economic Outlook"，https：//www. afdb. org/en/countries/southern-africa/mozambique/mozambique-economic-outlook.

④ 《莫桑比克拟投资4000万美元开发太阳能和风力发电厂》，中国驻莫桑比克大使馆经济商务处，http：//mz. mofcom. gov. cn/article/jmxw/202206/20220603317414. shtml，最后访问日期：2024年2月22日。

⑤ 《莫桑比克将在7月启动太阳能发电厂项目招标》，中国驻莫桑比克大使馆经济商务处，http：//mz. mofcom. gov. cn/article/jmxw/202206/20220603321369. shtml，最后访问日期：2024年2月22日。

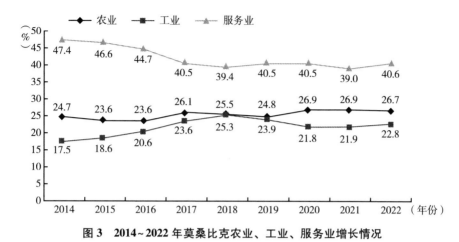

图3　2014~2022年莫桑比克农业、工业、服务业增长情况

资料来源：根据世界银行网站数据自制，https：//data. worldbank. org/indicator/ NV. AGR. TOTL. ZS？ locations＝MZ，最后访问日期：2024 年 2 月 22 日。

三　外交与发展合作形势

在外交方面，纽西总统积极同国际社会发展伙伴关系，稳步推进与国际社会的经济与安全合作。2022 年，莫桑比克政府尤其注重与美国、欧洲以及其周边国家之间的政治经济交往。2 月，在 2022 年欧盟—非洲联盟峰会召开之前，纽西总统会见了欧盟外交与安全政策高级代表何塞普·博雷利（Josep Borrell），双方讨论了和平与安全合作相关的议题。[1] 3 月 11 日，纽西总统到访南非，并出席了莫桑比克—南非两国合作委员会第三次会议。[2]

---

[1] EU，"Mozambique President Nyusi Visits Brussels to Strengthen Links ahead of the European Union-African Union Summit 2022"，Feburary 2，2022，https：//www. eeas. europa. eu/delegations/ mozambique/mozambique−president−nyusi−visits−brussels−strengthen−links−ahead−european− union−%E2%80%93−african−union_ en.

[2] South Africa Department of International Relations and Cooperation，"Joint Communiqué on the Occasion of a Working Visit by His Excellency，Mr Filipe Jacinto Nyusi，President of the Republic of Mozambique，to the Republic of South Africa on 11 March 2022"，https：//dirco. gov. za/joint− communique−on−the−occasion−of−a−working−visit−by−his−excellency−mr−filipe−jacinto−nyusi− president−of−the−republic−of−mozambique−to−the−republic−of−south−africa−on−11−march−2022/.

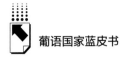

同月，纽西总统还出访了约旦，以巩固莫桑比克和约旦在共同关切领域的合作关系。① 6 月，莫桑比克成功当选联合国安理会非常任理事国。② 10 月，纽西总统访问了阿联酋，重点讨论了经济、国防和安全等问题。③ 11 月，纽西总统赴芬兰进行国事访问。④ 12 月，韩国总理韩德洙访问莫桑比克，其间会见纽西总统，讨论了扩大两国能源资源合作的可能性。⑤ 同月，美国国务卿安东尼·布林肯（Antony J. Blinken）于美国—非洲领导人峰会期间在华盛顿特区会见了总统纽西，双方重申了促进和平、稳定和全球卫生安全的战略伙伴关系，着重强调了在莫桑比克北部打击暴乱分子的合作。⑥

在经济合作方面，2022 年莫桑比克在进出口贸易方面取得了显著增长，全年进口额为 145.6 亿美元，同比增长 76%；出口额达 88.9 亿美元，同比增长 58%（见图 4）。⑦ 在投资方面，国际社会看好莫桑比克的经济发展前景。受俄乌冲突影响，国际社会纷纷表现出与莫在天然气等能源领域开展合

① Club of Mozambique, "Mozambique: President Nyusi Visits Jordan", March 23, 2022, https://clubofmozambique.com/news/mozambique-president-nyusi-visits-jordan-212417/.

② 《莫桑比克成功当选联合国安理会非常任理事国》，中国驻莫桑比克大使馆经济商务处，http://mz.mofcom.gov.cn/article/jmxw/202206/20220603318357.shtml，最后访问日期：2024 年 2 月 22 日。

③ United Arab Emirates Ministry of Foreign Affairs, "UAE President, Mozambique's President Review Bilateral Relations", October 25, 2022, https://www.mofa.gov.ae/en/mediahub/news/2022/10/25/25-10-2022-uae-meeting.

④ President of the Republic of Finland, "Working Visit of President of Mozambique Filipe Nyusi on 16 November 2022", November 16, 2022, https://www.presidentti.fi/en/pictures/working-visit-of-president-of-mozambique-filipe-nyusi-on-16-november-2022/.

⑤ Club of Mozambique, "South Korea's Prime Minister Discusses Resource Cooperation with Mozambique President-Watch", December 1, 2022, https://clubofmozambique.com/news/south-koreas-prime-minister-discusses-resource-cooperation-with-mozambique-president-watch-229756/.

⑥ US Department of State, "Secretary Blinken's Meeting with Mozambican President Nyusi", December 14, 2022, https://www.state.gov/secretary-blinkens-meeting-with-mozambican-president-nyusi/.

⑦ 《2022 年莫桑比克进出口贸易增长显著》，中国驻莫桑比克大使馆经济商务处，http://file.mofcom.gov.cn/article/zwjg/zwxw/zwxwxyf/202304/20230403404466.shtml，最后访问日期：2024 年 2 月 22 日。

作的意愿，其中包括俄罗斯、① 卡塔尔、② 南非③等国。国际货币基金组织表示应当优先支持莫桑比克的天然气项目。④ 1月，莫桑比克矿产资源和能源部长马克斯·托内拉（Max Tonela）承诺生产无碳天然气以应对气候变化。⑤ 2月，莫桑比克作为观察员加入天然气出口国论坛。⑥ 3月，莫桑比克宣布将与道达尔能源公司共同在马托拉修建液化天然气码头；⑦ 莫桑比克第六轮天然气开发项目获得多国石油公司竞标；⑧ 津巴布韦总统姆南加古瓦访问莫桑比克，双方达成天然气合作协议。⑨ 7月，意大利埃尼公司拟扩大莫桑比克北部天然气田规模。⑩ 9月，莫桑比克以"促进全球伙伴关系、可持续安

---

① 《俄罗斯将在莫投资天然气项目》，中国驻莫桑比克大使馆经济商务处，http：//mz.mofcom. gov. cn/article/jmxw/202202/20220203279271. shtml，最后访问日期：2024 年 2 月 22 日。

② 《卡塔尔希望与莫桑比克开展在能矿领域合作》，中国驻莫桑比克大使馆经济商务处，http：//mz. mofcom. gov. cn/article/jmxw/202202/20220203279272. shtml，最后访问日期：2024 年 2 月 22 日。

③ 《莫桑比克与南非进一步加强天然气领域合作》，中国驻莫桑比克大使馆经济商务处，http：//mz. mofcom. gov. cn/article/jmxw/202207/20220703336397. shtml，最后访问日期：2024 年 2 月 22 日。

④ 《IMF 表示应优先发展莫桑比克天然气项目》，中国驻莫桑比克大使馆经济商务处，http：//mz. mofcom. gov. cn/article/jmxw/202201/20220103235077. shtml，最后访问日期：2024 年 2 月 22 日。

⑤ 《莫桑比克政府承诺将生产无碳天然气》，中国驻莫桑比克大使馆经济商务处，http：//mz. mofcom. gov. cn/article/jmxw/202201/20220103234371. shtml，最后访问日期：2024 年 2 月 22 日。

⑥ 《莫桑比克作为观察员成员加入天然气出口国论坛》，中国驻莫桑比克大使馆经济商务处，http：//mz. mofcom. gov. cn/article/jmxw/202202/20220203282182. shtml，最后访问日期：2024 年 2 月 22 日。

⑦ 《莫桑比克拟在马托拉修建液化天然气码头》，中国驻莫桑比克大使馆经济商务处，http：//mz. mofcom. gov. cn/article/jmxw/202203/20220303285557. shtml，最后访问日期：2024 年 2 月 22 日。

⑧ 《莫桑比克第六轮天然气开发获多国石油公司竞标》，中国驻莫桑比克大使馆经济商务处，http：//mz. mofcom. gov. cn/article/jmxw/202203/20220303301222. shtml，最后访问日期：2024 年 2 月 22 日。

⑨ 《莫桑比克与津巴布韦达成天然气合作协议》，中国驻莫桑比克大使馆经济商务处，http：//mz. mofcom. gov. cn/article/jmxw/202203/20220303286212. shtml，最后访问日期：2024 年 2 月 22 日。

⑩ 《意大利埃尼拟扩大莫桑比克北部 FLNG 气田规模》，中国驻莫桑比克大使馆经济商务处，http：//mz. mofcom. gov. cn/article/jmxw/202207/20220703334973. shtml，最后访问日期：2024 年 2 月 22 日。

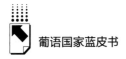
全和经济增长"为主题，成功举办第七届天然气和能源峰会。① 莫桑比克政府利用自己在能源方面的比较优势，通过国际合作积极促进本国基础设施建设提升、发展环境改善等经济社会发展目标。

图4　2014～2022年莫桑比克进出口情况

资料来源：根据 World Integrated Trade Solution（WITS）网站数据自制，https：//wits. worldbank. org/CountryProfile/en/Country/MOZ/StartYear/2014/EndYear/2021/Indicator/BX-GSR-GNFS-CD#，最后访问日期：2024年2月22日。

莫桑比克在债务管理方面也取得了一些进展。莫桑比克做出了在2025年将公共债务占比降至60%的承诺。② 国际市场对莫桑比克的债务改善能力表示乐观，这反映在穆迪和惠誉等国际评级机构对莫桑比克债务状况的展望和评级调整上。穆迪将莫桑比克的债务状况调整为正面，③ 而惠誉将莫桑比

---

① 《莫桑比克举办第七届天然气和能源峰会》，中国驻莫桑比克大使馆经济商务处，http：//mz. mofcom. gov. cn/article/jmxw/202209/20220903348806. shtml，最后访问日期：2024年2月22日。

② 《莫桑比克计划到2025年将公共债务占比降到60%》，中国驻莫桑比克大使馆经济商务处，http：//mz. mofcom. gov. cn/article/jmxw/202204/20220403301530. shtml，最后访问日期：2024年2月22日。

③ 《穆迪将莫桑比克评级展望调整为正面，确认评级为Caa2》，中国驻莫桑比克大使馆经济商务处，http：//mz. mofcom. gov. cn/article/jmxw/202203/20220303285614. shtml，最后访问日期：2024年2月22日。

克的主权信用评级上调至 CCC+,[1] 这表明国际市场对莫桑比克未来债务状况改善的信心有所增强。然而，莫桑比克仍需持续努力，确保实现债务目标，并采取适当的措施来改善其财政状况和债务可持续性。

在发展合作方面，在保证粮食援助、疫苗援助继续在帮助莫桑比克难民渡过战乱和疫情发挥重要作用的同时，2022 年莫桑比克积极寻求发展融资方面的合作，以促进经济多样化和可持续发展，进而更好地应对各种挑战并改善人民的生活条件。以国际货币基金组织、世界银行为代表的国际组织开始向莫桑比克提供大规模援助与优惠贷款。3 月，开启对莫经济援助,[2] 月底双方就 2022~2025 年的 4.7 亿美元贷款达成协议，据悉这是国际货币基金组织自莫桑比克 2016 年"隐瞒债务"以来的首个援莫项目。[3] 5 月，国际货币基金组织和世界银行宣布恢复对莫桑比克的预算支持。[4] 6 月，世界银行公布《2023~2027 年新五年援莫桑比克计划》，计划向莫桑比克提供 51 亿美元融投与援助资金。[5] 9 月，世界银行旗下的国际开发公司宣布将为莫桑比克提供 3 亿美元发展融资以推动莫桑比克的经济社会发展。[6] 同年，莫桑比克政府加强了与非洲开发银行的紧密联系，争取到了非开行为莫桑比克农业、工业等关键领域提供的战略

① 《国际评级机构惠誉上调莫桑比克国家信用评级》，中国驻莫桑比克大使馆经济商务处，http://mz. mofcom. gov. cn/article/jmxw/202209/20220903345639. shtml，最后访问日期：2024 年 2 月 22 日。
② 《国际货币基金组织开始对莫桑比克进行工作访问》，中国驻莫桑比克大使馆经济商务处，http://mz. mofcom. gov. cn/article/jmxw/202203/20220303285601. shtml，最后访问日期：2024 年 2 月 22 日。
③ 《国际货币基金组织同意为莫桑比克提供 4.7 亿美元资金支持》，中国驻莫桑比克大使馆经济商务处，http://mz. mofcom. gov. cn/article/jmxw/202203/20220303301216. shtml，最后访问日期：2024 年 2 月 22 日。
④ 《国际货币基金组织和世界银行恢复对莫桑比克国家预算支持》，中国驻莫桑比克大使馆经济商务处，http://mz. mofcom. gov. cn/article/jmxw/202205/20220503311485. shtml，最后访问日期：2024 年 2 月 22 日。
⑤ 《世界银行向莫桑比克提供 51 亿美元融投及援助资金》，中国驻莫桑比克大使馆经济商务处，http://mz. mofcom. gov. cn/article/jmxw/202206/20220603316057. shtml，最后访问日期：2024 年 2 月 22 日。
⑥ 《世界银行将向莫桑比克提供 3 亿美元支持莫发展转型》，中国驻莫桑比克大使馆经济商务处，http://mz. mofcom. gov. cn/article/jmxw/202209/20220903345654. shtml，最后访问日期：2024 年 2 月 22 日。

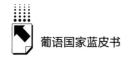
咨询、资金支持。① 5 月，莫桑比克财政部与非洲开发银行召开《关于 2018～2022 年非洲开发银行战略文件》完成报告研讨会，报告该计划在莫执行情况，并审查下一个五年战略文件。② 7 月，非洲开发银行宣布向莫提供 560 万美元援助以加强莫桑比克国家粮食安全体系建设。③

四　中国与莫桑比克关系

2022 年中莫关系稳步推进，合作涵盖政治、经济、社会等各方面，和平与发展仍然为合作的主基调。

政治交往方面，中莫两国继续深化双边关系，政治互信加深。7 月，中共中央政治局委员、中央外事工作委员会办公室主任杨洁篪率团访问莫桑比克并与总统纽西会见。④ 同月，中国驻莫桑比克大使王贺军会见莫桑比克外交与合作部长马卡莫（Verónica Nataniel Macamo Dlhovo），强调进一步深化两国全面战略合作伙伴关系。⑤ 9 月，中国全国政协主席汪洋通过视频会见莫桑比克议长埃斯佩兰萨·比亚斯（Esperança Laurinda Francisco Nhiuane Bias）。⑥

---

① African Development Bank Group, "Mozambique and the AfDB", https：//www. afdb. org/en/countries/southern-africa/mozambique/mozambique-and-afdb.

② 《非洲开发银行启动莫桑比克下一个五年战略筹备工作》，中国驻莫桑比克大使馆经济商务处，http：//mz. mofcom. gov. cn/article/jmxw/202206/20220603317419. shtml，最后访问日期：2024 年 2 月 22 日。

③ 《非洲开发银行将向莫桑比克提供 560 万美元助莫加强粮食安全体系》，中国驻莫桑比克大使馆经济商务处，http：//mz. mofcom. gov. cn/article/jmxw/202207/20220703336809. shtml，最后访问日期：2024 年 2 月 22 日。

④ 《莫桑比克总统纽西会见杨洁篪》，中国外交部，https：//www. fmprc. gov. cn/web/gjhdq_ 676201/gj_ 676203/fz_ 677316/1206_ 678236/xgxw_ 678242/202207/t20220704_ 10715113. shtml，最后访问日期：2024 年 2 月 22 日。

⑤ 《王贺军大使会见莫桑比克外交与合作部部长马卡莫》，中国驻莫桑比克大使馆微信公众号，https：//mp. weixin. qq. com/s?_ _ biz = MzA3NjMzMTk3Mw = = &mid = 2654700376&idx = 1&sn = 5b46eb02e4ab4671b99dcf3025e3c255&chksm = 84adcdf2b3da44e41a9442928aad274af642310f0d5bc81a4effde6c6d0d74f4eda47c441894&scene = 27，最后访问日期：2024 年 2 月 22 日。

⑥ 《汪洋分别会见莫桑比克议长比亚斯、布隆迪参议长辛佐哈盖拉》，新华网，http：//www. xinhuanet. com/politics/leaders/2022-09/13/c_ 1128999747. htm，最后访问日期：2024 年 2 月 22 日。

贸易领域，2022年中莫双边贸易合作继续加强，贸易额达46.3亿美元，同比增长14.9%，其中中方出口额为32.9亿美元，同比增长14.0%，进口额为13.4亿美元，同比增长17.1%。自9月起，中国宣布为原产自莫的98%税目产品提供零关税待遇。[①] 11月，总统纽西以视频方式出席第五届中国国际进口博览会开幕式，表示希望双方通过该平台推动更多经贸往来与项目合作。[②]

投资领域，中国对莫加大投资力度，中国企业出海速度加快。与2021年相比，2022年中国对莫直接投资有所提升，流量为7417万美元（见图5）。3月，中国驻莫桑比克大使王贺军考察华为莫桑比克公司，肯定了华为公司在莫桑比克积极开拓市场，履行企业社会责任方面的成绩，华为驻莫桑比克公司负责人向大使介绍了莫桑比克国家电信Tmcel网络现代化项目的进展情况。[③] 4月，中国电建与中国矿企济南域潇集团签署了莫桑比克尼佩佩110千伏输电线路项目EPC合同，为莫桑比克尼佩佩石墨矿项目稳定输电。[④] 12月，纽西总统参加中企投资的重砂矿项目新生产线剪彩仪式，该项目是中莫合作的标志性成果之一，旨在进一步挖掘莫桑比克资源优势，带动莫桑比克相关产业尤其是中小企业的发展。[⑤]

援助领域，中国在粮食援助、基础设施建设、文化教育领域继续向莫方

---

① 《2022年9月1日起我国给予莫桑比克等国98%税目产品零关税待遇》，中国驻莫桑比克大使馆经济商务处，http://mz.mofcom.gov.cn/article/jmxw/202208/20220803338657.shtml，最后访问日期：2024年2月22日。

② 《莫桑比克总统纽西以视频方式出席第五届中国国际进口博览会开幕式并致辞》，央视网，https://news.cctv.com/2022/11/05/ARTI2zPDFlVnDfEwEU2bYIKX221105.shtml，最后访问日期：2024年2月22日。

③ 《王贺军大使考察华为莫桑比克公司》，中国驻莫桑比克大使馆经济商务处，http://mz.mofcom.gov.cn/article/zyhd/202203/20220303287537.shtml，最后访问日期：2024年2月22日。

④ 《中国电建签约莫桑比克尼佩佩110千伏输电线路项目》，中国—葡语国家经贸合作论坛（澳门）常设秘书处，https://www.forumchinaplp.org.mo/zh-hans/economic_trade/view/2795，最后访问日期：2024年2月22日。

⑤ 《莫桑比克总统为中企投资的重砂矿项目新生产线剪彩》，中国—葡语国家经贸合作论坛（澳门）常设秘书处，https://www.forumchinaplp.org.mo/zh-hans/economic_trade/view/2163，最后访问日期：2024年2月22日。

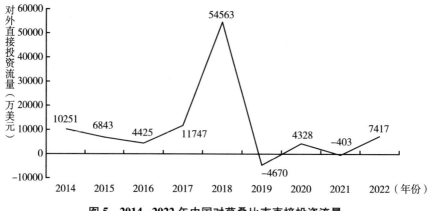

图 5　2014～2022 年中国对莫桑比克直接投资流量

资料来源：根据中华人民共和国商务部、国家统计局和国家外汇管理局发布的《2022 年度中国对外直接投资统计公报》自制，http：//images.mofcom.gov.cn/hzs/202310/ 20231027112320497.pdf，最后访问日期：2024 年 2 月 22 日。

提供发展援助。2022 年 3 月，中国援莫桑比克索法拉职业技术学校项目建成移交。① 7 月，中国驻里约热内卢总领事馆举办"葡语国家行政管理能力建设研修会"，莫方应邀参与活动。② 9 月 13 日，中国驻莫大使与莫桑比克外交与合作部长马卡莫共同签署了《中莫经济技术合作协定》、《中国政府关于免除莫桑比克政府部分债务的议定书》（以下简称《债务议定书》）和《人道主义粮食援助交接证书》。《债务议定书》指出，中国将向莫桑比克捐赠 1390 万欧元并豁免其 700 万欧元的债务。③ 11 月，莫桑比克驻华大使玛瑞亚·古斯塔瓦在参与"杂交水稻援外与世界粮食安全"国际论坛时表示中国援助的万宝项目在莫桑比克南部种植了 2 万公顷杂交水稻，每公顷产量

① 《中国援莫国索法拉职业技术学校落成》，中国—葡语国家经贸合作论坛（澳门）常设秘书处，https：//www.forumchinaplp.org.mo/zh-hans/economic_ trade/view/3131，最后访问日期：2024 年 2 月 22 日。
② 《中国举办"葡语国家行政管理能力建设研修会"》，中国—葡语国家经贸合作论坛（澳门）常设秘书处，https：//www.forumchinaplp.org.mo/zh-hans/economic_ trade/view/2591，最后访问日期：2024 年 2 月 22 日。
③ 《中国向莫桑比克捐款 1390 万欧元并豁免其 700 万欧元债务》，中国—葡语国家经贸合作论坛（澳门）常设秘书处，https：//www.forumchinaplp.org.mo/zh-hans/economic_ trade/view/2456，最后访问日期：2024 年 2 月 22 日。

从原先的 1.5 吨提高到 8 吨，在未来希望进一步与中国在农业领域深化合作，以保障国家粮食安全。① 12 月，中国驻莫大使王贺军出席莱维贝特雷斯茅台小学第二期工程竣工仪式，该项目由茅台集团出资约 300 万元人民币建设，展现了中国海外企业不断向外寻求合作，促进他国在社会各领域的发展。②

---

① 《中国杂交水稻助莫桑比克筑牢粮食安全》，中国—葡语国家经贸合作论坛（澳门）常设秘书处，https://www.forumchinaplp.org.mo/zh－hans/economic_trade/view/2247，最后访问日期：2024 年 2 月 22 日。
② 《王贺军大使出席莱维贝特雷斯茅台小学第二期工程竣工仪式》，中国驻莫桑比克大使馆经济商务处，http://mz.mofcom.gov.cn/article/zyhd/202212/20221203374413.shtml，最后访问日期：2024 年 2 月 22 日。

B.13
葡萄牙共和国

徐亦行　钱彤*

摘　要：　2022年，葡萄牙在重启复苏的基础上进一步发展。在年初的议会选举中，葡萄牙社会党赢得了绝对多数议席蝉联执政，为葡萄牙政局注入了稳定因素。2021~2022年，葡萄牙经济逐步恢复，经济增长势头强劲，国际贸易投资规模不断扩大。在"复苏与韧性计划"的有力支持下，葡萄牙国内多领域改革和投资得以落实，但人口老龄化等社会问题给葡萄牙发展带来了一定的挑战。中葡两国政治互信不断增强，贸易投资合作不断深化，发展稳定。

关键词：　葡萄牙　议会选举　多领域改革投资　中葡发展

2022年初，葡萄牙社会党赢得议会选举，葡萄牙政局更趋稳定。疫情后的葡萄牙经济持续恢复，实现快速增长，但人口老龄化依旧是葡萄牙面临的重大社会问题。在与中国的往来中，双方政治互信不断加强，经贸合作持续深化。

一　政治形势

（一）社会党在议会选举中获绝对多数席位

2021年11月，本应于2023年结束任期的葡萄牙第22届政府因预算草案被否决而提前一年多由总统宣布解散。2022年1月30日，葡萄牙议会提前进行选

---

* 徐亦行，上海外国语大学葡萄牙研究中心主任，西方语系教授；钱彤，上海外国语大学西方语系欧洲语言文学专业硕士研究生。

举。此次选举共有 23 个政党和政党联盟角逐议会 230 个席位。原总理安东尼奥·科斯塔（António Costa）领导的社会党（Partido Socialista，PS）获得 120 席，超过议会半数席位而赢得选举，这也是葡萄牙自 2005 年以来首次由一党独得半数以上议会席位。其最大反对党社会民主党（Partido Social Democrata，PSD）获得 77 席，极右翼民粹主义政党"够了"党（Chega）获得 12 席，成为继社会党之后的议会第二、第三大党。其他党派获得议席的情况为：自由事业党（Iniciativa Liberal，IL）8 席，葡萄牙共产党（Partido Comunista Português，PCP）6 席，左翼集团（Bloco de Esquerda，BE）5 席，人动物自然党（Partido Pessoa-Animais-Natureza，PAN）1 席，自由党（Livre）1 席。在 3 月 29 日举行的议长选举中，前外交部长、社会党人奥古斯托·桑托斯·席尔瓦（Augusto Santos Silva）胜出，成为新一届议长，两位副议长分别为埃迪特·埃斯特雷拉（Edite Estrela，女，社会党）与亚当·席尔瓦（Adão Silva，社会民主党）。

（二）第23届政府方案与2023年国家预算草案获得通过

2022 年 3 月 30 日，葡萄牙总统马塞洛·德索萨于里斯本授权组建第 23 届宪法政府，共和国总理安东尼奥·科斯塔、17 位部长与 38 位国务秘书宣誓就职。本届政府为科斯塔总理领导下的第三届政府，埃莱娜·卡雷拉斯（Helena Carreiras）任国防部长，她也是葡萄牙首位女性国防部长；前国防部长若昂·戈麦斯·克拉维尼奥（João Gomes Cravinho）转任外交部长。4 月 7 日，新组建的政府向议会递交了第 23 届宪决政府方案，方案包含以下四项基本承诺：①全面实施 2022 年国家预算草案中提出的家庭支持与企业激励措施；②成立特别工作组，助力国家从家庭到企业经济全面复苏，争取在未来 4 年内继续保持高于欧洲平均水平的经济增长；③以住房保障与"体面工作"议程（Agenda do Trabalho Digno）为两大支柱，将青年发展与有孩家庭保障提上日程；④有效应对国家新问题，保障高质量公共卫生与教育，继续加强公共服务投资与改善工作。[1]

---

[1] 葡萄牙政府网（Governo Portugal），https://www.portugal.gov.pt/pt/gc23/governo/programa-do-governo，最后访问日期：2024 年 2 月 19 日。

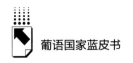

2022 年 10 月 27 日，葡萄牙议会讨论通过了政府递交的 2023 年国家预算草案。在俄乌冲突、全球经济形势恶化的背景下，该草案强调"稳定、信心、承诺"这三个关键词，致力于保障收入、促进投资、健全公共财政，减少预算赤字与公共债务在 GDP 中的占比。在保障收入方面，全国最低工资标准将在 705 欧元的基础上提高 7.8%，个人所得税将全面下调，住房与能源价格上涨将得到有效控制，养老金等社会保障可持续性将不断加强。在促进投资方面，将致力于扩大中小型企业减税覆盖面，以帮助企业应对不断上涨的能源成本，激励企业投资与改善劳动者待遇；公共投资将在 2022 年 59 亿欧元的基础上增加 30% 以上，其中约 21 亿欧元将用于实现气候目标，包括加速去碳化、提高能效与完善公共交通系统。在健全公共财政方面，继 2022 年公共债务在 GDP 中的占比降至约 115% 之后，2023 年将继续下降至 110.8%，达到 2011 年以来的最低水平，从而使葡萄牙脱离负债最多的欧盟成员国行列；预算赤字将继续下降，基本收支平衡将得以加强。[1] 2023 年 11 月 29 日，议会批准葡萄牙 2024 年国家预算。

2023 年 11 月 7 日，总理科斯塔因卷入贿赂案宣布辞职，总统德索萨分别于 2023 年 12 月 7 日和 2024 年 1 月 15 日签署总统令，宣布解散本届政府和议会，并将于 2024 年 3 月 10 日提前举行全国议会选举。在新一届议会和政府成立前，现政府履行看守政府职责。[2]

二 经济形势

（一）疫情后经济持续恢复，通胀率增长显著

在 2021 年经济复苏的基础上，葡萄牙经济于 2022 年实现快速增长。根据英

---

[1] 葡萄牙政府网（Governo Portugal），https：//oe2023. gov. pt/orcamento-do-estado-2023/，最后访问日期：2024 年 2 月 19 日。

[2] "葡萄牙国家概况"，中国外交部网站，https：//www.mfa. gov. cn/web/gjhdq_ 676201/gj_ 676203/oz_ 678770/1206_ 679570/1206x0_ 679572/，最后访问日期：2024 年 2 月 19 日。

国经济学人智库统计数据，2022 年葡萄牙 GDP 为 2544 亿美元，人均 GDP 为 42096.68 美元，经济增长率为 6.87%，达到了自 1987 年以来的最大值。[①]

2022 年葡萄牙消费者价格指数（CPI）年均变动率（年通胀率）为 7.8%，相较 2021 年的 1.3%显著增长，达到了 1992 年以来的最大值。2022 年全年，葡萄牙通胀率持续上升，特别是上半年增长势头强劲，而下半年尽管依然居高不下且高于全年平均水平，但在最后两个月增速放缓。其中，未加工食品产业通胀率为 12.2%（2021 年为 0.6%），能源产业通胀率为 23.7%（2021 年为 7.3%），而除去未加工食品与能源产业的核心通胀率为 5.6%（2021 年为 0.8%）。与 2021 年趋势相同，2022 年葡萄牙商品通胀率依然高于服务业，其中商品价格指数上涨了 10.2%，该指数在 2021 年上涨了 1.7%；服务业价格指数上涨了 4.3%，该指数在 2021 年上涨了 0.6%。从商品类别来看，受俄乌冲突对欧洲能源市场的冲击影响，住房、水电、天然气和其他燃料等商品价格指数上涨尤为显著，直到 2022 年年底才开始趋于稳定。除此之外，燃料价格的大幅上涨还波及交通运输业，其通胀率在 2022 年上半年增长显著，为 10.7%，高于全年平均值（10%），而下半年略有缓和。餐饮住宿业通胀率在 2022 年也出现了大幅增长，从 2021 年的-0.8%增长到 11.7%，其变化部分反映了疫情过后葡萄牙经济活动的全面恢复：物价大幅上涨出现于 9 月以前，对应了葡萄牙国内旅游旺季；与之相反的是，在 2022 年最后一个季度，餐饮住宿业物价开始呈下降趋势。2022 年葡萄牙房价持续增长，年均房价每平方米增长率为 2.7%，较 2021 年的 1.8%有所上升。

2023 年葡萄牙通胀率为 4.3%，较 2022 年的 7.8%有所下降，但相较 2021 年的 1.3%增幅依然明显（见表 1）。核心通胀率由 2022 年的 5.6%下降至 5.0%。下降的原因主要有：2022 年价格上涨的基数效应、2022 年末至 2023 年上半年能源价格趋于稳定，以及自 2023 年 5 月起生效的基本食品增值税免税政策等。

[①] 世界银行网上统计数据库，https://data.worldbank.org/country/portugal，最后访问日期：2024 年 2 月 19 日。

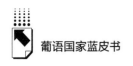

从整个欧元区来看，虽然葡萄牙 2020~2022 年物价普遍上涨，但其年通胀率仍低于欧元区平均水平（见表1）。

表1　2020~2023 年葡萄牙与欧元区通胀率

单位：%

年份	葡萄牙	欧元区
2020	-0.0	0.5
2021	1.3	2.6
2022	7.8	8.8
2023	4.3	6.3

资料来源：世界银行网上统计数据库。

（二）获欧盟166亿欧元资金援助，"复苏与韧性计划"持续推进

2021 年 6 月，葡萄牙向欧盟委员会提交的"复苏与韧性计划"（Plano de Recuperação e Resiliência）成功获批。根据该计划，欧盟将在 2021~2026 年向葡萄牙提供总额达 166 亿欧元的资金支持（其中 139 亿欧元为援助赠款，27 亿欧元为贷款），用以落实一系列投资和改革，以恢复新冠疫情后的国家经济，并加强其在未来十年与欧洲接轨的目标。欧盟委员会将对葡萄牙各类既定目标的完成情况进行评估，根据投资改革实施速度来决定资金的批准发放。截至 2023 年 12 月，葡萄牙已经实现计划内 22% 的既定目标，共 4 批资金拨付申请成功获批。

2022 年 5 月 2 日，葡萄牙在卫生、社会住房、社会服务、投资与创新、资格和技能、林业、蓝色经济、生物经济、可再生气体燃料、公共财政和公共管理、基础设施、工业降碳与数字教育等领域实现 38 个既定目标，欧盟委员会授权向葡萄牙发放第一批总额为 11.6 亿欧元的援助赠款与贷款。2023 年 2 月 8 日，葡萄牙实现公立医院管理、公共与私营部门数字化转型、劳动者技能培训等领域的 20 项目标，欧盟委员会向葡萄牙发放总额为 18.2 亿欧元的资金援助（其中 17.11 亿欧元为援助赠款，1.09 亿欧元为贷款）。2023 年 10 月 4

日，葡萄牙提交了该计划下的第三批和第四批资金拨付申请。其中，改革内容涉及公共财政质量与可持续发展、精神健康法律法规、精神疾病患者权利保障、高度管制行业准入等多个领域。投资方面，在"更多住房计划"（Programa Mais Habitação）框架下，葡萄牙将27亿欧元投入住房市场，旨在扩大经济适用房、学生经济住房、国家临时应急住房的规模。2023年12月28日，欧盟委员会向葡萄牙支付了第三批与第四批支持资金，总计24.6亿欧元。[①]

（三）国际贸易与投资规模进一步扩大

2021年葡萄牙进口额为831.46亿欧元，较2020年增长22%；出口额为636.19亿欧元，同比增长18.3%；逆差为195.27亿欧元，较2020年增加了51.39亿欧元。2022年葡萄牙进口额为1091.09亿欧元，较2021年增长31.2%；出口额为783.26亿欧元，较2021年增长23.1%；贸易逆差为307.83亿欧元，较2021年增加了112.56亿欧元，达到了有记录以来的最大值（见表2）。

表2　2021~2022年葡萄牙进出口额

单位：亿欧元

	2021 年	2022 年
总额	1467.65	1874.35
出口额	636.19	783.26
进口额	831.46	1091.09
差额（进口额-出口额）	-195.27	-307.83

资料来源：葡萄牙国家统计局国际贸易数据（2023年2月9日统计结果）。

就贸易合作伙伴而言，2022年葡萄牙前三大出口目的国为西班牙、法国和德国，分别占葡萄牙出口总额的26.0%、12.4%和10.9%。2022年葡萄牙前三大进口来源国分别为西班牙、德国和法国，分别占葡萄牙进口总额

---

① 欧洲信息中心网站，https://eurocid.mne.gov.pt/recuperacao-economica-nacional#toc-plano-de-recupera-o-e-resili-ncia-，最后访问日期：2024年2月19日。

的 32.1%、11.2% 和 6.1%。①

就国际投资而言，在对外投资方面，根据葡萄牙中央银行的统计，截至 2022 年年底，葡萄牙对外投资存量为 608.99 亿欧元，相较 2021 年增加了 42.16 亿欧元。截至 2023 年第三季度，葡萄牙对外投资存量为 658.78 亿欧元，主要投资目的地为荷兰、西班牙、巴西、安哥拉、卢森堡、美国、英国、波兰、莫桑比克、丹麦、爱尔兰等。

在吸收外资方面，根据葡萄牙中央银行的统计，截至 2022 年年底，葡萄牙吸收外国直接投资存量为 1698.08 亿欧元，吸收外资流量为 79.98 亿欧元，较 2021 年减少了 1.36 亿欧元。截至 2023 年第三季度，葡萄牙吸收外国直接投资存量为 1759.08 亿欧元。2022 年，西班牙是葡萄牙最大最终直接投资持有国，紧随其后的是法国和英国，投资额如表 3 所示。其主要投资领域为电力能源、服务业及制造业。2022 年中国为葡萄牙第四大最终直接投资持有国，根据葡萄牙中央银行的数据，2022 年中国对葡萄牙直接投资流量为 2.87 亿欧元，同比增长 17.32%；截至 2022 年年底，中国对葡萄牙投资存量为 32.20 亿欧元，同比增长 9.8%。②

表 3 2022 年葡萄牙前三大最终直接投资持有国

单位：亿欧元

最终直接投资持有国	投资额
西班牙	256.58
法国	172.99
英国	134.18

资料来源：葡萄牙中央银行网站，https：//bpstat.bportugal.pt/conteudos/quadros/909，最后访问日期：2024 年 2 月 19 日。

① 葡萄牙国家统计局网站，https：//www.ine.pt/xportal/xmain? xpid = INE&xpgid = ine_publicacoes&PUBLICACOESpub_ boui = 450306636&PUBLICACOESmodo = 2，最后访问日期：2024 年 2 月 19 日。

② 中国外交部网站，https：//www.mfa.gov.cn/web/gjhdq_ 676201/gj_ 676203/oz_ 678770/1206_ 679570/1206x0_ 679572/，最后访问日期：2024 年 2 月 19 日。

三　社会形势

（一）移民人口增长高于自然增长，老龄化趋势严重

截至 2022 年 12 月，葡萄牙常住人口为 10467366 人，较 2021 年增长了 46249 人，人口增长率为 0.44%。其中，移民人口增长 86889 人，增长率为 0.83%；自然增长 -40640 人，增长率为 -0.39%（见表 4）。2017~2022 年，葡萄牙人口自然增长率每年均为负数，但由于移民人口增加，总人口仅在 2017 年和 2018 年呈现负增长。

表 4　2017~2022 年葡萄牙人口增长率

单位：%

年份	2017	2018	2019	2020	2021	2022
总增长率	-0.08	-0.02	0.40	0.18	0.26	0.44
自然增长率	-0.23	-0.25	-0.24	-0.37	-0.43	-0.39
移民增长率	0.14	0.23	0.65	0.56	0.69	0.83

资料来源：葡萄牙国家统计局。

因出生率低，平均寿命延长，葡萄牙人口老龄化现象进一步加剧。相较 2017 年，2022 年葡萄牙青少年（0~14 岁）人数减少了 74809 人，劳动适龄人口（15~64 岁）减少了 49455 人，而老年人口（65 岁及以上）增加了 255860 人。2017~2022 年，葡萄牙常住人口年龄中位数由 45 岁增至 47 岁，老龄化指数（每 100 名年轻人对应老年人数）逐年增加（见表 5）。

表 5　2017~2022 年葡萄牙人口老龄化指数

年份	2017	2018	2019	2020	2021	2022
老龄化指数	157.9	163.2	169.4	175.6	181.3	185.6

资料来源：葡萄牙国家统计局。

2022 年，葡萄牙境内共有 83671 名新生儿，较 2021 年增加了 4089 名，同比增长 5.1%。2017~2022 年，葡萄牙出生率在前三年呈缓慢上升趋势，2020~2021 年明显下降，2022 年有所恢复，但仍低于疫情前水平（见表 6）。2022 年，葡萄牙生育率为 37.97‰，相较 2021 年的 35.79‰略有增长。女性平均生育年龄在 2017~2022 年从 31.2 岁后移至 31.7 岁。

表 6　2017~2022 年葡萄牙出生率

年份	2017	2018	2019	2020	2021	2022
出生率（‰）	8.3	8.4	8.4	8.1	7.6	8.0

资料来源：葡萄牙国家统计局。

2022 年，葡萄牙居民死亡人数为 124311 人，较 2021 年减少了 530 人，同比下降 0.4%。其中，72.3% 为 75 岁及以上老人，0.2% 为 1 岁以下儿童，新生儿死亡率为 2.6‰，略高于 2021 年的 2.4‰。2020~2022 年，葡萄牙居民预期寿命为 80.96 岁，其中男性为 78.05 岁，女性为 83.52 岁。相较 2019~2021 年，男性预期寿命增加了 0.01 岁，女性预期寿命减少了 0.01 岁。[①]

（二）就业率增长，失业率下降，受教育水平提高

2022 年，葡萄牙就业人口数为 490.87 万人，相较 2021 年增长 2.0%；就业率为 56.5%，相较 2021 年增长 1.2%。就业人口数增长较多的群体有：妇女（增长 5.49 万人，增长率为 2.3%）；55~64 岁人口（增长 4.18 万人，增长率为 4.6%）；接受过中等及以上教育人口（增长 6.83 万人，增长率为 4.7%）；服务业从业者（增长 6.82 万人，增长率为 1.9%）；企业雇员（增长 9.76 万人；增长率为 2.4%）。

2022 年葡萄牙失业人口数为 31.39 万人，相较 2021 年下降 7.3%，下

---

① 葡萄牙国家统计局网站，https：//www. ine. pt/xportal/xmain? xpid = INE&xpgid = ine _ publicacoes&PUBLICACOESpub_ boui = 280978178&PUBLICACOESmodo = 2，最后访问日期：2024 年 2 月 19 日。

降率达到 2011 年以来的最大值。2022 年失业率为 6.0%，相较 2021 年下降 0.6%，为 2011 年以来的最低失业率。其中青年人口（16~24 岁）失业率为 19.0%，相较 2021 年下降 4.4%；而长期失业者（失业 12 个月及以上人口）比例为 45.2%，相较 2021 年增加 1.8%。2022 年葡萄牙劳动力利用不足人数（包括）为 61.38 万人，相较 2021 年下降 8.2%；劳动力利用不足率为 11.4%，相较 2021 年下降 1.1%。

葡萄牙围绕欧盟"更智能、更环保、更互联、更社会化、更贴近公民"五项战略目标，制定了《葡萄牙 2030 战略》，其中教育方面有以下三项目标：（1）20~24 岁接受过中等及以上教育人口比例提升到至少 90%（至 2030 年达成目标）；（2）接受过高等教育人口比例提升到至少 50%（至 2030 年达成目标）；（3）近期（4 周内）参加过教育或培训活动的失业人口比例提升到至少 20%（至 2025 年达成目标）。截至 2022 年，葡萄牙仍未达成其中任何一项目标，但其结果已经相当接近，特别是 20~24 岁接受过中等及以上教育人口比例在 2022 年已达到 89.3%，与预期指标仅相差 0.7 个百分点。①

四　中国与葡萄牙关系

中国与葡萄牙于 1979 年建交，2005 年建立全面战略伙伴关系，双方在各领域的友好合作关系不断发展。

（一）政治互信不断增强

在政治领域，两国关系密切，双边高层交流频繁，政治互信不断增强。2022 年 9 月 21 日，国务委员兼外交部部长王毅在纽约出席联合国大会期间会见葡萄牙外长克拉维尼奥，王毅表示中方期待同包括葡在内的欧洲各国相

---

① 葡萄牙国家统计局网站，https：//www.ine.pt/ngt_ server/attachfileu.jsp? look_ parentBoui=597954118&att_ display=n&att_ download=y，最后访问日期：2024 年 2 月 19 日。

互理解、相互欣赏，和平共处，互学互鉴；克拉维尼奥主张通过开放坦率对话，增进相互理解，为葡中、欧中双多边合作创造良好氛围。2023 年 5 月 7~9 日，应葡萄牙政府邀请，中国国家副主席韩正访问葡萄牙，在里斯本分别会见德索萨总统和科斯塔总理。韩正副主席表示，中方愿与葡方和欧方深化互利合作，服务各自经济发展，为世界经济稳定复苏做出积极贡献；德索萨总统表示，愿进一步加强葡中高层交往，深化双方在贸易、科技、人文等领域的重要合作；科斯塔总理表示，葡中通过澳门平台搭建起良好伙伴关系，希望双方共同努力推动更多务实合作。①

（二）经贸合作不断深化

在经济领域，两国投资合作不断深化。中华人民共和国驻葡萄牙共和国大使馆经济商务处网站数据显示，2022 年中国对葡萄牙直接投资达 2.87 亿欧元，同比增长 14.34%，直接投资存量达到 32.20 亿欧元，同比增长 10.16%（见表 7）。中资企业在葡萄牙的投资主要包括：中国长江三峡集团收购葡电力公司 21.35% 股权，国家电网公司收购葡电网公司 25% 股权，中国石化集团收购葡石油和天然气公司旗下巴西分公司 30% 股权，中国交建集团收购葡最大工程承包商莫塔-恩吉尔公司 23% 股权，香港北控水务集团收购法国威立雅水务公司旗下葡萄牙水务公司 100% 股权等。葡萄牙对华直接投资存量达到 5020 万欧元，同比增长 11.48%。

表 7　2021~2023 年中国对葡萄牙直接投资

单位：亿欧元

年份	2021	2022	2023
年度流量	2.51	2.87	3.86
年末存量	29.23	32.20	36.07

资料来源：中华人民共和国驻葡萄牙共和国大使馆经济商务处网站。

---

① 中国外交部网站，https：//www.mfa.gov.cn/web/gjhdq_ 676201/gj_ 676203/oz_ 678770/ 1206_ 679570/xgxw_ 679576/，最后访问日期：2024 年 2 月 19 日。

除了投资合作，两国在外贸进出口领域的交流也不断深化。2022 年中葡双边贸易额为 90.1 亿美元，同比增长 2.4%。其中中国对葡出口额 59.8 亿美元，同比增长 11.8%；自葡进口额 30.4 亿美元，同比下降 12.1%。中国对葡出口商品主要有：电机电气设备、机械器具、玩具、家具、钢铁制品等；自葡进口商品主要有：机械器具、电机电气设备、软木及其制品、纸浆及废纸、矿产品等。2023 年 1~11 月，双边贸易额为 79.4 亿美元，同比下降 4.7%。其中，中国出口额为 53.5 亿美元，同比下降 3.5%；进口额为 25.9 亿美元，同比下降 7.0%。[①]

五　2024年葡萄牙发展展望

2022 年，葡萄牙在重启复苏后继续保持发展，国情整体平稳。在国内政治方面，社会党在议会选举中赢得了绝对多数议席，蝉联执政，在各项议案辩论等方面赢得了更大的主动权，有利于葡萄牙政治局势保持稳定。在经济财政方面，葡萄牙经济在 2022 年快速恢复，经济增长率达到了 1987 年以来的最大值；在"复苏与韧性计划"框架下，欧盟的资金援助有力促进了葡萄牙国内多项改革与投资进程；国际投资与贸易规模持续扩大，进一步拉动经济复苏与发展。2023 年，葡萄牙在经济上整体保持了 2022 年的稳定发展势头，通胀率有所下降，在能源、食品、交通等产业，商品价格均趋于稳定。

展望 2024 年，就机遇而言，已通过的 2024 年国家预算致力于保障收入、促进投资，有助于葡萄牙有效应对国际经济环境变化，为未来做好充足准备。"复苏与韧性计划"的进一步推进将助力葡萄牙国内经济社会多方面改革与发展。根据国际货币基金组织预测，2024 年葡萄牙经济增长率将为 1.5%，通货膨胀率将降至 3.4%。

---

① 中国外交部网站，https：//www.mfa.gov.cn/web/gjhdq_ 676201/gj_ 676203/oz_ 678770/1206_ 679570/1206x0_ 679572/，最后访问日期：2024 年 2 月 19 日。

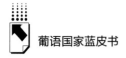

　　然而，葡萄牙也将面临诸多挑战。2023 年年底总理辞职、议会和政府解散，这些都给葡萄牙政治局势增加了不稳定因素，还可能影响民众对国家经济发展的信心；通货膨胀带来的压力也可能对经济发展产生阻碍作用；低生育率和人口老龄化不仅给劳动力市场带来了困扰，也给公共财政、社会保障体系增加了压力。未来的葡萄牙政府需要尽快采取措施应对劳动力短缺问题，重建经济信心，做好充分准备，以应对未来可能出现的危机。

B.14
圣多美和普林西比民主共和国

宋 爽[*]

摘 要： 2022 年，圣多美和普林西比经历了议会和政府换届，民独党继续在议会中占据多数席位。经济方面，圣多美和普林西比在 2022 年经济增速有所下降，通货膨胀严重；贸易逆差继续攀升，但吸引外资显著增长。政府在经济方面的重要举措主要有筹建自由贸易区和开展石油勘探工作。社会方面，政府致力于加强各方面基础设施建设，如启动国家中心医院修缮项目、首个光伏发电站一期工程竣工、签署深水港建设运营及开发合同、启动4 号国道修复工程等，这些项目均得到国际支持。中国与圣多美和普林西比继续在政治和经贸领域开展双边合作，并在农业技术、卫生医疗、基础设施建设等方面提供帮助。

关键词： 政府换届 自由贸易区 石油勘探 国际援助 中国援助

在高通货膨胀、高贸易逆差、高财政赤字的压力下，圣多美和普林西比政府将经济发展的希望寄托于自贸区开发和石油勘探，并在外国政府和企业的支持下努力提升医疗、能源、交通和通信等领域基础设施，中国在农业技术、卫生医疗、基础设施建设等方面对其提供的援助取得了良好的效果。

一 政治形势

本届政府于 2022 年 11 月成立，除总理特罗瓦达，还包括 13 位部长：

---

* 宋爽，中国社会科学院世界经济与政治研究所助理研究员，研究方向为国际政治经济学。

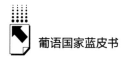

司法、公共管理和人权部部长伊尔扎·玛利亚·多斯桑托斯·阿马多·瓦斯（女，IzaMaria dos Santos Amado Vaz），内阁、议会事务和可持续发展部部长卢西奥·丹尼尔·利马·马加良斯（Lúcio Daniel Lima Magalhães），外交、合作和海外侨民部部长加雷斯·阿达·多埃斯皮里托·桑托·瓜达卢佩（Gareth Haddad do Espírito Santo Guadalupe），国防和内政部部长若热·阿马多（Jorge Amado），农业、农村发展和渔业部部长阿贝尔·达席尔瓦·博姆·热苏斯（Abel da Silva Bom Jesus），计划和财政部部长吉内斯奥·瓦伦廷·阿丰索·达马塔（Genésio Valentim Afonso da Mata），劳动和团结部部长塞尔西奥·罗德里格斯·达维拉·克鲁斯·容凯拉（Celsio Rodrigues da Vera Cruz Junqueira），经济部部长迪斯尼·莱特·拉莫斯（Disney Leite Ramos），卫生和妇女权利部部长安热拉·多斯桑托斯·拉莫斯·若泽·达科斯塔（Angela dos Santos Ramos José da Costa），基础设施和自然资源部部长若泽·多纳斯西门托·卡瓦略·德里奥（José do Nascimento Carvalho de Rio），环境部部长尼尔达·博尔热斯·达马塔（Nilda Borges da Mata），教育、文化和科学部部长伊莎贝尔·玛利亚·科雷亚·维埃加斯·德阿布雷乌（女，Isabel Maria Coeia Viegas de Abreu），青年和体育部部长欧里迪丝·博尔热斯·塞梅多·梅代罗斯（女，Euridice Borrges Semedo Medeiros）。

2022 年，圣多美和普林西比的政治环境在葡语系国家中处于较高水平。根据透明国际发布的 2022 年清廉指数，圣多美和普林西比得分为 45 分（满分为 100），与 2021 年持平；在 180 个国家中排第 65 位，较 2021 年上升 1 位。根据世界银行的国家政策与制度评估（CPIA）数据库，2022 年圣多美和普林西比的总体得分为 2.9 分（满分为 6.0 分），较 2021 年下降 0.1 分；在 74 个有分值的国家中排第 56 位，较前一年下降 6 位。在 "公共部门的管理和机构" 一项得到 3.0 分，该项下 5 个子指标得分分别为："公共部门的透明度、问责制和腐败" 3.5 分，"产权与法治" "财政收入动员效率" "公共行政质量" 均为 3 分，这 4 个指标的得分高于东部和南部非洲平均水平；"预算和财政管理质量" 2.5 分，低于东部和南部非洲平均水平。

二 经济形势

2022 年，圣多美和普林西比经济增速下滑，通货膨胀严重。根据经济学人智库（EIU）的数据，2022 年圣多美和普林西比的名义 GDP 为 5.51 亿美元，较 2021 年上升 3322 万美元；GDP 实际增长率为 0.92%，较 2021 年下降 0.96 个百分点，在 9 个葡语国家中排第 8 位；按购买力平价计算的人均 GDP 为 4749 美元，较 2021 年提高 380 美元，在葡语国家中排第 7 位。2022 年，圣多美和普林西比的通货膨胀率高达 18%，较 2021 年大幅上升 10.1 个百分点；预计 2023 年通货膨胀率可能进一步上升。从产业结构来看，农业和服务业在经济中占据主要地位，工业占比非常低。2022 年，农业产值约占 GDP 的 14.1%；服务业产值约占 GDP 的 75.3%；工业产值仅占 GDP 的 4.1%，其中制造业占 GDP 的比重仅为 0.7%。

对外经济联系方面，圣多美和普林西比在 2022 年贸易逆差继续攀升，吸引外资显著增长。受到国内经济结构的限制，圣多美和普林西比需要大量从国际市场进口生产生活必需品，包括粮食、燃料、工业制成品，以及日常消费品；出口产品则主要限于农业经济作物，如可可、棕榈油、椰干、椰油、咖啡等。根据经济学人智库的数据，2022 年圣多美和普林西比商品贸易进出口总额为 2.02 亿美元，较 2021 年增加了 1500 万美元；其中，商品出口额约为 1800 万美元，较 2021 年下降约 300 万美元；商品进口额为 1.84 亿美元，较 2021 年增加了 1800 万美元；商品贸易赤字为 1.66 亿美元，较 2021 年增加了 2100 万美元。根据联合国贸发会议（UNCTAD）的数据，圣多美和普林西比在 2022 年吸引外商直接投资流量约为 1.13 亿美元，约为 2021 年吸引外资流量的 8 倍；截至 2022 年年底吸引外资存量达到 1.27 亿美元，较 2021 年年底增加 34.7%。另外，经济学人智库的数据显示，圣多美和普林西比在 2022 年的外汇储备（不含黄金）为 4860 万美元，较 2021 年减少 2640 万美元；其货币多布拉兑美元汇率为 23.29，较 2021 年贬值 11.08%。

为拓展对外经济联系以带动本国经济发展，圣多美和普林西比在 2022 年筹建自由贸易区。到当年 8 月，虽然自贸区新法律尚未确定及发布，但是已有包括来自南非、加拿大、摩纳哥等国的投资者表示有意向投资。不过，自贸区的相关立法工作并不顺利，总统和议会之间存在分歧。总统诺瓦已经两次否决了有关自贸区和离岸活动的立法；但在 7 月 28 日，占议会多数的28 名议员废除了总统对该项立法的否决权，并通过了一项要求总统在 8 天内颁布该法的决议。民独党指责议长强迫批准有关自贸区和离岸区的法律，使圣普成为国际犯罪和洗钱者的天堂。2022 年 11 月，圣多美和普林西比批准了外商投资自贸区项目，该项目将于 2023 年 1 月启动，投资额约为 13.15亿欧元。自贸区分别位于圣多美岛南部的 Monte Mário 和 Ribeira Peixe。该项目计划建设 3 个购物中心、4 家酒店、1 所音乐学校、1 座剧院、1 座体育场馆、1 家医院、1 家专业培训中心、1 个小型飞机跑道、休闲空间和其他基础设施。第一阶段建设将持续 2 年，第二阶段建设将持续 3 年，预计2027 年自贸区将可以接待游客。[①]

圣多美和普林西比政府对石油出口寄予厚望，在欧洲能源企业的支持下开展了石油勘探工作。2022 年 3 月，时任总理若热·博姆·热苏斯（Jorge Bom Jesus）表示，该国的海洋面积是陆地的 160 倍，除了渔业资源之外，还对专属经济区的石油勘探抱有很大期望。2022 年 4 月 25 日，葡萄牙高浦能源（运营商）（占 45% 的权益）、荷兰壳牌（占 45% 的权益）及圣普国家石油局（占 10% 的权益）联合开启了对位于第 6 区块的哈卡（JACA）油井的钻探。哈卡 1 号油井距离圣多美岛约 135 公里，距离普林西比岛约 130 公里，是圣普专属经济区的第一口探井。[②] 8 月初，钻探工作顺利完成。圣普国家石油局在声明中指出，该国海域中存在石油，但勘探结果只有在专门实

---

① "São Tomé aprova arranque de projeto de zona franca avaliado em 1, 315 mil ME", November 2, 2022, https://visao.pt/atualidade/mundo/2022-11-02-sao-tome-aprova-arranque-de-projeto-de-zona-franca-avaliado-em-1315-mil-me/.

② Téla Nón, "Começou a operação de perfuração do bloco 6 da ZEE", April 28, 2022, https://www.telanon.info/economia/2022/04/28/37186/comecou-a-operacao-de-perfuracao-do-bloco-6-da-zee/.

验室的数据分析和评估过程结束时才能得知。10月，葡萄牙高浦能源和荷兰壳牌证实圣多美和普林西比存在活跃的石油系统，但没有证据表明其可采潜力足以实现商业化，并承诺继续评估结果。

作为世界最不发达国家之一，圣多美和普林西比的财政压力很大，长期接受国际货币基金组织（IMF）的财政援助。该国的财务紧张状况从其拖欠安哥拉国家石油公司债务和公务员对提高工资水平的诉求可见一斑。2022年3月，由于圣普政府未及时支付逾期债务，安哥拉国家石油公司（Sonangol）自该月减少对圣普水电公司Emae 50%的燃料供应。7月，圣普政府所欠燃料债务已累计达到1.869亿欧元，安哥拉国家石油公司进一步减少燃料供应，使圣普政府面临电力供应危机，公共服务已瘫痪两个星期。① 另外，圣普全国工人组织（ONSTP）秘书长若昂·塔瓦雷斯（João Tavares）于3月向行政部门发出最后通牒，要求将公务员最低工资提高至4500多布拉（约180欧元），而现最低工资仅为1100多布拉（约50欧元）。此后，政府与工会就最低工资达成协议，公务员工资自5月上调至2500多布拉；预计2024年将调整至4500多布拉。② 2022年3月和9月，国际货币基金组织先后完成了对圣普扩展信贷融资机制（ECF）协议的第四次和第五次评估，分别拨付270万美元和248万美元的财政援助。该协议于2019年10月2日签署通过，期限为40个月，贷款总额约1815万美元（已支付约1679万美元），旨在支持圣普政府经济改革进程，恢复宏观经济稳定，降低债务脆弱性和国际收支压力。③

---

① "Angola reduz combustível a São Tomé e Príncipe devido a dívida acumulada", July 7, 2022, https：//www. noticiasaominuto. com/economia/2030910/angola-reduz-combustivel-a-sao-tome-e-principe-devido-a-divida-acumulada.

② "STP：Governo e sindicatos chegam a acordo sobre salário mínimo", March 9, 2022, https：//www. voaportugues. com/a/stp-governo-e-sindicatos-chegam-a-acordo-sobre-sal%C3%A1rio-m%C3%ADnimo/6476651. html.

③ 《国际货币基金组织将对圣普进行248万美元的援助》，中国驻圣多美和普林西比大使馆经济商务处，2022年9月1日，http：//st. mofcom. gov. cn/article/jmxw/202211/20221103367094. shtml。

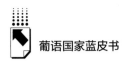
三　社会形势

2022 年，圣多美和普林西比的人口稳步上升，城市人口数量保持增长，卫生服务、公共设施的普及率在非洲葡语国家中较高，但仍有较大提升空间。根据世界银行数据，2022 年圣多美和普林西比总人口为 22.74 万人；其中，城市人口约 17.23 万人，占比 75.76%，比 2021 年增加 0.68 个百分点；农村人口约 5.51 万人，占比 24.24%。相比 2021 年，该国总人口、城市人口和农村人口分别增长 1.9%、2.8% 和 -0.88%。2022 年，圣多美和普林西比全国可享受基本卫生服务的人口比例仅为 47.84%，较 2021 年增加 0.08 个百分点；可享受基本饮用水服务的人口比例为 77.34%，较 2021 年增加 0.06 个百分点；可享受基本洗手设施（包括肥皂和水）的人口比例为 58.06%，较 2021 年增加 0.13 个百分点。圣多美和普林西比各方面基础设施亟待改进，得到了国际上的广泛支持。在医疗领域，该国开展了医院现代化改造、药品仓库建设等项目。2022 年 8 月 11 日，Ayres de Menezes 中心医院修复和现代化改造项目启动公开招标，项目金额达 1700 万美元，由科威特基金提供融资。11 月 17 日，总理特罗瓦达访问 Ayres de Menezes 中心医院，宣布于几周内启动该医院的翻新工程。翻新后的中心医院将成为圣普第一家真正的功能型医院，同时改善急诊室运作不协调、药品和试剂匮乏、饮用水不足等现状。① 2022 年 12 月 12 日，圣普卫生、劳动和社会事务部长容凯拉主持在 Gonga 区举行的药品仓库项目建设开工仪式。该工程由全球基金和联合国开发计划署共同出资，造价约 130 万欧元，占地 550 平方米，将建成同国际标准接轨的数字化医疗用品仓库。②

---

① 《科威特基金资助的圣普中心医院翻新项目将于近期启动》，中国驻圣多美和普林西比大使馆经济商务处，2022 年 11 月 17 日，http://st.mofcom.gov.cn/article/jmxw/202211/20221103368878.shtml。

② 《全球基金和联合国开发计划署共同出资建造圣普数字化医疗用品仓库》，中国驻圣多美和普林西比大使馆经济商务处，2022 年 12 月 12 日，http://st.mofcom.gov.cn/article/jmxw/202212/20221203373322.shtml。

在清洁能源领域，圣多美和普林西比在光伏、水电等方面积极开展国际合作。2022 年 2 月 9 日，圣普国家水电公司、普林西比自治区与美国 Management & Economics Consulting（MAECI）公司签署清洁能源项目三方合作协议。该协议系普林西比岛签署的首个清洁能源开发及生产协议，旨在改善普林西比岛能源结构，解决能源紧缺问题。项目将在 3~4 个月内进入实施阶段，预计可开发共约 8 兆瓦太阳能和光伏能源，每千瓦生产成本约 11~12 美分，所生产能源将接入圣普国家水电公司电网，预计可满足普林西比岛 60% 的能源消费群体需求。① 4 月 12 日，时任总理热苏斯和时任基础设施部长达布来乌分别会见了小岛屿发展中国家能源组织（SIDS-DOCK）代表。双方拟于 2023~2030 年在圣普开展技术创新试验建设，推动更多地利用潮汐、海洋温差等发电，逐步实现发电功率达到 10 兆瓦，以促进蓝色经济的发展。6 月 29 日，联合国海洋大会期间，圣普加入小岛屿发展中国家能源组织首个浮动平台热能转换项目，该示范项目有望帮助圣普减少对化石能源的依赖，实现能源转型。2022 年 7 月，由联合国开发计划署（UNDP）和非洲开发银行（BAD）出资援建的圣普光伏发电项目已完成用地准备、金属结构搭建等，开始安装太阳能板，预计一期 540 千瓦电站将于 5 个月内竣工。该项目有利于保障圣普清洁能源供应，减少对安哥拉化石燃料的依赖。这是圣普首个光伏发电站，目前火力发电是圣普唯一的发电方式。②

在交通和通信基础设施领域，圣多美和普林西比展开了道路修复和港口建设项目，并批准 4G 网络运用。2022 年 8 月 10 口，圣普总统诺瓦会见新任荷兰驻圣普大使并接受国书。荷兰驻圣普大使表示，荷兰将向圣普提供 2500 万欧元，其中 1500 万欧元用于整修 7 月 12 日滨海公路，项目招投标结果将于 2022 年年底公布，工程计划于 2023 年上半年启动。剩余资金将通过

① 《普林西比自治区与美国 MAECI 公司签署清洁能源项目合作协议》，中国驻圣多美和普林西比大使馆经济商务处，2022 年 2 月 10 日，http://st.mofcom.gov.cn/article/jmxw/202202/20220203279145.shtml。

② 《圣普光伏发电项目一期将于年内竣工》，中国驻圣多美和普林西比大使馆经济商务处，2022 年 7 月 6 日，http://st.mofcom.gov.cn/article/jmxw/202207/20220703336421.shtml。

欧洲投资银行向圣普提供援助。8 月 15 日，圣多美和普林西比政府与安哥拉、加纳和圣普公司组成的联合体签署 Fernão Dias 深水港建设运营及开发合同，合同价值 4.5 亿美元。该港口将包括费尔南迪亚斯港（位于圣多美岛北部）、安娜查韦斯港（位于首都）港，在几内亚湾提供服务。这是一个多用途港口，不仅提供转运服务，还有其他补充活动，如船舶修理、燃料储存、捕鱼区活动，甚至接待游轮。该港口项目预计将持续 30 年时间，第一阶段建设将于 5 年内完成。① 8 月 24 日，圣多美和普林西比启动 4 号国道修复工程。该公路连接了 Bobô-Fôrro 村、Obô-Izaquente 村、Madalena 村、Potó 村和 Desejada 村等地区，全长 13 公里。同日，圣多美和普林西比基础设施和自然资源部部长表示将于 2022 年年底前或 2023 年年初建成 4G 网络。目前圣普政府已批准 4G 网络的运用，监管机构正就此对运营商做出安排。②

四　中国与圣多美和普林西比外交关系

中国与圣多美和普林西比继续保持友好外交关系，虽然两国在 2022 年没有开展高层互访，但是仍保持着紧密的沟通交流。2022 年 4 月 10 日，中国—葡语国家经贸合作论坛部长级特别会议在澳门成功举办，时任国务院总理李克强以视频方式出席开幕式并致辞。圣普时任总理热苏斯以视频方式致辞，感谢中方一直以来对圣普提供的发展援助和抗疫支持。③ 2022 年 8 月，针对美国国会众议长佩洛西窜访中国台湾地区，圣普政府于 8 月 4 日在官网上发布声明，重申坚持一个中国原则；8 月 8 日，民独党公开发表声明重申

---

① "Governo de São Tomé e Príncipe assina acordo para construcao do porto em aguas profundas", August 15, 2022, https://www.stp-press.st/2022/08/15/governo-de-sao-tome-e-principe-assina-acordo-para-construcao-do-porto-em-aguas-profundas/.

② "Rede 4G vai ser utilizada nas telecomunicações em São Tomé e Príncipe", August 24, 2022, https://www.stp-press.st/2022/08/24/rede-4g-vai-ser-utilizada-nas-telecomunicacoes-em-sao-tome-e-principe/.

③ 《圣普总理热苏斯和财政部长达格拉萨线上出席中葡论坛部长级特别会议》，中国驻圣多美和普林西比大使馆，2022 年 4 月 11 日，http://st.china-embassy.gov.cn/zspgx/202204/t20220412_10666833.htm。

奉行一个中国政策，并全文刊登在当地最大网站特拉侬网；此后，圣普国民议会圣普—中国友好小组主席丽塔向中方致函，重申坚定奉行一个中国原则，呼吁国际社会秉持不干涉他国主权和领土完整的立场和态度。2022年10月，中国共产党第二十次全国代表大会胜利召开，圣普各政党纷纷表示祝贺。10月16日，圣普"够了运动"党、变革力量民主运动/自由联盟党（MDFM/UL）负责人分别向习近平总书记致贺电；10月17日，圣普时任总理、执政党解放运动/社会民主党主席热苏斯向习近平总书记致函，独立公民运动/社会党主席蒙泰罗在国家通讯社发布公告，热烈祝贺中共二十大胜利召开。10月23日，热苏斯向习近平总书记致函，圣普国民议会圣普—中国友好小组主席丽塔向全国人大中圣普友好小组致函，热烈祝贺习近平连任中共中央总书记；10月24日，圣普民独党主席特罗瓦达向习近平总书记致函，热烈祝贺习近平连任中共中央总书记。2022年12月，在特罗瓦达就任圣多美和普林西比总理后，李克强总理也致电表示祝贺。2022年12月15日，圣普总统诺瓦在总统府会见中国政府非洲事务特别代表刘豫锡，就两国关系和双方共同关心的问题交换意见。①

在经贸关系方面，2022年中国与圣多美和普林西比双边贸易稳步增长，但直接投资有所下降。在贸易方面，中国与圣多美和普林西比商品贸易以中国出口为主。中国海关总署资料显示，2022年1~12月，中国与圣多美和普林西比进出口商品总值为1543.8万美元，同比增长2.5%；其中，中国自圣多美和普林西比进口额为15万美元，同比增长13.0%；对圣多美和普林西比出口额为1528.8万美元，同比增长2.4%。2022年11月，中国国务院关税税则委员会公布，自2022年12月1日起，对原产于包括圣多美和普林西比、几内亚比绍等葡语国家在内的10个最不发达国家的98%税目产品实施零关税。此举有利于践行互利共赢的开放战略，推动建设开放型世界经济，

---

① 《圣多美和普林西比总统诺瓦会见中国政府非洲事务特别代表刘豫锡》，中国驻圣多美和普林西比大使馆，2022年12月16日，http://st.china‑embassy.gov.cn/zspgx/202212/t20221217_10991544.htm。

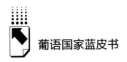

支持和帮助最不发达国家加快发展。① 在投资方面，根据《2022 年度中国对外直接投资统计公报》，2022 年中国对圣多美和普林西比的直接投资存量为51 万美元，较 2021 年减少 18 万美元。

作为圣多美和普林西比的重要援助方，中国继续在农业技术、卫生医疗、基础设施建设等方面提供帮助。在农业技术方面，中方专家帮助圣普建立了农业减贫示范村，并对当地最大的木薯粉加工厂进行修缮。2022 年 2 月 22 日，徐迎真大使与圣普农业、农村发展和渔业部部长多斯拉莫斯一同前往位于洛巴塔大区的中圣普农业减贫示范村卡尔德拉斯村进行实地考察。该项目内容包括 10 个养鸡示范户、3 个蔬菜种植示范户、5 个玉米种植示范户和 7 个节能灶使用示范户。中国专家组帮助农户建设鸡舍、蔬菜大棚和节能灶等，同时进行培训并指导开展生产，旨在提升农户生产经营水平，增加收入，改善生活，应对国际市场价格攀升导致圣普基本生活必需品价格上涨问题，并通过节能灶项目清洁居住环境，实现节能减排，助力圣普应对气候变化。② 5 月 5 日，由中国援圣多美和普林西比农业技术组承包的玛格丽达·曼努埃尔木薯粉加工厂修缮工程竣工并重新启用。玛格丽达·曼努埃尔木薯粉加工厂位于圣普梅佐希大区，是圣普最大的木薯粉加工厂，产量一度占全国一半以上，但由于年久失修而停产多年。中国农技组对玛格丽达·曼努埃尔木薯粉加工厂进行修缮，不仅改善了生产环境，而且将大大提高当地木薯粉加工的生产效率、带动就业和增收。中方将在未来继续提供技术指导，帮助提高生产经营管理水平，推动加工厂的可持续发展。③

在卫生医疗方面，除了向圣普捐赠医疗物资，中国还派驻专家组和医疗

① 《中国给予几比和圣普等国 98%税目产品零关税待遇》，中国—葡语国家经贸合作论坛（澳门）常设秘书处，2022 年 11 月 14 日，https：//www.forumchinaplp.org.mo/zh‐hans/economic_ trade/view/2265。

② 《徐迎真大使与圣普农业部长共同考察援圣普农业减贫示范村》，中国驻圣多美和普林西比大使馆经济商务处，2022 年 2 月 25 日，http：//st.mofcom.gov.cn/article/jmxw/202202/20220203282754.shtml。

③ 《中国专家组修缮的木薯粉加工厂重启生产》，中国—葡语国家经贸合作论坛（澳门）常设秘书处，2022 年 5 月 10 日，https：//www.forumchinaplp.org.mo/zh‐hans/economic_ trade/view/2793。

队在当地开展医疗防治工作。2022 年 3 月，中国向圣普捐赠医疗及卫生物资，包括手套、口罩、护目镜、面罩、隔离服等，这些物资将分发给当地医疗机构和民众，特别是妇女、儿童等弱势群体。这是中国国家国际发展合作署与联合国人口基金在南南合作援助基金框架下在圣普开展的首个合作项目。① 3 月 28 日，中国援圣普抗疟专家组于圣多美岛上的阿瓜格朗德大区开启疟疾防治项目，中国和当地医务人员对该区 10 个疟疾高发村的疟疾患者进行诊断和治疗。中国抗疟专家组帮助圣普卫生部制定了新型抗疟疾策略，以全民服药和防蚊灭蚊为主，将帮助圣普实现 2025 年前疟疾零感染。4 月 28 日，第 17 批中国援圣普医疗队在潘图弗小学启动"圣多美岛青少年牙齿涂氟预防龋病项目"。医疗队计划以学校为单位，面向圣多美岛小学五年级学生，分阶段开展牙齿涂氟预防龋病项目。本学期为项目第一阶段，医疗队将走访 8 个小学，对共计 1000 余名五年级小学生进行牙齿涂氟，并在半年后进行随访，观察涂氟后效果。6 月 24 日，中国援圣普疟疾防治专家顾问组联合圣多美和普林西比大学孔子学院及圣普国家疾控中心在圣普大学举办疟疾防治知识讲座，重点介绍了消灭传播疟疾的蚊子以及使用经抗疟药物浸渍蚊帐抗击疟疾的工作。② 12 月 9 日，中国政府向圣多美和普林西比捐赠了一批价值约 8 万美元的手术设备和药品，以缓解圣普医疗物资短缺的问题，提高当地医院的救治能力。12 月 22 日，中国政府又向圣多美和普林西比捐赠一批抗疟物资，包括实验室仪器、室外喷洒作业所需机器、红外测温仪、微型电脑、显微镜、净水器、超低温冰箱、GPS、均质器、防毒面具等设备。③

在基础设施建设方面，中国在圣普开展了社会住房援建、机场改扩建、

---

① 《徐迎真大使出席中国政府在南南合作基金项下向圣普提供健康卫生物资项目交接仪式》，中国驻圣多美和普林西比大使馆，2022 年 3 月 10 日，http://st.china-embassy.gov.cn/sghd/202203/t20220310_ 10650388. htm。

② 《中国医疗队在圣普大学举办疟疾防治知识讲座》，中国—葡语国家经贸合作论坛（澳门）常设秘书处，2022 年 6 月 29 日，https://www.forumchinaplp.org.mo/zh-hans/economic_trade/view/2665。

③ 《徐迎真大使出席中国政府向圣普捐赠抗疟物资交接仪式》，中国驻圣多美和普林西比大使馆，2022 年 12 月 22 日，http://st.china-embassy.gov.cn/sghd/202212/t20221223_ 10994065. htm。

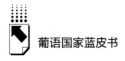

图书馆修缮等项目。2022 年 2 月，圣普启动中国援建 60 套社会住房的分配工作。该住房工程于 2019 年年底动工，包括位于坎塔加洛县南部区域的 3 栋楼房以及位于洛巴塔县北部的 2 栋楼房，为中国援建圣普社会房屋项目的一部分。整体援建工程将为圣普建设 200 套社会住房，预计于 2024 年竣工。6 月 29 日，中国宣布将为圣多美和普林西比首都国际机场改扩建项目的实施投资约 1 亿美元，预计于 6 个月内开工。项目完工后，圣普首都国际机场跑道将延长 600 多米，可承接大型飞机，并同时处理多班航班的升降。该项目协议由两国政府于 2020 年签署，中方于 2021 年开始带领技术团队到圣普进行海道测量，两国技术专家在 2022 年上半年举行了多场线上工作会议以交流意见。2022 年 8 月 25 日，中国驻圣多美和普林西比大使馆与圣普文化部共同为圣普国家图书馆阅览室举行启用仪式。该阅览室位于圣多美，由中国大使馆协助修缮，旨在为圣普人民特别是学生提供更好的图书馆服务。①

---

① 《中国与圣普合作修缮圣普国家图书馆》，中国—葡语国家经贸合作论坛（澳门）常设秘书处，2022 年 8 月 29 日，https：//www. forumchinaplp. org. mo/zh-hans/economic_ trade/view/2528。

B.15
东帝汶民主共和国

唐奇芳*

摘 要： 2022 年，东帝汶整体形势平稳。总统选举如期顺利举行，若泽·拉莫斯·奥尔塔当选。非石油经济缓慢恢复，石油基金投资受挫，财政收支问题扩大，经济多元化战略加快推进。受新冠疫情和国际形势影响，东帝汶部分社会发展问题更加突出，政府及时采取措施应对，并获得发展伙伴支持。多边外交是东帝汶的关注重点，加入世界贸易组织（WTO）和东南亚国家联盟（ASEAN）的程序都进行到最后一步。中国与东帝汶关系发展顺畅，高层往来密切，经贸合作逆势增长，中方大力支援东帝汶发展。

关键词： 总统选举　财政收支问题　加入世贸组织　加入东盟

2022 年，东帝汶各方面形势整体稳定。政局平稳，总统选举顺利举行。经济复苏缓慢但多元化战略颇有进展。突出的社会发展问题得到国内外及时应对。东帝汶入世（贸组织）入（东）盟等多边外交取得关键进展。对华关系发展顺畅，得到中方大力援助。

一 政治形势

2022 年东帝汶政治方面的首要大事是总统选举。2 月 17 日，东帝汶

---

* 唐奇芳，中国国际问题研究院副研究员，主要研究方向为中国—东盟关系等。

上诉法院公布总统候选人名单和根据抽签结果决定的选票排序，共有 16 人参选，创历届大选人数之最。其中，较为引人注目的候选人包括时任总统卢奥洛、前总统奥尔塔、前国防军司令蒂穆尔、时任副总理阿曼达等。3 月 19 日，东帝汶举行总统选举投票，16 名竞选人无人得票过半。前总统奥尔塔以 46.58% 的得票率领先，时任总统卢奥洛以 22.16% 的得票率排名第二，按照规定，两人将进入第二轮竞选。4 月 19 日，东帝汶进行第二轮总统选举投票。最终，奥尔塔以 398028 票（62.09%）击败卢奥洛的 242939 票（37.91%）。[①] 5 月 19 日，奥尔塔宣誓就任东帝汶第五任总统，任期为 2022~2027 年。奥尔塔在宣誓仪式上表示，将加强与周边国家的双边关系，并与国民议会、政府、各党派和离任总统卢奥洛等开展广泛对话，领导东帝汶消除极端贫困、营养不良及非包容性等问题，促进和平与民主。

此次总统选举整体较为顺利，选举工作安排周到有序。东帝汶全国选举委员会提前一年即开始在国内外开展选民登记工作，到 2022 年 1 月 14 日结束时共有 85 万余人登记。由于尚在新冠疫情防控期间，为避免投票者聚集增加传染风险，东帝汶选举技术秘书处除设立 1500 个投票站外，还将投票中心由 400 个增至 1200 个，并在澳大利亚、葡萄牙、英国、韩国等国设立投票点。选举期间，欧盟及葡语国家共同体观察团受邀全程参与监督。观察团对本次东帝汶大选评价积极，认为选举组织良好、和平有序，选举过程可信、自由且透明。

国家财政预算案的制定与执行仍是东帝汶政府的主要工作和挑战。为了保证最优先项目的资金，东帝汶政府将 2022 年国家预算的优先项目由 145 个调整至 45 个。奥尔塔总统就任后，2023 年国家财政预算案编制工作也随之启动。6 月 30 日，东帝汶政府组织召开预算日研讨会，研究 2023 年主要规划方案的落实措施。根据计划，预算案于 9 月 15 日提交部长理事会，10

---

① "Ramos-Horta Wins East Timor Election：Officials", The ASEAN Post, April 21, 2022, https：//theaseanpost. com/geopolitics/2022/apr/21/ramos-horta-wins-east-timor-election-officials.

月 1 日提交国民议会。11 月 17 日，东帝汶国民议会全体会议以 42 票赞成、21 票反对、2 票弃权通过了 2023 年国家财政预算案。预算总额为 31.6 亿美元，其中 10 亿美元用于民族解放战斗人员基金。[①] 12 月 14 日，东帝汶上诉法院判定民族解放战斗人员基金违宪。次日，奥尔塔总统批准了修改后的 2023 年国家财政预算，剔除了民族解放战斗人员基金，总金额为 21.6 亿美元。其中，18 亿美元用于中央行政预算，1.2 亿美元用于欧库西特区，2.4 亿美元用于社会保障。

2022 年是东帝汶恢复独立 20 周年，5 月 20 日，奥尔塔总统在帝力主持庆典活动，数十位国家元首、政府代表等出席。作为亚洲最年轻的国家，东帝汶的国家政治制度仍在不断建设完善之中。首先，中央政府机构持续增加建制。2022 年，东帝汶政府先后正式设立了民事保护局和国家统计局。民事保护局将与国防军、国民警察并列，成为东帝汶国家安全的第三大支柱。国家统计局从财政部独立出来，以更好地承担设计、协调和编制官方统计数据的职责。其次，地方政府建制更受重视。东帝汶最大离岛——阿陶罗岛于 2022 年 1 月 1 日起实施独立行政区划，成立阿陶罗市。东帝汶政府计划将该岛发展为旅游胜地，为此设立了 1300 万美元的基金，并在这里举办第八届全国文化节，为促进旅游创造机会。最后，反腐败等治理成就有所提升。东帝汶在全球清廉指数（CPI）排行榜上的排名从 2019 年的第 93 位提高到 2022 年的第 81 位。[②]

二　经济形势

2022 年，东帝汶经济喜忧参半，挑战和机遇并存。一是非石油产业缓慢恢复，但石油收入总量减少。2022 年非石油 GDP 增长 3.9%，相较 2021

---

① National Parliament Approves GSB 2023, Government official website of Timor-leste, November 17, 2022, http：//timor-leste. gov. tl/？p＝31496&lang＝en&n＝1.

② Corruption Perceptions Index, Transparency International, https：//images. transparencycdn. org/images/Report_ CPI2022_ English. pdf.

年的 2.9% 有所提升。① 这一数据在普遍经济下降的太平洋岛国中十分亮眼。与此同时，包含石油收入的 GDP 为 32.05 亿美元，较 2021 年的 36.22 亿美元下降 11.5%。② 这主要是因为受国际金融环境影响，2022 年东帝汶石油基金投资遭受亏损，投资收入大幅减少。例如，石油基金在 2022 年第三季度资金流入 0.94 亿美元，资金流出 4.1 亿美元，基金总回报率为 -3.48%。③ 二是财政预算执行率有所提高，但预算赤字不断扩大。2022 年，东帝汶共执行国家预算 17.41 亿美元，占总预算的 78.75%，高于 2021 年的 71%。④ 但是，东帝汶财政收支存在严重问题。该国预算中公共支出所占比重居世界前列，接近 GDP 的 90%。国内税收只占 GDP 的 8%，远低于该地区平均水平（15%）。收入和支出的不平衡导致巨大预算赤字，威胁财政可持续性。

受国内外因素影响，东帝汶经济发展面临双重挑战。一方面，产业结构过度单一的问题在新形势下愈加凸显。石油、天然气产业占东帝汶经济收入的比重超过 95%，国家财政严重依赖石油基金收入。财政预算增加叠加石油基金投资受挫，2022 年年底东帝汶石油基金比上年减少 22.4 亿美元。⑤ 长此以往，东帝汶石油基金将在十年内耗尽，该国将在 2034 年达到"预算悬崖"。另一方面，国际形势动荡也给东帝汶经济带来一定压力。俄乌冲突引发全球性通胀，2022 年 8 月东帝汶消费者价格同比上涨 7.9%，居于地区国家前列。⑥ 尤其粮油、燃料等生活必需品价格上涨给当地居民生活造成较

---

① Timor-Leste's Non-Oil GDP Growth Rate Rises to 3.9% in 2022, Ministry of Finance, Timor-leste, https：//www. mof. gov. tl/eventdetails/timor-lestes-non-oil-gdp-growth-rate-rises-to-3-9-in-2022.

② 根据国际货币基金组织数据库查询结果计算，https：//data. imf. org/regular. aspx? key = 61545852，最后访问日期：2024 年 1 月 8 日。

③ 参见东帝汶财政部石油基金投资月报季报数据库，https：//www. bancocentral. tl/PF/Reports. asp，最后访问日期：2024 年 1 月 8 日。

④ 根据东帝汶财政部预算执行报告数据计算，https：//www. mof. gov. tl/pagedetails/budget-execution-report，最后访问日期：2024 年 1 月 6 日。

⑤ 参见东帝汶财政部石油基金投资月报季报数据库，https：//www. bancocentral. tl/PF/Reports. asp，最后访问日期：2024 年 1 月 8 日。

⑥ Timor-Leste Economic Report：Honoring the Past, Securing the Future, World Bank, December 1, 2022.

大影响。

对于上述形势和挑战，东帝汶政府采取一系列临时措施缓解眼下紧急情况，同时继续推行"兴油气、促多元"的长期战略改善经济结构。

临时措施主要针对国际形势影响下东帝汶发生的粮食供应紧张和燃料价格上涨等紧要民生问题。为解决粮食供应问题，东帝汶政府共花费约 400 万美元预算，从泰国进口 5000 吨大米；为解决燃料价格上涨问题，东帝汶石油和矿产资源部通过该国 59 个加油站向公共交通运营商（公共汽车、小巴、出租车、卡车、渔船、客运渡轮和农用拖拉机）实施化石燃料补贴，时间为 2022 年 5~7 月。

长期战略的首要内容仍是扩大油气产业规模，维持石油收入的稳定。这一政策的关键是大日升油气田的开发。东帝汶方面的立场十分明确，即大日升油气田石油和天然气应通过管道输送到东帝汶进行开发，各党派在这一问题上的态度也罕见地高度一致。为此，东帝汶与澳方保持密切沟通，石油和矿产资源部部长于 7 月和 12 月先后约见澳大利亚资源部部长和大日升油气田问题特别代表，重申东帝汶对大日升油气田项目开发的立场，介绍关于引入岸上开发油气田的计划，争取澳政府的支持。澳方则回应称，澳政府在该问题上不持任何立场，最终决策取决于联营体，澳方愿积极寻找问题最优解。同时，东帝汶也积极扩大其他油气资源的开发。3月 5 日，石油和矿产资源部正式发起 2019~2022 年第二轮石油和天然气许可证公开招标，共有 7 家国内外石油公司参与竞标，最后有 5 家公司各中标一个区块。东帝汶还计划增加对本土陆地和近海的地质勘探，并将研究碳捕捉和氢能的开发。

东帝汶产业多元化的视野更加开阔。旅游业仍是优先发展方向，东帝汶丰富的旅游资源和巨大的开发潜力吸引了国际投资者的关注。2022 年 1 月 4日，东帝汶政府与新加坡鹈鹕天堂集团（Pelican Paradise Group Limited）签署投资协议，计划建设五星级酒店及配套设施。11 月 23 日，项目第一期奠基仪式在利基萨市举行，总统奥尔塔、总理鲁瓦克等出席。该项目总投资额为 7 亿美元，占地 558 公顷，建成后的综合体将涵盖酒店、高尔夫球场、青年发展中心、国际学校、国际医院和商业中心等，将带来上万个长期工作岗位。随着疫情开放，东帝汶旅游业逐步恢复，2022 年 9 月迎来首批 125 名乘坐荷兰邮轮的外国游客。东帝汶政府也加大资金投入，全力促进旅游业开发。政府拨款 5000 万美元投入"价值链"贷款项目，将为本国企业提供 3% 的优惠利率，旨在促进酒店业等旅游相关产业发展。另外，政府还批准 2550 万美元，用于修复连接阿伊纳罗至埃尔梅拉的道路。该道路全长 30 公里，连接东帝汶重要旅游景点和农业区，对经济多元化发展具有重要意义。

农业是东帝汶经济多元化的另一个重点。该国 70% 的人口以农业为生，其中从事咖啡产业的人口占全国人口的 1/4。东帝汶有近 6 万公顷咖啡种植园，但目前有生产力的只有约 2000 公顷。东帝汶政府计划振兴和扩大全国 1 万公顷咖啡种植面积，2022 年共批准拨款 640 万美元用于促进老咖啡树的恢复等，完成咖啡种植园修复约 600 公顷。9 月，东帝汶派出 122 名青年赴以色列接受为期 11 个月的高级农业技术培训，学习先进的农业生产方式，包括咖啡种植。

渔业作为农业的关联产业，也受到东帝汶政府的重视。政府计划在海拉建立综合渔业培训中心，帮助民众全面掌握渔业技能，并向 1300 户 5266 名本地渔民发放综合渔具，包括渔船、渔网、船用发动机和冷藏箱等，为其提供捕鱼培训、设备维护和船员培训。农业渔业部将招标购买 2 艘工业渔船，雇用从韩国回国并具有渔业生产经验的东帝汶工人。该部还计划投资 550 万美元在梅蒂纳罗地区建造综合渔港，包含停船区、装卸码头、仓库及鱼市场等设施。同时，由于本国渔民深受非法捕捞影响，东帝汶政府于 10 月批准加入《港口国措施协议》，该协议旨在消除非法的、未报告的和无管制的渔业捕捞活动，加强对海洋生物资源和生态系统的保护。

东帝汶的多元化战略还涵盖了工业、航空和数字信息等高附加值产业。在工业方面，政府确定在利基萨市拿出 50 公顷土地建设工业园区，项目计划投资 2500 万美元，于 2025~2027 年进行建设。年内，东帝汶政府已委托两家专业公司完成项目的可行性研究，批准创建一家公共有限公司，负责工业园区的建设、管理和推广。在航空方面，东帝汶政府对帝力国际机场进行升级改造，将机场跑道延长至 2100 米，另有 400 米海上跑道，全长 2500 米，可供大型飞机起降。在此基础上，帝力航空公司将于 2023 年 1 月启动首个国际商业航班，拟开通帝力飞新加坡、澳大利亚和马来西亚的航线。此外，东帝汶运输和交通部继续与中国、马来西亚、土耳其、科威特及菲律宾五国商签民航协议，以扩大直航范围。在数字信息方面，东帝汶政府批准了"数字发展和信息通信技术国家战略计划"（简称"数字帝汶 2032"），主要内容是加强电子政府建设，推进数字技术在经济、卫生、教育和农业领域的应用，为公民创建电子身份证等。

此外，东帝汶政府还想方设法开辟财源。一是提高烟酒产品消费税，以提高政府收入，并抑制对民众健康造成有害影响的高酒精饮料和烟草的消费。二是完善制度建设，鼓励海外务工，增加侨汇收入。目前东帝汶有 3.9 万名海外务工人员，侨汇收入已成为该国仅次于石油收入的第二大收入来源。2022 年 5 月，政府批准设立海外社区事务国务秘书处，以加强海外公民与国家的联系，更好地提供各种公共服务。12 月，政府制订了 2022~2027 年劳动力流动战略计划，旨在应对国外劳动力市场需求，派遣更多工人赴海外工作。

三 社会形势

为应对新冠疫情和国际形势动荡给社会民生带来的双重影响，2022 年，东帝汶采取了多项贫困人口补贴措施。2 月，东帝汶政府决定向每名贫困民众提供价值 50 美元的基本食品和个人卫生用品。5 月，东帝汶政府批准以家庭为单位向民众发放第 13 个月经济补贴，金额为每户 200 美元。发放对象为月收入低于 500 美元的家庭，估计共 30 多万户低收入家庭获益，补贴总额约 6700 万美元。①

---

① "Govt Approves 13th-month Salary for all Households in TL", TATOLI, May 6, 2022, https：//en. tatoli. tl/2022/05/06/govt-approves-13th-month-salary-for-all-households-in-tl/16/.

　　为加强弱势群体的抗风险能力，东帝汶政府继续完善社会安全法制建设。5月，部长理事会会议批准三项相关法令草案，包括制定残疾人和老年人养老金最低标准、设立社会养老金和创建残疾人验证系统。7月，东帝汶国民议会一致批准加入联合国《残疾人权利公约》，并要求政府拨付足够财政预算以满足残疾人需求，在教育、健康等领域为残疾人提供服务。

　　为掌握全国常住人口基本情况，东帝汶进行了第四次人口普查。普查工作于2022年9月4日至10月5日在全国范围内展开，主要目标是统计常住人口数量，收集其住宅及居住条件等数据，以更好地进行政府政策制定。11月15日，人口普查初步数据公布，自2015年第三次人口普查以来，东帝汶总人口增长1.89%，达到1340434人。其中男性为678087人，女性为662347人，74%为35岁以下的年轻人。①

　　尽管拥有巨大的人口红利，但东帝汶也存在严重的人口健康问题。世界银行发布的2022年6月版《东帝汶经济报告》指出，该国目前面临儿童早期发病率和死亡率偏高、儿童营养不良、儿童受教育比例偏低等多重人力资本挑战。为尽快解决这些问题，东帝汶政府及时采取了针对性措施。针对营养不良问题，6月，政府宣布增加鱼类供应，包括向数百个养鱼户分发超过100万尾鱼苗、建造110艘渔船分发给11个地区的渔民，争取到2023年该国的人均鱼肉消费量提高到10公斤；7月，奥尔塔总统宣布启动国家营养保障计划，致力于实现"零饥饿"目标。针对东帝汶75%的儿童没有接受学前教育、56%的5岁以下儿童存在学习和健康条件不良的情况，7月，东帝汶政府宣布计划在2023年将学前教育推广至全国，并批准向全国学前教育机构及小学学生提供膳食的计划，标准为每人每上学日0.42美元。

　　由于政府的重视，东帝汶在其他社会发展领域也取得一定进展。

　　在健康卫生领域，东帝汶加强软硬件两方面建设。硬件上，东帝汶在新

---

① "Timor-leste Population and Housing Census 2022 Preliminary Results", Government official website of Timor-leste, November 2022, https://inetl-ip.gov.tl/wp-content/uploads/2023/04/Census-Preliminary-results-2022-for_web.pdf.

冠疫情防控期间加紧建设医疗基础设施。2019~2022年，东帝汶共建成639个卫生设施，其中包括医疗卫生中心、卫生所、生产科、病房、新冠病毒隔离点和新冠病毒检测实验室等。国立医院建设进一步完善，通过国际公开招标方式启动儿科和重症监护室建设。软件上，东帝汶制定针对专门问题的政策，出台整体解决方案。政府将通过符合国情的生育计划政策，指导民众通过婚前医学检查、避孕措施和不孕症治疗等，降低生产风险并保障产妇及婴儿健康。政府成立特别工作组，负责起草和执行专门行动计划，以改善儿童营养不良和发育迟缓问题。卫生部在帝力开设吸烟者康复中心，并开通免费帮助电话热线，为吸烟者提供戒烟治疗，以解决该国高吸烟率带来的健康问题。

在教育领域，东帝汶继续实施倾注全力办教育的政策。一方面，将教育作为全民事业，动员社会各界为教育发展建言献策。8月，教育部在帝力、包考、阿伊纳罗、博博纳罗和欧库西等地区举行东帝汶"教育转型"全国磋商会，旨在评估国家教育发展现状，探讨并制订教育转型计划。另一方面，为了教育不惜成本，动员一切资源为学生创造更好条件。随着疫情形势缓解，在国外留学的东帝汶学生往返留学地的需求增加，东帝汶政府专门为其提供财政支持，包括为66名返华留学的东帝汶学生提供每人4000美元的资助。东帝汶高等教育力量也进一步壮大，新成立的综合性高校天主教大学于2022年2月启动招生，涵盖教育、语言和艺术、人文科学、医学、工程及农业等学科领域，教学语言采用葡萄牙语。

在文化艺术领域，东帝汶举办多场节庆活动，以促进旅游并加强国民的文化认同。10月，在阿陶罗岛举办第八届全国文化节，为期4天，包括音乐、绘画、烹饪、美食及舞蹈等文化活动。12月，在帝力举办泰丝产品展览会，来自14个省（区）的团体现场展示现代和传统泰丝服饰，以庆祝首个泰丝国庆日。

四 外交形势

2022年，东帝汶外交的重点是多边，核心任务是推进加入世贸组织和

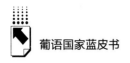

东盟。加入世贸组织，将有助于东帝汶融入全球经济价值链，创造更多跨境商机，推动经济多元可持续发展。2022年是东帝汶"入世"进程的关键年份，政府与世贸组织一直保持密切沟通协调。1月18~20日，东帝汶加入世贸首席谈判代表、经济事务协调部长阿马拉尔线上参加了世贸组织第十届"中国项目"圆桌会"最不发达国家加入的未来"高层论坛。阿马拉尔介绍了本国"入世"工作和加强遵守世贸协议和法规所需的内部改革，以寻求成员方最大限度的支持。4月底，阿马拉尔率团访问世贸组织总部，汇报近期为推进"入世"所做的工作，重申东帝汶政府决心在2023年完成入世进程。5月13日，东帝汶"入世"工作组第三次会议在日内瓦举行。会上，世贸组织各成员方一致赞赏东帝汶所做的努力，表示将加强合作，促进东帝汶参与多边贸易体系。7月11~14日，世贸组织代表团抵达东帝汶，与各政府部门、私营部门、社区机构、媒体组织及各发展伙伴举行会议，全面考察该国申请"入世"各项工作准备情况，要求东帝汶政府加快审查公司和税收法律。东帝汶方面表示，将推动修改完善国内相关法律，尽快达到入世条件。9月，阿马拉尔赴日内瓦参加东帝汶"入世"工作组第四次会议，报告本国各项筹备工作，加快与世贸组织相关成员多双边谈判进程。如果一切顺利，东帝汶将在2023年完成加入世贸组织的程序。

加入东盟的进程同样进行到了最后一步。7月6~9日，东盟社会文化共同体实况调查团对东帝汶加入东盟的技术准备开展评估。7月19~21日，东盟经济事务考察团对东帝汶进行实地考察评估，与政府官员、从业人员广泛接触，加深对东帝汶国家发展战略和政策的了解，评估其经济能力。11月11日，在柬埔寨首都金边举行的第40届和第41届东盟峰会上，东盟各国领导人发表声明，原则上同意接纳东帝汶为成员，允许东帝汶在本届峰会结束后列席包括首脑会议在内的东盟所有会议，东盟将帮助东帝汶制定成为正式成员的路线图。同日，东帝汶外交部对此表示欢迎，称将与东盟合作，共同制定路线图，争取在2023年成为东盟正式成员。为了顺利完成这"最后一步"，东帝汶积极与东盟及其成员加强协调合作。1月和10月，东帝汶外交部部长阿达尔吉萨和总统奥尔塔先后访问东盟轮值主席国柬埔寨，奥尔塔总统还在 12 月访问了新加坡和马来西亚，争取这些国家对东帝汶加入东盟的支持均是主要议题。东帝汶为顺利入盟，将筹建能够举办大型会议的场所，依托东盟加强对本国官员能力培训并调整进出口、服务和投资等经济方面的法律法规。

东帝汶还加入了关于核武装的两个国际公约。5 月 13 日，东帝汶政府批准了关于加入《全面禁止核试验条约》的决议草案，旨在完全禁止出于军事目的的核试验。6 月 21 日，东帝汶常驻联合国代表向联合国法律事务办公室提交了《禁止核武器条约》批准书，成为《禁止核武器条约》第 63 个缔约国。6 月 21~23 日，东帝汶外长阿达尔吉萨赴维也纳出席《禁止核武器条约》缔约国会议。

此外，东帝汶承办了世界卫生组织东南亚区域技术会议，来自孟加拉国、韩国、印度、泰国和印尼等国的代表出席。会议讨论了家庭计生、堕胎、降低分娩事故率、婴幼儿死亡率及青少年艾滋病等议题。这是东帝汶首次承办高级别医疗领域技术会议。

东帝汶双边关系的主要着眼点仍是澳大利亚、印尼和葡语国家。东帝汶与澳大利亚进行了比较频繁的高层互动。2 月 9~16 日，外交部长阿达尔吉萨访问澳大利亚，与澳时任外交部长佩恩会晤，双方签署了太平洋—澳大利亚劳动力流动计划下的第一份双边谅解备忘录，以促进更多东帝汶工人赴澳工作。5 月，澳大利亚总督赫尔利访问帝力，出席 19 日的奥尔塔总统就职典礼和 20 日的东帝汶恢复独立 20 周年纪念庆典。6 月 5 日，鲁瓦克总理与澳大利亚总理阿尔巴尼斯通电话。8 月 31 日至 9 月 1 日，澳大利亚外交部部长黄英贤访问帝力，其间她宣布向东帝汶追加 2000 万美元的预算支持。9 月 6~11 日，奥尔塔总统对澳大利亚进行访问，其间会见澳总督、总理、外长等人，并在澳国家新闻俱乐部及洛伊研究所发表演讲。两国签署《互惠防务合作协定》，11 月 9 日获得东帝汶政府批准。东帝汶与澳大利亚间的海底光缆铺设项目于 4 月得到东帝汶政府批准，11 月启动光缆登陆站建设国际公开招标程序。

东帝汶与印尼关系的主要议题是加入东盟和陆地边界谈判。奥尔塔总统于 7 月 18~25 日对印尼进行正式访问，这是其上任以来首次出访。奥尔塔与印尼总统佐科、东盟秘书长林玉辉等进行双边会谈，旨在加强双边关系和推进加入东盟进程。在两国元首见证下，东帝汶与印尼签署了四个领域的合作谅解备忘录，包括农业、跨境运输、气象、贸易等部门合作。双方同意重启被疫情打断的陆地边界谈判，奥尔塔总统还与印尼地方政府讨论了在两国陆上边境建立自贸区的问题。12 月 30 日，由东帝汶前外长罗伯托带领的海上边界办公室技术团队抵达雅加达，同印尼政府重启两国陆地边界谈判。

葡萄牙和几内亚比绍是东帝汶在葡语国家共同体中的密切伙伴。奥尔塔总统于 10 月 29 日至 11 月 4 日对葡萄牙进行访问，旨在进一步加强和深化双边伙伴关系，并就东帝汶政治、经济和社会发展形势及 2023 年议会选举等事项进行交流。针对大量赴葡萄牙务工的东帝汶公民遭遇失业等困境，按照两国元首达成的共识，双方准备签署劳动力流动协议，为在葡东帝汶公民创造永久居留条件。东帝汶与几内亚比绍的合作仍体现为组建支持几内亚比绍 2022 年议会选举特派团，并拨款 80 万美元用于其工作。

为减少本国石油收入的支出，东帝汶更加倾向于依靠外援进行基础设施建设。7 月 19 日，东帝汶政府与美国千年挑战合作公司（MCC）签署了一揽子合作协议。协议计划投资 4.84 亿美元，其中美国千年挑战合作公司提供 4.2 亿美元，东帝汶政府提供 6400 万美元，主要用于供水、净水、排污系统建设和教师培训项目。[1]

五 对华关系

2022 年，中国与东帝汶在各领域保持密切合作，取得较多进展。

政治方面，双方高层往来成果引人瞩目。5 月 3 日，习近平主席致电奥尔塔总统，祝贺其成功当选。习近平主席表示，中国和东帝汶建交 20 年来，

---

[1] "Timor-Leste Signs Compact Agreement with MCC on July 19th, 2022", Government official website of Timor-leste, July 19, 2022, http：//timor-leste.gov.tl/? p＝30789&lang＝en.

两国务实合作日益深化，双边关系长足发展，给两国人民带来实实在在的利益，是大小国家平等相待、合作共赢的生动写照。① 5月20日，习近平主席同奥尔塔总统互致贺电，庆祝东帝汶恢复独立20周年暨中东建交20周年。奥尔塔总统随后在接受媒体采访时强调，在其任内将与中国建立更紧密关系。② 奥尔塔表示，"一带一路"倡议是习近平主席提出的非凡愿景，近年来，中国企业积极参与东帝汶道路等基础设施建设，他完全支持"一带一路"倡议。③ 为庆祝东帝汶恢复独立20周年和中东建交20周年，6月3~4日，王毅国务委员兼外长应邀对东帝汶进行了正式访问。王毅会见了东帝汶总统奥尔塔、总理鲁瓦克等政要。王毅与东帝汶外长阿达尔吉萨进行了双边会谈，达成多项互惠互利的合作成果，内容涵盖经贸、农业、卫生、教育、人文、地方交流和互联互通等多个领域。④

经济方面，中国与东帝汶合作"逆势"增长。在世界经济复苏不力、国际贸易疲软不振的大形势下，中国与东帝汶的经贸合作取得亮眼成绩。2022年，两国贸易额为4.36亿美元，同比增长16.9%。其中，中国对东帝汶出口额为2.90亿美元，同比增长11.9%；自东帝汶进口额为1.45亿美元，同比增长28.5%。中国企业在东新签工程承包合同额为1.1亿美元，完成营业额为0.8亿美元。⑤ 中国港湾工程有限责任公司承建的蒂坝港项目于年内顺利完工，11月30日举行开港仪式，奥尔塔总统、鲁瓦克总理和革阵总书记阿尔卡蒂里等政要出席。蒂坝港具备每年100万个集装箱装载能力，将大大减少交易成本，提高东帝汶海关服务和商业活动效率，促进经济多元

① 《习近平向东帝汶当选总统奥尔塔致贺电》，《人民日报》2022年5月4日，第1版。
② 《习近平同东帝汶总统奥尔塔就中东建交20周年互致贺电 李克强同东帝汶总理鲁瓦克互致贺电》，新华网，2022年5月20日，http：//www.xinhuanet.com/politics/leaders/2022-05/20/c_1128668147.htm。
③ "China and Timor-Leste agree to strengthen regional cooperation, safeguard multilateralism, the Macao News," Jun. 6, 2022, https：//macaonews.org/news/lusofonia/china-and-timor-leste-agree-to-strengthen-regional-cooperation-safeguard-multilateralism/.
④ 《东帝汶总统奥尔塔会见王毅》，中国政府网，2022年6月4日，https：//www.gov.cn/xinwen/2022-06/04/content_5693985.htm。
⑤ 《2022年中国—帝汶经贸合作简况》，中国商务部网站，2023年12月28日，http：//yzs.mofcom.gov.cn/article/t/202312/20231203463478.shtml。

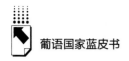
化发展和与亚洲地区海上互联互通。9月27日，重庆外建公司中标承建的贝塔诺理工学院建设项目举行奠基仪式。该学院建设是东帝汶教育和人力资源发展项目之一，已被纳入2011~2030年国家发展战略规划。经东帝汶农业渔业部批准，中国公司的船队从10月起在帝汶海开展捕鱼活动，期限2年。该船队包括7条具有完整综合捕鱼设施的渔船，以及在东帝汶招募的35名渔民。

人文方面，双方在疫情下也保持丰富交流。2月，滑雪项目运动员约汉代表东帝汶参加北京冬奥会，得到中国驻东帝汶使馆的全力支持和帮助。8月开始，130名在中国留学的东帝汶学生逐批返华复学，得到东帝汶政府的全力支持和资助。王毅国务委员兼外长访问期间提出，中方向东方提供2022年度17个赴华留学奖学金名额。为纪念中国与东帝汶建交20周年，中方向东方捐建了一座中东友谊足球场，于8月底在帝力建成。东方组建了一个由青年体育国务秘书处和社区管理者组成的团队负责球场运营。

作为东帝汶重要的发展伙伴，中国继续大力支援东方克服各种困难。2022年上半年，东帝汶同时遭受新冠疫情和比往年更加严重的登革热疫情，中方及时提供相应援助。1月，中国驻东帝汶使馆向非政府组织"妇女在行动"（FIAR）捐赠280个蚊帐，以抗击登革热传播。3月，中国政府向东帝汶捐赠10万剂科兴疫苗，以及输液泵、麻醉机、监护仪、超声诊断仪、消毒洗手液和防护服等，这是自疫情发生以来中方向东方提供的第15批抗疫物资。针对东帝汶妇女儿童营养不良问题，中国政府与世界粮食计划署（WFP）合作，采取了系列捐赠措施：一是向帝力市达劳山区小学援建了学校厨房和饮用水设施；二是捐赠100万美元，用于为东帝汶孕妇及哺乳期妇女购买550吨营养食品，第一批营养品于4月运抵并分发；三是为支持东帝汶发展咖啡产业，中国驻东帝汶使馆和云南省对外友协联合向东咖啡协会捐赠一批物资和款项；四是为提升东帝汶医疗科学技术水平，中国政府捐赠了多台医疗设备，包括肾结石碎石机和法医DNA实验室设备等。

附录一
2023年葡语国家大事记

成 红[*]

1月

1月1日 应巴西政府邀请，中国国家主席习近平特别代表、国家副主席王岐山在巴西首都巴西利亚出席巴西新任总统卢拉就职仪式并同其举行会见。会见卢拉时，王岐山向卢拉转交习近平主席的亲署函，并转达习近平主席对卢拉总统再次就任巴西总统的热烈祝贺、良好祝愿和访华邀请。在巴期间，王岐山还分别会见新任副总统阿尔克明和时任副总统莫朗。

即日起，莫桑比克将取代肯尼亚正式担任为期两年的联合国安理会非常任理事国，并在3月担任安理会轮值主席国。

圣普外长佩雷拉出席巴西新任总统卢拉就职仪式，其间同巴西外长维埃拉举行会见。

1月2日 中国国家主席习近平致函路易斯·伊纳西奥·卢拉·达席尔瓦，祝贺他就任巴西联邦共和国总统。

1月5日 莫桑比克出台第22/2022号法律，批准新的《增值税法》，并于2023年1月1日生效。该法在原法基础上修订了部分条款，其中，重点是将税率从17%降至16%，此系莫总统纽西于2022年8月宣布的经济加

---

* 成红，中国社会科学院西亚非洲研究所科研处处长、研究馆员。

229

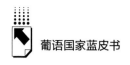

速一揽子计划（PAE）措施之一。

1月12日 中国国家主席习近平同安哥拉总统洛伦索互致贺电，庆祝两国建交40周年。

巴西国家地理统计局发布的数据显示，2022年，巴西粮食总产量达2.632亿吨，较上年增长3.9%，创历史新高。

圣普总理特罗瓦达接见葡萄牙中将塞洛尼亚率领的代表团，就加强两国国防领域合作达成一致，重点谈及相关人员培训、几内亚湾安全等议题。

1月13日 安哥拉总统洛伦索在罗安达会见到访的中国时任外交部部长秦刚。同日，秦刚同安哥拉外长安东尼奥举行会谈。

1月26日 圣普政府同欧盟及联合国粮农组织（FAO）签署资助开展农业普查项目的协定，预计援助总额超100万欧元，旨在收集、统计、分析农业部门和农村地区结构性数据。

赞比亚总统希奇莱马经停圣多美，其间会见圣普外长佩雷拉，双方就加强双边关系进行友好交流。

2月

2月3日 葡萄牙总理科斯塔在前往中非共和国途中经停圣多美，同圣普总理特罗瓦达会见。双方就葡萄牙去年12月提出的针对圣普的1500万欧元支持计划等双边合作项目进行交流。

2月7日 西班牙国王费利佩六世与王后对安哥拉进行为期3天的国事访问。访问期间，安哥拉和西班牙两国政府在安首都罗安达签署外交、体育和工业领域的三项谅解备忘录。

2月8日 圣普政府举行内阁会议，会议决定采取一系列扩张性财政政策：①免除米粮油豆奶等生活必需品的所有关税，将上述产品销售利润定为10%，并承担其运至圣普的费用；②将法定最低退休金标准由800多布拉（折合约32欧元）调至1000多布拉（折合约40欧元）；③暂停将社会保障缴款率由工资总额的10%提高至14%的法律规定；④取消公立医院和残疾人保健中心的医疗咨询和检查费用等。

2月10日　葡萄牙外交部长克拉维尼奥对圣普进行为期3天的访问，其间同圣普总统诺瓦、总理特罗瓦达、外交部长佩雷拉等举行会见。

2月17日　安哥拉经济协调国务部长率团访问圣普期间，两国签署新一期经济合作协议，旨在降低圣普对安哥拉已有债务，并在多领域深化经济合作。

2月20日　加纳交通部长访问圣普，同圣普基础设施部长卡多佐举行会见，双方就修订两国间空域协议、深化双边民用航空领域合作等事项交换意见。

2月22日　中国国家主席习近平就巴西严重暴雨灾害造成重大人员伤亡向巴西总统卢拉致慰问电。

3月

3月1日　中共中央政治局委员、中央外事工作委员会办公室主任王毅在京会见巴西劳工党国际关系书记佩雷拉一行。

中共中央对外联络部部长刘建超在京会见巴西劳工党国际关系书记佩雷拉一行，就深化两党传统友谊、加强治党治国经验互鉴、推动中巴全面战略伙伴关系发展等深入交换意见。

3月2日　法国总统马克龙抵达罗安达开始对安哥拉进行正式访问。访问期间，马克龙与安哥拉总统洛伦索进行会晤。

3月3日　圣普总理特罗瓦达在卡塔尔同卡塔尔总理兼内政部长阿勒萨尼举行会见，就双边合作交换意见。

3月8日　圣普总理特罗瓦达在卡塔尔同乍得总统马哈马德·伊德里斯·代比举行会见，就双边合作及中部非洲次区域发展等交换意见。

3月11日　应佛得角总统内韦斯的邀请，圣普总统诺瓦即日离境赴佛得角进行正式访问。此次访问旨在加强两国间的友谊和合作关系，并重启渔业、航空运输等领域合作。

安哥拉政府宣布将向刚果（金）派遣一支维和行动特遣部队，旨在维护刚果（金）东部冲突地区的安全局势。

3月13日 中国驻几内亚比绍大使郭策与几比外交部长巴尔博萨共同出席中国政府对几比紧急粮援交接仪式。

3月15日 圣普司法部长瓦斯签署加入伊比利亚—美洲司法协助网络（IberRed）协议，该网络旨在促进民事和刑事司法协助及引渡等国家间司法合作。圣普系葡共体首个加入该网络的成员。

3月17日 圣普卫生部发布《国家卫生十年发展计划（2023～2032年）》，旨在优化国家卫生体系。

3月20日 中国国家主席习近平就莫桑比克遭受热带气旋灾害向莫桑比克总统纽西致慰问电。

3月21日 世界银行发布圣普社会经济发展计划，将吸引投资、电力和水资源供应、基础设施建设、私营部门发展、优化财政税收制度等作为优先发展重点。

3月22日 安哥拉和纳米比亚在安哥拉库内内省结束双边会议，制定了打击跨境犯罪的战略，该战略包括两国打击车辆走私、各种商品走私、盗窃和牲畜盗窃以及追踪逃犯的措施。

3月24日 圣普总理特罗瓦达分别会见赤几大使、安哥拉大使和印度大使，就深化经济、卫生、教育等双边领域合作进行交流。

3月26日 中国国家主席习近平向巴西总统卢拉致慰问电，对卢拉总统罹患流感和肺炎，不得不推迟访华表示慰问。

3月27日 安哥拉总统洛伦索视察由中国航空技术国际工程有限公司承建的位于安哥拉首都罗安达的安东尼奥·阿戈斯蒂尼奥·内图博士国际机场项目，对工程进展、设备安装情况表示满意。

3月28日 圣普总统诺瓦和总理特罗瓦达先后会见葡萄牙奥埃拉什市长莫莱斯，就友好城市双边合作进行深入交流。

3月30日 圣普政府内阁成员同欧盟举行政治对话，就政治司法、政府治理、社会经济发展及双边合作等议题进行交流。

4月

4月10日 巴西政府日前通报，根据卢拉总统已签署的法令，巴西将于5月6日重返南美洲国家联盟。

4月12~15日 应中国国家主席习近平邀请，巴西联邦共和国总统路易斯·伊纳西奥·卢拉·达席尔瓦对中国进行国事访问。访问期间，习近平主席与卢拉总统举行会晤，国务院总理李强、全国人大常委会委员长赵乐际分别会见卢拉总统，两国发表《中华人民共和国和巴西联邦共和国关于深化全面战略伙伴关系的联合声明》和《中国—巴西应对气候变化联合声明》。

4月13日 中共中央政治局委员、中央外办主任王毅在京会见先期来华的巴西总统首席特别顾问阿莫林。

4月14日 中共中央对外联络部部长刘建超在京会见巴西共产党主席、政府科技部长桑托斯，就加强两党交流合作、推动中巴关系发展以及共同关注的国际和地区问题交换意见。

4月20日 据莫桑比克莫新社报道，莫桑比克中央银行于4月19日宣布，莫桑比克商业投资银行（BCI）、莫桑比克千禧银行（Millennium BIM）和标准银行（SB）是莫三大具有系统重要性的信贷机构。

4月25日 圣普举行2023~2027年消除疟疾战略计划启动仪式，该项目预算超1100万欧元，由全球基金资助。圣普总统诺瓦出席仪式并致辞。

4月27日 中国国家主席习近平就安哥拉遭受暴雨灾害向安哥拉总统洛伦索致慰问电。

4月30日 自2023年5月1日起，莫桑比克免除29个国家的公民入境所需的旅游和商务签证，并允许其在莫逗留30天。

5月

5月7~9日 应葡萄牙政府邀请，中国国家副主席韩正访问葡萄牙。访

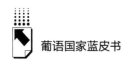

问期间，韩正分别会见德索萨总统和科斯塔总理。

5月12日 中国石油管道局工程有限公司承建的安哥拉马兰热省最大供水系统巩固工程举行交付仪式，安哥拉总统洛伦索出席仪式并剪彩。

5月16日 2023年里约网络峰会在巴西里约热内卢举行，来自90多个国家和地区的超过2万名参会者、900多家初创公司和超过500名投资者深入讨论了人工智能、数据科学、教育、电子商务、气候变化等议题。

5月18日 中共中央对外联络部部长刘建超在京会见由总书记雷蒙多率领的葡萄牙共产党代表团，就加强党际交流合作、促进两国关系和中欧关系发展等交换意见。中共中央政治局委员、中央统战部部长石泰峰在京会见由总书记雷蒙多率领的葡萄牙共产党代表团。

5月25日 几内亚比绍总统恩巴洛向中国第19批援几比医疗队集体授予"合作与发展国家荣誉勋章"。

巴西政府宣布，将对价格低于12万雷亚尔的车辆实施税收减免，减免税种包括工业产品税、社会一体化税和社会保险融资贡献税等。

5月26日 由土耳其Summa公司融资扩建的几内亚比绍奥斯瓦尔多国际机场项目举行开工仪式。几比总统恩巴洛出席仪式并表示，该项目是落实几比与土耳其两国战略方针的重要成果，将助力几比加快航运市场开放步伐，更快地与国际接轨。

5月27日 圣普国防部长阿马多、美国驻安哥拉（兼管圣普）大使穆辛吉代表双方政府签署军事合作协议，旨在加强圣普海上防务能力建设。协议主要包括提供用于海上巡逻的设备和船只，以及对圣普海岸警卫队基础设施进行维护等，协议总援助金额约为200万美元。

6月

6月2日 圣普总理特罗瓦达赴科特迪瓦阿比让出席非洲企业家论坛，就圣普商业机遇和环境问题等发表讲话。

6月13日 中共中央对外联络部部长刘建超在京会见由巴西劳工党总

书记丰塔纳率领的高级干部考察团，双方表示将落实好两国元首重要共识，加强党际交流合作，促进战略互信和国际协作，推动中巴、中拉关系发展。

据《人民日报》报道，巴西中央银行行长罗伯托·坎波斯·内托近日宣布，巴西央行将于2024年年底正式推出数字货币——数字雷亚尔。

6月15日　莫桑比克主要反对党——莫桑比克全国抵抗运动最后一座军事基地当天关闭。莫桑比克总统纽西当天主持了基地关闭仪式，莫抵运领导人莫马德出席仪式。

6月25日　莫桑比克总统纽西在独立日庆祝活动中致辞，呼吁持续推进和平进程。

6月28日　中共中央政治局委员、中央外办主任王毅应约同巴西总统首席特别顾问阿莫林通电话。双方表示将全面落实好两国元首一系列重要共识，加强全方位互利合作，为中巴全面战略伙伴关系持续注入强劲动力。

7月

7月6日　第三届安哥拉国际信息通信技术论坛（ANGOTIC 2023）期间，安哥拉电信、信息技术和社会通信部长奥利维拉和赞比亚科学技术部长穆塔蒂签署谅解备忘录，以进一步促进两国间的信息技术合作。

7月28日　中安经贸合作论坛在罗安达举办。

7月31日　几内亚比绍总统恩巴洛出席比绍港基础设施修缮和设备现代化项目启动仪式。他强调该项目是几比有史以来最大的港口项目，是南南合作的典范，将极大增加比绍港货物进出口量、提高服务效率、创造就业机会，对几比发展建设至关重要。

8月

8月2日　巴西中央银行货币政策委员会宣布，将基准利率下调0.5个百分点至13.25%。这是巴西央行三年来首次降息。

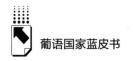

8月8日　圣普总统诺瓦发布总统令，批准外长佩雷拉辞呈，由内阁部长瓜达卢佩暂代外长一职。

8月9日　日本经济产业大臣西村康稔在安哥拉出席保护双边企业活动的投资协定的签署仪式。安哥拉是第6个与日本签署投资协定的非洲国家。此次协定中写入了保护双方企业在两国间活动时的财产安全、禁止要求不当技术转让等内容。

8月12日　中国商务部部长王文涛在安哥拉首都罗安达应约拜会安哥拉总统洛伦索，就落实两国元首重要共识、进一步深化中安经贸领域务实合作深入交换意见。

8月13日　中国商务部部长王文涛在罗安达与安哥拉经济协调国务部长马萨诺共同主持召开中国—安哥拉经贸合作指导委员会第二次会议。双方共同宣布完成中安双边投资协定谈判，并就进一步深化贸易投资、基础设施建设、产业发展、人力资源开发等领域务实合作深入交换意见。

8月21日　巴西政府日前宣布启动"新增长加速计划"（Novo PAC），将在未来几年投入1.7万亿雷亚尔（1美元约合4.9雷亚尔），重点推进生态转型、再工业化等项目。"新增长加速计划"的首要目标包括创造就业机会和增加收入、减少社会和地区发展差异以及促进经济增长。

8月23日　应南非总统拉马福萨邀请，圣普总统诺瓦启程赴约翰内斯堡出席金砖国家领导人第15次会晤，同其他受邀的非洲国家领导人探讨共同可持续发展和多边包容的伙伴关系等主要议题。

8月27日　第14届葡共体国家领导人峰会在圣普开幕，圣普总统诺瓦接任葡共体未来两年轮值主席。未来两年主要目标包括：修订葡共体章程、扩大共同体间市场流通、加强成员间经济合作等。会议重点关注青年与可持续发展，支持几内亚比绍接任下届轮值主席国。会议关注乌克兰局势和莫桑比克北部恐怖袭击。

8月29日　佛得角财政部宣布国际货币基金组织首次向佛派常驻代表。

8月31日　巴西总统卢拉签署新财政框架法案，标志着其经济议程的首要任务获得阶段性成果。

9月

9月6日 依据莫桑比克经济和财政部发布的最新财政风险报告（RRF），2024年莫桑比克主要财政风险包括自然灾害、公共债务、通货膨胀等。

9月8日 2023年1~8月，中国成为巴西第二大进口汽车来源地，占巴西汽车进口额的13.6%，紧随阿根廷（43.5%）之后。

9月9日 中国国家主席习近平就巴西南部严重暴雨洪涝灾害造成重大人员伤亡向巴西总统卢拉致慰问电。

9月11日 中国全国人大常委会副委员长丁仲礼在京会见葡萄牙议会葡中友好小组主席费雷拉。双方就积极发展中葡中欧关系、加强中葡立法机构交往与合作等共同关心的话题深入交换意见。

9月12日 联合国粮农组织将在2023~2027年国别计划框架内向佛得角提供3800万美元，用于帮助佛得角提高粮食安全、包容和公平。

9月15日 安哥拉国民议会议长、人民解放运动中央政治局委员塞凯拉在首都罗安达会见中共中央政治局委员、北京市委书记尹力。

美国政府已批准立即向安哥拉提供10亿美元资金，用于在全球基础设施投资伙伴关系框架（PGII）内，支持对安哥拉洛比托走廊木格拉铁路延长线和物流中心的建设。

几内亚比绍财政部发布声明称，政府已就电力供应问题与土耳其卡尔发电船公司（Karpower）达成新协议，将制订未付款项偿还计划，以保障几比首都比绍供电。

9月18日 巴西联邦政府召开外国使团"新增长加速计划"启动仪式，巴西副总统兼工贸部长阿尔克明、总统府民办主任科斯塔、外交部代理外长罗沙出席会议，巴西各部委、驻巴外国使节等参加。"新增长加速计划"包含可持续交通运输系统、可持续和有韧性的城市、卫生保健、能源安全及转型、教育与科技、供水项目、数字包容发展及连通、社会基础设施及国防工

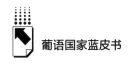

业创新共 9 项核心任务，总投资额预计为 3470 亿美元。

9 月 18～22 日 应巴西政府和劳工党邀请，中共中央政治局常委、中央纪委书记李希对巴西进行正式友好访问。访问期间，李希分别会见巴西总统卢拉、副总统阿尔克明、参议长帕谢科和劳工党主席霍夫曼。

9 月 22 日 在第 78 届联合国大会召开期间，佛得角外交部长苏亚雷斯与巴拿马外长特瓦尼共同签署两国政治磋商谅解备忘录和打击非法捕捞谅解备忘录。

9 月 23 日 中国国家主席习近平在杭州会见来华出席第 19 届亚洲运动会开幕式的东帝汶总理夏纳纳。两国领导人共同宣布将中国和东帝汶关系提升为全面战略伙伴关系，发表《中华人民共和国和东帝汶民主共和国关于建立全面战略伙伴关系的联合声明》。

9 月 26 日 国际评级机构标普宣布，将巴西今年 GDP 增长预期从 1.7% 上调至 2.9%，理由是巴农业生产强劲、政府财政刺激措施有助于促进家庭消费等。

9 月 28 日 中国驻莫桑比克大使王贺军与莫桑比克总统纽西共同出席中国援莫桑比克莫中文化中心揭幕仪式并致辞。

安哥拉总统洛伦索主持召开部长理事会并批准通过《2023～2027 年国家发展计划》。该计划以《安哥拉 2050 长期战略》明确的目标为指导，提出今后 5 年重点发展方向：一是巩固国家和平和民主法治；二是推进区域协调和谐发展；三是加大人力资源开发；四是减少社会不平等；五是提高基础设施现代化水平，加强环境保护；六是继续推进经济多元化进程；七是维护国家主权和安全，扩大国际影响力。根据新的五年发展计划，预计到 2027 年，安哥拉全国总人口将达 3800 万人，GDP 达 62 万亿宽扎。

10月

10 月 11 日 莫政府向议会提交《2024 年经济社会计划和国家预算》（PESOE 2024）草案，其预计 2024 年莫桑比克经济将增长 5.5%，通货膨胀率将保持在 7% 左右，预计出口额超 97 亿美元，国际净储备将保持在 20 亿美元。

10 月 12 日　中共中央政治局委员、中央外办主任王毅应约同巴西总统首席特别顾问阿莫林就中巴关系、巴以冲突通电话。

10 月 15~22 日　应中国全国人大常委会委员长赵乐际邀请，巴西众议长里拉率团访华。

10 月 19 日　中国国家主席习近平在京会见来华出席第三届"一带一路"国际合作高峰论坛的莫桑比克总理马莱阿内。

中共中央政治局常委、中央书记处书记蔡奇在京会见莫桑比克总理马莱阿内。

10 月 20 日　中国国家主席习近平在京会见来访的巴西众议长里拉。

中国全国人大常委会委员长赵乐际在京同巴西众议长里拉举行会谈。

中国化学国际工程公司与安哥拉国家石油公司炼化公司签署洛比托炼油厂项目 EPC 合同，标志着安哥拉最大炼化项目正式启动，成为"一带一路"合作又一重要成果。

10 月 23 日　巴西副总统兼工贸部长阿尔克明宣布，政府将在未来两年实施 17 项优先措施，旨在降低"巴西成本"，应对生产部门面临的主要挑战。具体措施包括降低基础设施项目融资成本、减少海关官僚主义作风、消除水路通航障碍、促进港口费用合理化、制定鼓励能源转型的国际政策、改善政策性银行融资条件等。

巴西政府推出"连接巴西"计划，旨在扩大移动网络境内覆盖范围、改善网络质量、减少地区不平等并促进社会经济发展。

10 月 24 日　欧盟委员会主席冯德莱恩宣布欧盟将支持佛得角圣地亚哥岛能源中心建设，以及萨尔岛、明德卢和马约岛的港口扩建。

10 月 25 日　安哥拉总统洛伦索发表声明，重申坚定不移声援津巴布韦政府和人民，呼吁西方国家立即无条件解除对津制裁。当日，津巴布韦爆发全国大游行，抗议美国等西方国家对津 20 多年的非法制裁。

10 月 31 日　根据巴西国家电信局日前公布的 5G 网络建设数据，截至

今年 7 月，巴西 5G 网络开通运营一周年之际，全国 5G 网络用户数已超过 1000 万人，5G 网络已服务于 150 多个城市，覆盖范围超过了巴西电信监管机构此前设定的目标。

11月

11 月 1 日　据 10 月 31 日莫部长会议数据，2023 年 1~9 月，莫桑比克国民经济增长 4.4%。

11 月 10 日　由中企承建的安哥拉安东尼奥·阿戈斯蒂尼奥·内图博士国际机场在安首都罗安达举行开航庆典，标志着该机场货运功能正式启用。安哥拉总统洛伦索出席庆典并为新机场揭牌。

11 月 13 日　巴西财政部宣布在国际金融市场上首次发行绿色主权债券。

佛得角政府发布佛得角《国有企业绩效报告》，报告显示 2022 年佛得角国有企业亏损减少 73%，政府将优先推行国企私有化、部分出售、特许经营和公私合营改革。

11 月 13~15 日　主题为"粮安非洲，谱写中非农业合作新篇章"的第二届中非农业合作论坛在海南三亚举行，几内亚比绍农业、森林与农村发展部长兰巴率团参加。

11 月 14 日　非洲开发银行集团董事会在阿比让举行会议，批准向莫桑比克提供 2700 万美元赠款，支持该国第五大城市希莫约市的主要卫生基础设施的开发和建设。

11 月 20 日　巴西政府近日提出一项名为"未来燃料"的法案，涵盖"国家可持续航空燃料计划""国家绿色柴油计划"等一系列国家计划，主要涉及私家车、航空运输、客货运商用车辆等交通运输领域的能源优化，旨在促进交通行业发展可再生能源、减少碳排放，推动巴西能源转型。

11 月 22 日　世界银行宣布批准一项 4000 万美元信贷，用于改善佛得角交通基础设施。

11月29日　中国全国人大常委会副委员长洛桑江村在京会见莫桑比克解放阵线党总书记席尔瓦率领的代表团，双方高度评价中莫两党两国友好关系，表示将坚定相互支持，深化政治互信，拓展互利合作，为中莫全面战略合作伙伴关系发展不断注入新动力。

11月30日　美国总统拜登与到访的安哥拉总统洛伦索在白宫举行会晤，纪念安哥拉与美国建交30周年，并讨论深化双边贸易合作、投资、气候和能源合作。两国领导人重点讨论美国对洛比托走廊的支持，该运输走廊将通过安哥拉洛比托港将刚果（金）南部和赞比亚西北部连接到区域和全球贸易市场。

12月

12月2日　几内亚比绍总统恩巴洛在首都比绍称，该国日前发生一起未遂政变。据几内亚比绍武装部队发布的声明，11月30日晚，国民警卫队指挥官维克托·琼戈领导一个快速反应小组劫走并释放了在司法警察局接受审讯的两名政府官员。国民警卫队将两人带到军营后与总统卫队发生交火，冲突持续到1日早上。

12月4日　几内亚比绍总统恩巴洛签署总统令宣布解散议会，并将择期举行下届立法选举。

佛得角副总理宣布佛得角2024年将联合葡萄牙、卢森堡、世界银行、非洲开发银行和欧盟共同举办关于投资的峰会，聚焦青年就业和培训。

12月5日　佛得角与葡萄牙在佛签署关于加强职业培训中心建设合作的谅解备忘录，约定葡萄牙将直接投资400万欧元支持佛得角培养数字、能源转型、旅游领域青年人才。

12月5~8日　应中共中央政治局委员、外交部部长王毅邀请，安哥拉外长安东尼奥对中国进行正式访问。

12月6日　中共中央政治局委员、外交部部长王毅在京同来访的安哥拉外长安东尼奥举行会谈。

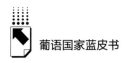

中国商务部部长王文涛与安哥拉外交部部长泰特·安东尼奥，分别代表本国政府在京签署《中华人民共和国政府和安哥拉共和国政府关于促进和相互保护投资的协定》。

12 月 13 日 中国全国人大常委会委员长赵乐际在京会见莫桑比克议会副议长因若若。

12 月 18 日 由巴西外贸联合会主办的巴西—中国创新经济论坛在里约热内卢举行。

12 月 21 日 在巴西政府不久前发布的"新增长加速计划"中，发展高效和可持续的交通是获得投资金额最大的领域之一，预计相关投资额为 3491 亿雷亚尔（1 元人民币约合 0.68 雷亚尔）。在该计划框架下，由巴西港口和机场部监督实施的 363 个行动和项目中，有 137 个为港口项目。

12 月 22 日 中国甘肃临夏州积石山县发生地震后，葡萄牙总统德索萨、佛得角总理席尔瓦等多国领导人致电（函）习近平主席，对地震造成重大人员伤亡和财产损失表示哀悼和慰问。

12 月 25 日 按照《国务院关税税则委员会关于给予最不发达国家 98% 税目产品零关税待遇的公告》，根据中国政府与有关国家政府的换文规定，即日起中国给予安哥拉等 6 国 98% 税目产品零关税待遇。

附录二
2018～2023年葡语国家主要经济指标

安春英[*]

2018～2023年安哥拉主要经济指标

	2018年	2019年	2020年	2021年	2022年	2023年
人口（百万）	31.27	32.35	33.43	34.5	35.59	36.68
名义GDP（百万美元）	101353.2	83136.5	54821.1	70533.2	114389.1	90343
GDP实际增长率（%）	-1.32	-0.7	-5.64	1.2	3.04	0.8
人均GDP（美元）	7043.96	6874.51	6361.26	6522.88	6980	7110
通货膨胀率（%）	18.6	16.9	25.1	27.0	13.9	18.3
出口额（百万美元）	38603.8	31948.3	21004.4	33581.5	47220.8	36374
进口额（百万美元）	15793.8	14127.1	9543.2	11794.8	17267.4	15540.7
经常账户平衡（百万美元）	7402.6	5137.4	871.9	8399.4	11762.9	3293.2
外债总额（百万美元）	63802.4	64776.2	67528.6	67276.5	67480.5	64578.8
外汇储备（百万美元）	16170.3	17237.7	14905.2	15552.7	14736.2	14912.1
汇率（1美元兑宽扎）	252.86	364.83	578.26	631.44	460.57	684.9

注：人均GDP数值按购买力平价计算；2018～2021年为实际值，2022年和2023年各项指标为估计值。

资料来源：英国经济学人智库国别数据，https://viewpoint.eiu.com/data，2023-12-12。

2018～2023年巴西主要经济指标

	2018年	2019年	2020年	2021年	2022年	2023年
人口（百万）	204.76	205.97	207.14	208.28	209.4	210.4
名义GDP（百万美元）	1916500	1872800	1475800	1649400	1919200	2149000
GDP实际增长率（%）	1.78	1.22	-3.28	4.99	2.9	3

---

[*] 安春英，中国社会科学院西亚非洲研究所编审，研究方向为非洲经济、非洲减贫与可持续发展问题。

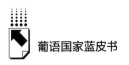

续表

	2018 年	2019 年	2020 年	2021 年	2022 年	2023 年
人均 GDP（美元）	1536.52	15738.02	15334.62	16745.88	18350	19600
通货膨胀率（%）	3.8	4.3	4.5	10.1	5.8	4.5
出口额（百万美元）	231890	221128	209180	280815	334134	335642
进口额（百万美元）	185322	185927	158787	219407	272610	243525.6
经常账户平衡（百万美元）	-54794.1	-68021.5	-28207.6	-46357.9	-53619.5	-33316.8
外债总额（百万美元）	557742.5	568690.2	549263.3	606484.6	604137.7	626576.6
外汇储备（百万美元）	374715	356884	355620	362204	324703	339054.3
汇率（1 美元兑雷亚尔）	3.65	3.95	5.16	5.4	5.16	5

注：人均 GDP 数值按购买力平价计算；2018～2021 年为实际值，2022 年和 2023 年各项指标为估计值。

资料来源：英国经济学人智库国别数据，https：//viewpoint.eiu.com/data，2023-12-12。

2018～2023 年佛得角主要经济指标

	2018 年	2019 年	2020 年	2021 年	2022 年	2023 年
人口（百万）	0.57	0.58	0.58	0.59	0.59	0.6
名义 GDP（百万美元）	2205.1	2266.8	1878.3	2091.7	2315	2599
GDP 实际增长率（%）	3.71	7.64	-19.3	6.81	17.7	6
人均 GDP（美元）	7490.14	8123.83	6577.31	7274.94	9090	9930
通货膨胀率（%）	1.0	1.9	-0.9	5.4	7.6	4.6
出口额（百万美元）	273.6	265.7	128.7	178.1	281.4	287.2
进口额（百万美元）	927.1	902.2	764.6	861.2	1022.3	1068.3
经常账户平衡（百万美元）	-97.2	-21.7	-285.6	-249.6	-67.7	-73.3
外债总额（百万美元）	1769.7	1821.6	2071.1	2060	1999.5	2141.9
外汇储备（百万美元）	606	738.0	734.6	770.4	674.6	712.8
汇率（1 美元兑埃斯库多）	93.41	98.5	96.8	93.22	105.53	101.8

注：人均 GDP 数值按购买力平价计算；2018～2021 年为实际值，2022 年和 2023 年各项指标为估计值。

资料来源：英国经济学人智库国别数据，https：//viewpoint.eiu.com/data，2023-12-12。

2018～2023 年赤道几内亚主要经济指标

	2018 年	2019 年	2020 年	2021 年	2022 年	2023 年
人口（百万）	1.5	1.55	1.6	1.63	1.68	1.72
名义 GDP（百万美元）	13091	11363	9893.8	12105	12030	11570

续表

	2018 年	2019 年	2020 年	2021 年	2022 年	2023 年
GDP 实际增长率(%)	-6.2	-5.5	-4.8	0.3	3.8	-6.5
人均 GDP(美元)	18192.05	16929.15	15888.31	16250	17610	16750
通货膨胀率(%)	1.4	1.2	4.8	0.9	4.8	2.5
出口额(百万美元)	6131.5	4856.3	3041.6	3491.5	4608.3	2978.4
进口额(百万美元)	3086	2283	1598	1397	1941	1693
经常账户平衡(百万美元)	-130.8	106.3	2.5	371.9	592.8	-385.2
外债总额(百万美元)	1260	1307.5	1382.1	1761.9	1838.5	1873.3
外汇储备(百万美元)	48.27	35.75	56.04	43.6	1456.75	896.8
汇率(1 美元兑西非法郎)	555.7	585.96	575.59	554.53	623.76	605.7

注:人均 GDP 数值按购买力平价计算;2018~2021 年为实际值,2022 年和 2023 年各项指标为估计值。

资料来源:英国经济学人智库国别数据,https://viewpoint.eiu.com/data,2023-12-12。

2018~2023 年几内亚比绍主要经济指标

	2018 年	2019 年	2020 年	2021 年	2022 年	2023 年
人口(百万)	1.87	1.92	1.97	2.02	2.07	2.12
名义 GDP(百万美元)	1553.4	1607.8	1664.9	1878.2	1820.4	2108
GDP 实际增长率(%)	3.37	4.48	1.46	6.44	4.7	4.9
人均 GDP(美元)	2016.28	2258.92	2266.34	2364	2480	2650
通货膨胀率(%)	2.4	-0.1	1.7	4.3	10.9	5.7
出口额(百万美元)	339	249	214	215	163.2	207.1
进口额(百万美元)	284	335	299	355	395.3	408.7
经常账户平衡(百万美元)	-54.1	-127.4	-38.7	-14.1	-173.6	-133.1
外债总额(百万美元)	425	520.7	611.2	805.9	—	—
外汇储备(百万美元)	472.6	497.2	485.7	508.1	381.6	393.1
汇率(1 美元兑西非法郎)	555.7	585.96	575.59	554.53	623.76	605.7

注:人均 GDP 数值按购买力平价计算;2018~2021 年为实际值,2022 年和 2023 年各项指标为估计值。

资料来源:英国经济学人智库国别数据,https://viewpoint.eiu.com/data,2023-12-12。

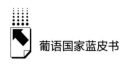

2018~2023 年莫桑比克主要经济指标

	2018 年	2019 年	2020 年	2021 年	2022 年	2023 年
人口(百万)	29.42	30.29	31.18	32.08	32.97	33.9
名义 GDP(百万美元)	14852	15402	14150	15768	17838	19040
GDP 实际增长率(%)	3.44	2.31	-1.2	2.33	4.15	5
人均 GDP(美元)	1326.83	1341.05	1304.05	1356.48	1471.29	1570
通货膨胀率(%)	3.5	3.6	3.4	9.0	10.9	7.0
出口额(百万美元)	5196	4718	3588	5581.7	8279.7	8393
进口额(百万美元)	6909.8	7391.1	6438.9	8575.0	14598.4	11024.6
经常账户平衡(百万美元)	-4779.9	-2946.1	-3900.3	-3600.8	-6295.5	-3030.1
外债总额(百万美元)	50219.2	54658.7	59054.2	62819.1	61344.8	61939.7
外汇储备(百万美元)	3105.6	3890.0	4075.9	3780.7	2939.7	3544.8
汇率(1 美元兑梅蒂卡尔)	60.3	62.5	69.5	65.5	63.9	63.9

注:人均 GDP 数值按购买力平价计算;2018~2021 年为实际值,2022 年和 2023 年各项指标为估计值。

资料来源:英国经济学人智库国别数据,https://viewpoint.eiu.com/data,2023-12-12。

2018~2023 年葡萄牙主要经济指标

	2018 年	2019 年	2020 年	2021 年	2022 年	2023 年
人口(百万)	10.29	10.28	10.3	10.3	10.35	10.47
名义 GDP(百万美元)	242420	240010	228850	255700	255400	284700
GDP 实际增长率(%)	2.85	2.68	-8.3	5.75	6.87	2.2
人均 GDP(美元)	34905.75	37337.45	34958.88	36955.45	42096.68	44310
通货膨胀率(%)	0.7	0.4	-0.2	2.9	9.9	3.1
出口额(百万美元)	68349	67067	61352	75294	82627	91170
进口额(百万美元)	89131	89542	77773	98405	115385	124400
经常账户平衡(百万美元)	1325	1013	-2292	-2987	-3108	1500
外汇储备(百万美元)	24943	24980	29501	32570	32322	—
汇率(1 美元兑欧元)	0.85	0.89	0.88	0.84	0.95	0.92

注:人均 GDP 数值按购买力平价计算;2018~2021 年为实际值,2022 年和 2023 年各项指标为估计值。

资料来源:英国经济学人智库国别数据,https://viewpoint.eiu.com/data,2023-12-12。

2018～2023 年圣多美和普林西比主要经济指标

	2018 年	2019 年	2020 年	2021 年	2022 年	2023 年
人口（百万）	0.21	0.21	0.22	0.22	0.23	0.23
名义 GDP（百万美元）	415.36	430.62	476.45	517.57	550.79	756
GDP 实际增长率（%）	3.04	2.21	3.03	1.88	0.92	2
人均 GDP（美元）	4080	4180	4290	4360	4740	4930
通货膨胀率（%）	7.9	7.8	10.0	7.9	18.0	23.3
出口额（百万美元）	16	13	14	21	18	21.7
进口额（百万美元）	148	148	138	166	184	230
经常账户平衡（百万美元）	−75	−90	−60	−95	−74.7	−86.7
外债总额（百万美元）	252.7	251.6	291.2	306.3	311.7	322.5
外汇储备（百万美元）	43.7	47.2	75.3	75.0	48.6	49.2
汇率（1 美元兑多布拉）	20.75	21.88	21.51	20.71	23.29	22.58

注：人均 GDP 数值按购买力平价计算；2018～2021 年为实际值，2022 年和 2023 年各项指标为估计值。

资料来源：英国经济学人智库国别数据，https：//viewpoint.eiu.com/data，2023-12-12。

2018～2023 年东帝汶主要经济指标

	2018 年	2019 年	2020 年	2021 年	2022 年	2023 年
人口（百万）	1.27	1.29	1.32	1.34	1.37	1.4
名义 GDP（百万美元）	1566.2	2027	2162.6	3622	3204.8	2389
GDP 实际增长率（%）	−0.69	23.41	31.96	5.32	−20.54	−16.9
人均 GDP（美元）	3129.37	3858.47	5058.49	5460	4730	4020
通货膨胀率（%）	2.3	1.0	1.2	5.3	6.9	6.7
出口额（百万美元）	23.1	141.5	17.4	2287.4	2038	—
进口额（百万美元）	519.4	535.6	527.4	799.6	944.8	—
经常账户平衡（百万美元）	−191.1	134	−308	1022.3	−674.4	—
外债总额（百万美元）	158.1	203.4	231.8	—	—	—
外汇储备（百万美元）	673.9	656.2	656.5	934.8	830.8	—
汇率（通用美元）	1	1	1	1	1	1

注：人均 GDP 数值按购买力平价计算；2018～2021 年为实际值，2022 年和 2023 年各项指标为估计值。

资料来源：英国经济学人智库国别数据，https：//viewpoint.eiu.com/data，2023-12-12。

附录三
葡语国家与中国签署的重大协议情况

成　红*

	与中国签署全面战略伙伴关系	与中国签署"一带一路"协议	与中国签署投资保护协议	与中国签署避免双重征税协定
安哥拉	2010年11月20日,两国在罗安达发表《中华人民共和国和安哥拉共和国关于建立战略伙伴关系的联合声明》	2018年,两国签署《中华人民共和国政府和安哥拉共和国政府关于共同推进丝绸之路经济带和21世纪海上丝绸之路建设的谅解备忘录》,双方在电力、铁路、农业、能矿、制造业、基础设施等领域展开合作	2023年12月6日,两国政府在北京签署《中华人民共和国政府和安哥拉共和国政府关于促进和相互保护投资的协定》	2018年10月9日,两国签署《中华人民共和国和安哥拉共和国对所得消除双重征税和防止逃避税的协定》,生效日期:2022年6月11日,执行日期:2023年1月1日
巴西	2014年7月17日,两国在巴西利亚发表《中华人民共和国和巴西联邦共和国关于进一步深化中巴全面战略伙伴关系的联合声明》。2023年4月,两国在北京发表《中华人民共和国和巴西联邦共和国关于深化全面战略伙伴关系的联合声明》			1991年8月5日,两国签署《中华人民共和国政府和巴西联邦共和国政府关于对所得避免双重征税和防止偷漏税的协定》,生效日期:1993年1月6日,执行日期:1994年1月1日

---

* 成红,中国社会科学院西亚非洲研究所科研处处长、研究馆员。

续表

	与中国签署全面战略伙伴关系	与中国签署"一带一路"协议	与中国签署投资保护协议	与中国签署避免双重征税协定
佛得角		2018年9月，两国签署《中华人民共和国政府与佛得角共和国政府关于共同推进丝绸之路经济带和21世纪海上丝绸之路建设的谅解备忘录》，在基础设施建设、海洋经济等领域开展合作	1998年4月21日，两国签署《中华人民共和国政府和佛得角共和国政府关于鼓励和相互保护投资协定》，生效日期：2001年10月1日	
几内亚比绍	2024年7月10日，两国在北京发表《中华人民共和国和几内亚比绍共和国关于建立战略伙伴关系的联合声明》	2021年11月，两国签署《中华人民共和国政府与几内亚比绍共和国政府关于共同推进丝绸之路经济带和21世纪海上丝绸之路建设的谅解备忘录》，在基建、渔业、教育、医疗卫生、农业等领域开展合作		
赤道几内亚	2024年5月28日，两国在北京发表《中华人民共和国和赤道几内亚共和国关于建立全面战略合作伙伴关系的联合声明》	2019年1月，两国签署《中华人民共和国政府与赤道几内亚共和国政府关于共同推进丝绸之路经济带和21世纪海上丝绸之路建设的谅解备忘录》，在人力资源开发、教育、卫生、旅游等领域进行交流合作。	2005年12月6日，两国政府在北京签署《中华人民共和国政府和赤道几内亚共和国政府关于促进和相互保护投资的协定》，生效日期：2006年5月3日。	

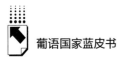

续表

	与中国签署全面战略伙伴关系	与中国签署"一带一路"协议	与中国签署投资保护协议	与中国签署避免双重征税协定
莫桑比克	2016 年 5 月 18 日,两国在北京发表《中华人民共和国和莫桑比克共和国关于建立全面战略合作伙伴关系的联合声明》	2018 年 9 月,两国签署《中华人民共和国政府和莫桑比克共和国政府关于共同推进丝绸之路经济带和 21 世纪海上丝绸之路建设的谅解备忘录》,扎实推进两国合作重点项目,不断创新合作模式,加强教育、文化、媒体等领域交流合作	2001 年,两国签署《中华人民共和国政府和莫桑比克共和国政府关于鼓励促进和相互保护投资协定》	
葡萄牙	2005 年,两国建立全面战略伙伴关系。2018 年 12 月,两国在里斯本发表《中华人民共和国和葡萄牙共和国关于进一步加强全面战略伙伴关系的联合声明》	2018 年 12 月 5 日,两国签署《中华人民共和国政府与葡萄牙共和国政府关于共同推进丝绸之路经济带和 21 世纪海上丝绸之路建设的谅解备忘录》,在经贸、投资、能源、金融、文化、教育、科技、司法、交通和安全等领域开展合作	1992 年 2 月 3 日,两国签署《中华人民共和国政府和葡萄牙共和国政府关于鼓励和相互保护投资协定》。2005 年 12 月 9 日,两国重新签订《中华人民共和国政府和葡萄牙共和国政府关于鼓励和相互保护投资协定》,生效日期是 2008 年 7 月 26 日	1998 年 4 月 21 日,两国签署《中华人民共和国政府和葡萄牙共和国政府关于对所得避免双重征税和防止偷漏税的协定》,生效日期:2000 年 6 月 7 日,执行日期:2001 年 1 月 1 日
圣多美和普林西比	2024 年 9 月 5 日,两国在北京发表《中华人民共和国和圣多美和普林西比民主共和国关于建立战略伙伴关系的联合声明》	2021 年 12 月,两国签署《中华人民共和国政府与圣多美和普林西比民主共和国政府关于共同推进丝绸之路经济带和 21 世纪海上丝绸之路建设的谅解备忘录》,在基础设施建设、经贸、文化、培训等领域开展合作		

续表

	与中国签署全面战略伙伴关系	与中国签署"一带一路"协议	与中国签署投资保护协议	与中国签署避免双重征税协定
东帝汶	2023年9月23日，两国在杭州发表《中华人民共和国和东帝汶民主共和国关于建立全面战略伙伴关系的联合声明》	2017年5月,两国签署《中华人民共和国政府与东帝汶民主共和国政府关于共同推进丝绸之路经济带和21世纪海上丝绸之路建设的谅解备忘录》,在农渔业、医疗卫生、教育等民生领域开展合作		

资料来源：根据外交部、商务部公开资料整理。

Abstract

Reports on the Development of Portuguese − Speaking Countries (*2023*) is the 8th academic annual report that reviews the socio-economic development status and trends of Portuguese-speaking countries.

The nine Portuguese-speaking countries, including the Republic of Angola, the Federative Republic of Brazil, the Republic of Cape Verde, the Republic of Guinea-Bissau, the Republic of Mozambique, the Republic of Portugal, the Democratic Republic of Sao Tome and Principe, the Democratic Republic of Timor-Leste and the newly added Republic of Equatorial Guinea, are distributed across four continents, spanning Asia, Africa, Latin America and Europe.

The General Report, through a large amount of authoritative data and documentary materials, analyzes and expounds persistently the overall economic and social development performance and trends of Portuguese-speaking countries. In 2022, faced with profound changes unseen in a century, Portuguese-speaking countries have undergone the reshaping of world's supply chain triggered by regional turmoil. However, their economic recovery in the post-pandemic period was remarkable. The nine countries have emerged from the shadow of the COVID-19 pandemic-era recession. These countries have achieved positive GDP growth in average, with some Portuguese-speaking countries achieving double-digit growth, and shown good momentum of growth in GDP per capital. The foreign trade in goods of Portuguese-speaking countries has grown strongly, with an average increase of nearly 20% in the total value of imports and exports. In recent years, the nine countries have introduced several policies and measures to improve the investment environment, with a considerable increase of more than 50% in inflows of foreign investment, in sharp contrast to the decline in global FDI flows. The Portuguese-speaking countries in Asia, Africa and Latin America have shown a significant decline in receiving foreign aid, but these countries have continued to seek external financing to ease the difficulties encountered in economic recovery. Although the foreign debt has increased slightly, the overall risk is controllable.

In 2022, the population of Portuguese-speaking countries continued to grow, reaching nearly 300 million. According to the *Human Development Report* published by the United Nations Development Programme (UNDP) in 2022, most of Portuguese-speaking countries are classified in the category of "medium" human development. In terms of GNI per capita, most of them are classified as lower middle-income economies. These countries still have a long way to go in achieving development goals.

In 2023, the Forum for Economic and Trade Cooperation between China and Portuguese-speaking countries (Macao), also known as Forum Macao, celebrated the 20th anniversary of its establishment. The Permanent Secretariat of Forum Macao, together with Macao Special Administrative Region (SAR) government departments, held a series of celebratory events and seminars. On the 10th anniversary of the establishment of the Forum Macao, the Report released in Chinese and Portuguese considers that the Forum Macao has made full use of the advantages of Macao SAR in connecting China and Portuguese-speaking countries. With focus on economic and trade cooperation, the Forum Macao has effectively promoted the exchange and cooperation between China and Portuguese-speaking countries. In accordance with the *Third-Party Evaluation Report on the 15th Anniversary of the Establishment of the Forum for Economic and Trade Cooperation between China and Portuguese-speaking Countries (Macao)*, the Forum Macao has created a new paradigm of intergovernmental cooperation among multiple countries and developed a new model of economic and trade cooperation between China and Portuguese-speaking countries. Macao SAR government believes that over the two decades the Forum, focusing on economic and trade cooperation, has made full use of Macao's unique advantages in linking China and Portuguese-speaking countries and has achieved fruitful results, and hopes that the Forum Macao will become a booster for comprehensive cooperation between China and Portuguese-

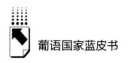

speaking countries. During the past 20 years, Macao SAR government has consistently developed a commerce and trade platform for China and Portuguese-speaking countries, whose role is indispensable. Over the years, high-level mutual visits between China and Portuguese-speaking countries have effectively promoted the rapid development of bilateral economic and trade cooperation. In 2022, the value of trade in merchandise between China and Portuguese-speaking Countries exceeded US $ 200 billion, achieving a considerable increase. Although the overall investment of Chinese enterprises in Portuguese-speaking countries has fluctuated, their investment in Brazil has increased significantly. Chinese financial institutions have developed RMB cross-broader settlement, and RMB has become reserve currency in some countries. Chinese enterprises have engaged in international engineering contracting cooperation and participated in the implementation of interconnection projects of the Belt and Road Initiative, supporting the cooperation in infrastructure construction. The General Report gives a perspective on the economic and social development trends of Portuguese-speaking countries in 2024. The Report believes that the nine Portuguese-speaking countries will enter the track of recovery and development, and that China and Portuguese-speaking countries will build a community with a shared future.

The Special Report, which is *A Review of the Development of the Forum for Economic and Trade Cooperation between China and Portuguese-speaking Countries (Macau) in the Past 20 Years*, reviews the trade and investment promotion, human resources cooperation and cultural exchange activities developed by the Forum Macao, making use of Macao as a platform. In 2023, the Forum Macao held nearly 40 events, especially the large-scale events held to celebrate the 20th anniversary of the Forum, including the high-level seminar under the theme of "New Era, New Beginning" and the Retrospective Exhibition of the 20th Anniversary of the Forum Macao. At the same time, the Permanent Secretariat has promoted exchanges between provinces and cities of China and Portuguese-speaking countries, making the multilateral and bilateral cooperation go deep and solid. The Permanent Secretariat has also developed cooperation in the areas of human resources and education and expanded the cooperation areas of member countries. The Permanent Secretariat held the 15th Cultural Week of China and Portuguese-speaking countries to promote mutual cultural exchanges. The Permanent Secretariat has been engaged in promotional work of the Forum Macao. The Secretary-General of the Permanent Secretariat, Ji Xianzheng, has been interviewed by the media many times, expanding the influence of the Forum Macao. The article Entitled "A Review of the Development of the Forum for Economic and Trade Cooperation between China and Portuguese-speaking Countries (Macau) in the Past 20 Years" summarizes systematically the 20-year development of the Forum Macao, and considers that the development process of the Forum Macao has passed through three stages and achieved eight significant results, highlighting three bridging functions of Macao platform. The article entitled "Research and Review of the Forum Macao by the Academia of Portuguese Speaking Countries" elaborates the motivations of Portuguese-speaking countries to participate in the Forum Macao and considers the Forum as development opportunities for Portuguese-speaking countries. Scholars generally emphasize the role of Macao as a bridge for commerce and trade cooperation between China and Portuguese-speaking countries and unanimously believe that the Forum Macao have achieved results over the years. At the same time, scholars consider that it is important to promote the construction of think tanks in China and Portuguese-speaking countries.

In the section of Topic Reports, the article entitled *Characteristics, Motivations and Challenges of Lula's New Policies* summarizes the basic content and characteristics of new policies of Brazil's new President Lula from political, economic and social aspects, and believes that Lula adopts pragmatic foreign policy. The Report also analyzes the development needs of Brazil's economy and society, for which Lula has implemented new policies. The article entitled *Current Situation and Prospects of Productive Cooperation between China and Angola* believes that the productive cooperation between China and Angola can create win-win outcomes that benefit both parties, which is considered as a new model of industrial cooperation. However, such cooperation also faces challenges such as monolithic economic structure and lack of financing.

The Country Reports, sorted by the first letter of Portuguese-speaking countries' names, elaborate the development and change of Portuguese-speaking countries in the political, diplomatic, economic, social and cultural areas in 2022

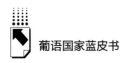

and 2023, including the detailed development and change of economy and society in Portuguese-speaking countries, the development of bilateral relations between China and Portuguese-speaking countries, as well as the progress of bilateral economic and trade cooperation.

In the Appendix, the Annex I compiles the chronology of principal events of Portuguese-speaking countries in 2023. The Annex II sorts out the main economic indicators of Portuguese-speaking countries from 2018 to 2023. The major agreements signed between Portuguese-speaking countries and China and whether they are members of World Trade Organization are compiled in Annex III.

In addition to Chinese, the entire book attached by summaries of each report in Portuguese and English.

Keywords: Portuguese-speaking Countries; Economic and Social Development; Economic and Trade Cooperation

Contents

I General Report

Abstract: In 2022, the global economy has faced many challenges, and regional instability has led to inflation. Portuguese-speaking countries have struggled to recover from major changes unseen in a century. Their economic development has performed well, foreign trade has grown strongly, and they have persisted in improving the investment and financing environment. After the general elections in several Portuguese-speaking countries, their societies have maintained basically stable, and their populations have continued to grow. China and Portuguese-speaking countries have jointly built the "Belt and Road" and strengthened cooperation in trade, investment and infrastructure construction. The year of 2022 celebrates the 20th anniversary of the establishment of the Forum for Economic and Trade Cooperation between China and Portuguese-speaking Countries (Macao), which has promoted the multilateral and bilateral cooperation in various areas, and the service platform for trade cooperation created by Macao SAR has achieved remarkable results.

Keywords: Portuguese-speaking Countries; Economy and Society; Multilateral and Bilateral Cooperation

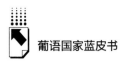

II Special Report

B.2 Work of the Permanent Secretariat of Forum Macao in 2023
and Its Outlook for 2024

Permanent Secretariat of Forum Macao / 029

Abstract: In 2023, the Permanent Secretariat of Forum Macao closely
focused on the Action Plan for Economic and Trade Cooperation of the Ministerial
Conferences, carried out work in promoting trade and investment, cultural and
humanistic exchange and cooperation, and construction of the Commercial and
Trade Cooperation Service Platform of the Macao, strengthening cooperation
between China and Portuguese-speaking countries in various fields. In 2024, the
Permanent Secretariat will prepare for the 6th Ministerial Conference of the Forum
Macao, further enhance the quality of the cooperation between China and
Portuguese-speaking countries through organizing meetings, exhibitions, visits,
training and publicity. At the same time, the Permanent Secretariat will utilize the
elements of Portuguese-speaking countries to support the construction of the
Platform of Macao, align with the SAR government's "1 + 4" strategy for
appropriately diversified economic development and assist Macao in integrating
more proactively into the country's overall development.

Keywords: Forum Macao; Macao as Platform; Economy and Trade;
Humanities

B.3   A Review of the Development of the Forum for Economic
and Trade Cooperation between China and Portuguese-
speaking Countries (Macao) in the Past 20 Years

Yang Chuqiao / 037

Abstract：2023 marks the 20th anniversary of the establishment of the Forum
for Economic and Trade Cooperation between China and Portuguese-speaking
Countries (Macao). Since its establishment, Forum Macao has organized five
Ministerial Conference and one Extraordinary Ministerial Conference. In each
Ministerial Conference, China and Portuguese-speaking countries signed jointly
Strategic Plans for Economic and Trade Cooperation, which formulated action
plans and reflected the concept of joint consultation and construction. The Forum
Macao focuses on economic and trade cooperation, not only building a sustainable
multilateral cooperation mechanism and a platform for collective dialogue, but also
promoting cooperation between China and Portuguese-speaking countries in nearly
20 fields, practicing the concept of a community with a shared future for mankind
in cooperation. Through the cooperation of the Forum, the status of Macao as a
" Commercial and Trade Cooperation Service Platform between China and
Portuguese-speaking countries" has been highlighted, becoming a demonstration of
the "One Country, Two Systems" policy and playing a positive role in Macao's
long-term prosperity and stability. In the future, in the face of major opportunities
for the development of the Guangdong-Hong Kong-Macao Greater Bay Area and
the Guangdong-Macao In-Depth Cooperation Zone in Hengqin, the Forum
Macao can also strengthen the role of multilateral cooperation mechanisms,
promote the joint construction and sharing of the "the Belt and Road" between
China and Portuguese-speaking countries, and enrich the new era connotation of
the "One Country, Two Systems" policy.

Keywords：Forum Macao; Macao Platform; Portuguese-speaking Countries;
Economic and Trade Cooperation

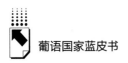
葡语国家蓝皮书

B.4 A Review of the Research of the Forum Macao by the Academia

of the Portuguese-speaking Countries   *Yang Chuqiao* / 063

Abstract: Since the establishment of Forum Macao, the academia of Portuguese-speaking countries has conducted a comprehensive analysis of the motivations of Portuguese-speaking countries to participate in the Forum, the status and role of the Forum, the cooperation effectiveness of the Forum, and the future development of the Forum from a single economic and trade research to a multi-faceted research in different fields such as politics, economy, society and culture, gave full recognition of the Forum Macao's cooperation in the past two decades. Sorting out and commenting on the viewpoints and context of the academic community in Portuguese- speaking countries can not only provide an international research perspective and ideas for the Forum Macao, but also create a broader space for communication between China and the academic community in Portuguese-speaking countries. In the future, to further improve the research on the Forum Macao, we can strengthen academic exchanges between China and Portuguese-speaking countries, gather resources from the government, enterprises, and academia on the basis of the existing Forum of Think Tanks between China and Portuguese-speaking countries, form a tripartite interaction mechanism between government, enterprises and academia, establish a research center for the Forum, carry out research on related topics of the Forum Macao.

Keywords: Forum Macao; Portuguese-speaking Countries; Macao

Ⅲ Topic Reports

B.5 Characteristics, Motivations and Challenges of Lula's

New Policies   *Zhang Fangfang, Wang Yifan* / 077

Abstract: After Lula was elected President of Brazil for the third time in 2023, he adopted a more "moderate" domestic policy: at the political level, he continued to expand his ruling foundation, stabilize the regime, and establish across-party governing coalition; at the economic level, he controlled public expenditure and tax reform, and restarted the "New Growth Acceleration Program"; at the social level, he promotes fairness and justice in multiple fields such as public security, people's livelihood and well-being, education innovation, health care, and public participation; at the ecological and environmental level, Brazil continuously increases its attention and assumes more responsibilities as a major country. On the other hand, Lula adopted pragmatic foreign policies to re-strengthen Brazil's status as a major power. The most important motivations for the above changes in domestic and foreign policies come from Brazil's economic and social development needs, party competition and interest group politics, as well as the establishment of Brazil's diplomatic image as a major country. The "moderate and pragmatic" policy orientation of the Lula government also faces many challenges: great dependence on the external environment and economic stagnation remain the major obstacles to his new policy; religious and cultural diversity and high social polarization may bring resistance to policy reforms; the social crisis caused by the population aging is a long-term problem for Brazil.

Keywords: Lula's New Policies; Moderation Policies; Pragmatism Policies

B. 6   Current Situation and Prospects of Productive Cooperation
between China and Angola   *Zhang Weiqi* / 095

Abstract: The mutual beneficial relationship and win-win cooperation between China and Angola can meet their development needs respectively. The productive cooperation in practice between the two countries began long before the appearance of "Productive Cooperation" as a term. This article analyzes the current situation of China-Angola productive cooperation by two aspects: industrialization cooperation and infrastructure cooperation. Understanding and identifying what our partners needs can lead to better cooperation. At the moment, Angola's development faces two difficulties: petroleum production and public

 葡语国家蓝皮书

debt. Meanwhile, Angola's latest version of National Development Plan and China's newly issued documents about cooperation with Africa can provide new ideas and new directions for the future of China-Angola productive cooperation.

Keywords: China; Angola; Productive Cooperation; National Development Plan

Ⅳ   Country Reports

B.7   The Republic of Angola

Wen Zhuojun / 108

Abstract: In 2022, the MPLA, ruling party of Angola, won the general election with a narrow margin, and the stability of its domestic political situation is still facing many challenges. Driven by the continuous rise in international crude oil prices, Angola's economy has returned to the growth track. The government continues to vigorously implement the economic diversification strategy, making its future economic development full of opportunities and potential. However, the progress of privatization is still slow. Angola continues its foreign policy with economic diplomacy as the main focus, actively participates in international and regional affairs, and strives to enhance its international influence. At the same time, the relationship between Angola and the United States has warmed up. On the occasion of the 40th anniversary of the establishment of diplomatic ties between China and Angola, both sides have continuously promoted and expanded cooperation in various fields, achieved fruitful results, and further deepened bilateral friendly relations.

Keywords: Angola; General Election; Economic Diversification; Economic Diplomacy; China-Angola Cooperation

B.8 The Federative Republic of Brazil

Shen Huaqiao, *Wang Congxi* / 123

Abstract: The onset of 2023 heralded the commencement of President Lula's third tenure. Following the unsettling events of January 8th, when the country's key democratic institutions were assaulted, Brazil has gradually regained its stability. Despite persistent economic challenges, particularly the inflation pressure, the nation continues to enjoy a surplus in its foreign trade. The aftermath of the presidential elections saw enduring social divisions, with the ideological rift between the left and right wings still pronounced. On the international front, Brazil has been proactive in recalibrating its foreign policy, seeking to reclaim its position on the global stage. A significant milestone in international relations was achieved as Sino-Brazilian ties embarked on a new chapter; President Lula's visit to China, accompanied by a high-level delegation, culminated in the signing of several key agreements, signaling a fresh phase in the bilateral partnership.

Keywords: Brazil; Politics; Economy; Society; Diplomacy; China-Brazilian Relations

B.9 The Republic of Cape Verde   *Li Shiyue* / 137

Abstract: From 2022 to 2023, the political environment of Cape Verde maintained stable, and intra-party elections of two principal political parties were held. The economy recovered rapidly from the effects of the pandemic, with GDP of Cape Verde growing by 17.7% in 2022. The annual inflation rate has reached 7.9%, the highest level in the past two decades. The proportion of public debt in GDP dropped significantly, but still higher than the level before the pandemic. The volume of imports and exports increased by 25.4%, and the trade deficit was obvious. Various social development indicators achieved high scores among the African countries, with the considerable decline of the unemployment rate and poverty rate. The level of public health services continued to improve and positive

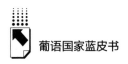

results have been achieved in the fight against the COVID-19 pandemic and malaria. In terms of the relationship between China and Cape Verde, the two countries have deepened their cooperation in agriculture, education, ocean economy and other fields, injecting new impetus into the development of China-Cape Verde relations.

Keywords: Cape Verde; Political Stability; Post-pandemic Recovery; China-Cape Verde Cooperation

B.10　The Republic of Guinea-Bissau　　　　　*Song Shuang* / 146

Abstract: In 2022, the political situation in Guinea-Bissau was stable, but the differences among the President, Prime Minister and Parliament maintained, and a military coup happened in February raised concerns in the country. As the impact of the COVID-19 pandemic reduced, Guinea-Bissau's economy resumed rapid growth, and the government introduced measures to promote the development of cashews and fisheries. Due to significant decrease in exports and increase in imports, Guinea-Bissau's trade deficit largely increased. To promote social development, the government made efforts in areas such as healthcare, education, food supply, and infrastructure construction, while the international community continued providing extensive assistance or financing support. The friendly cooperative relations between China and Guinea-Bissau in the fields of politics, economy and trade, and development assistance proceeded, and various sectors in Guinea-Bissau expressed support for China's position on the issues related to Xinjiang and Taiwan.

Keywords: Domestic Political Differences; Economic Growth; International Aid; China and Guinea-Bissau Cooperation

B.11 The Republic of Equatorial Guinea

Li Ziying, Zhang Junyi / 157

Abstract: The Republic of Equatorial Guinea is the only country in the Community of Portuguese-speaking Countries that uses Spanish as its first official language, and the current President Obiang has single-handedly created modern Equatorial Guinea, which has been in a relatively stable political environment since he took office. From 2014 to now, the decline in international oil prices has had a profound impact on the economic development of resource-based countries such as Equatorial Guinea, and in order to change the monolithic economic structure, the government of Equatorial Guinea has put forward the National Development Strategy 2035, which puts industrial upgrading and transformation on the agenda. In recent years, with the deepening of cooperation with the Portuguese Community, the influence of the country in the international community has continued to grow. At the same time, the bilateral trade volume between China and Equatorial Guinea has been increasing, and the prospect of cooperation has become more and more promising.

Keywords: Equatorial Guinea; Obiang; Oil Resources; National Development Strategy 2035

B.12 The Republic of Mozambique

Zhang Chuanhong, Wu Dongwei / 173

Abstract: In 2022, the Mozambican government actively responded to the multiple challenges of the post-pandemic era and achieved stable development in different aspects. From the perspective of domestic political and economic development, Mozambique gradually achieved the goals of domestic political stability and economic development. In terms of foreign relations, the Mozambican government actively promoted global partnerships, using natural gas and other

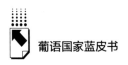

energy and mineral resources as leverage and taking climate transition as an opportunity to extensively engage in international cooperation. This also led to a steady increase in foreign investment and aids, as well as a growth in foreign trade volume compared to previous years. In 2022, Mozambique maintained a stable relationship with China and the cooperation between China and Mozambique was strengthened in various aspects.

Keywords: Mozambique; Politics; Economy; Foreign Relations; China-Mozambique Relations

B.13 The Portuguese Republic

Xu Yixing, Qian Tong / 190

Abstract: In 2022, Portugal built on its renewed recovery. In the parliamentary election at the beginning of the year, the Portuguese Socialist Party (PS) won an absolute majority of seats to stay in power, injecting a stabilizing factor into Portugal's political situation. From 2021 to 2022, Portugal's economy was gradually recovering with a strong economic growth momentum, and its international trade and investment are expanding as well. With the strong support of the European Union's Recovery and Resilience Plans, Portugal has been able to implement domestic reforms and investments in many areas. At the same time, social issues, such as population ageing, have posed certain challenges to Portugal's development. Political mutual trust between China and Portugal has been increasing, and trade and investment cooperation has been deepening and developing stably.

Keywords: Portugal; Parliamentary Election; Reforms and Investments in Various Fields; Development of China-Portuguese Relations

B.14   The Democratic Republic of Sao Tome and Principe

Song Shuang / 203

Abstract: In 2022, Sao Tome and Principe had parliamentary election and government reshuffle. The Accao Democratica Independente (ADI) won a majority of the seats in the new parliament. As for economic development, Sao Tome and Principe experienced decelerated growth in 2022, along with serious inflation. The trade deficit continued rising, but foreign investment achieved significant growth. The government's important economic measures included launching free zones and conducting oil exploration. As for social development, the government was committed to improving infrastructure, and launched a series of important projects such as the Ayres de Menezes hospital rehabilitation, the first phase of the installation of its first photovoltaic plant, the deep-water port in Fernao Dias, and the No. 4 National Road rehabilitation, all of which received international financial support. China and Sao Tome and Principe continued carrying out bilateral cooperation in the political and economic fields. China provided assistance in agricultural technology, healthcare, and infrastructure construction.

Keywords: Government Reshuffle; Free Zones; Oil Exploration; International Aid; China's Aid

B.15   The Democratic Republic of Timor-Leste

Tang Qifang / 215

Abstract: In 2022, the overall situation in Timor-Leste remained stable. The presidential election was held smoothly as scheduled, and Jose Manuel Ramos-Horta was elected. The non-oil economy was slowly recovering, investment in oil funds has been hindered, fiscal revenue and expenditure problems were exacerbating, and the strategy of economic diversification was accelerating.

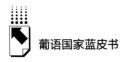
Challenges to social development caused by both the pandemic and the international conflicts have been handled in time by the government, with the support from development partners. Timor-Leste focused on multilateral diplomacy, as it has been in its final stages for joining both the World Trade Organization (WTO) and the Association of Southeast Asian Nations (ASEAN). The relationship between China and Timor-Leste has developed smoothly, with close high-level exchanges and growing trade. China strongly supports the development of Timor-Leste with timely, accurate and applicable aids.

Keywords: Presidential Election; Government Revenue and Expenditure; Entry into WTO; Entry into ASEAN

Resumo Geral

O Relatório sobre o Desenvolvimento dos Países de Língua Portuguesa (2023) constitui o 8° relatório académico anual acerca do desenvolvimento económico e social dos Países de Língua Portuguesa (também conhecido abreviadamente como PLP) e da sua tendência de desenvolvimento.

Os nove PLP, nomeadamente a República de Angola, a República Federativa do Brasil, a República de Cabo Verde, a República da Guiné-Bissau, a República de Moçambique, a República Portuguesa, a República Democrática de São Tomé e Príncipe, a República Democrática de Timor-Leste e a República da Guiné Equatorial, adicionada nesta edição, encontram-se distribuídos por quatro continentes: Ásia, África, América Latina e Europa.

O Relatório Principal, baseado em uma grande quantidade de dados confiáveis e documentação autorizada, analisa e expõe persistentemente o desempenho geral e as tendências do desenvolvimento económico e social dos PLP. Em 2022, diante de mudanças profundas não vistas em um século, os PLP passaram pela reformulação da cadeia de abastecimento mundial desencadeada pela turbulência regional. No entanto, a sua recuperação económica no período pós-pandemia foi notável. Os nove Países emergiram da sombra da recessão decorrente da pandemia da COVID-19. Os PLP alcançaram um crescimento positivo do PIB em média, alguns dos quais conseguiram um crescimento de dois dígitos e mostraram um bom impulso de crescimento do PIB *per capita*. O comércio exterior

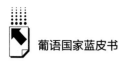

de bens dos PLP cresceu fortemente, com um aumento médio de quase 20% no valor total das importações e exportações, registrando sobretudo um crescimento significativo nas importações. Nos últimos anos, os nove PLP introduziram várias políticas e medidas para melhorar o ambiente de investimento, com um aumento considerável de mais de 50% na atração de investimento estrangeiro, em nítido contraste com o declínio nos fluxos globais de investimento. Os PLP na Ásia, África e América Latina mostraram um declínio significativo no recebimento de ajuda externa, mas continuaram a buscar financiamento externo para aliviar as dificuldades encontradas na recuperação económica. Embora a dívida externa tenha aumentado ligeiramente, o risco geral é controlável.

Em 2022, a população dos PLP continuou a crescer, atingindo quase 300 milhões. De acordo com o *Relatório de Desenvolvimento Humano* publicado pelo Programa das Nações Unidas para o Desenvolvimento (PNUD) em 2022, a maioria dos PLP foram classificados na categoria de médio desenvolvimento humano. Em termos de RNB *per capita*, a maioria deles foram classificados como economias de renda média-baixa. Esses Países ainda têm um longo caminho a percorrer para atingir as metas de desenvolvimento.

Em 2023, o Fórum para a Cooperação Económica e Comercial entre a China e os Países de Língua Portuguesa (Macau), também conhecido como Fórum de Macau, comemorou o 20° aniversário da sua criação. O Secretariado Permanente do Fórum de Macau, juntamente com os departamentos governamentais da Região Administrativa Especial de Macau (RAEM), realizou uma série de eventos e seminários comemorativos. No 10° aniversário da criação do Fórum de Macau, o Relatório divulgado em chinês e português considera que o Fórum de Macau maximizou as vantagens da RAEM para conectar a China e os PLP. Com foco na cooperação económica e comercial, o Fórum de Macau promoveu efetivamente o intercâmbio e a cooperação entre a China e os PLP. De acordo com o Relatório de Avaliação Externa sobre os Resultados e Perspetivas dos 15 Anos da Criação do

Fórum para a Cooperação Económica e Comercial entre a China e os Países de Língua Portuguesa (Macau), o Fórum de Macau criou um novo paradigma de cooperação intergovernamental entre diversos países e desenvolveu um novo modelo de cooperação económica e comercial entre a China e os PLP. O governo da RAEM acredita que, ao longo das duas décadas, o Fórum de Macau, com foco na cooperação económica e comercial, aproveitou ao máximo as vantagens únicas de Macau na ligação entre a China e os PLP, alcançando resultados frutíferos, e espera que o Fórum de Macau se torne um impulsionador da cooperação abrangente entre a China e os PLP. Durante os últimos 20 anos, o governo da RAEM tem desenvolvido consistentemente o seu papel como plataforma de comércio para a China e os PLP, cujo papel é indispensável. Ao longo dos anos, visitas mútuas de alto nível entre a China e os PLP promoveram efetivamente o rápido desenvolvimento da cooperação económica e comercial bilateral. Em 2022, o valor das trocas comerciais entre a China e os PLP ultrapassou US $ 200 bilhões, alcançando um aumento significativo. Embora o investimento das empresas chinesas nos PLP tenha flutuado em geral, o seu investimento no Brasil aumentou consideravelmente. As instituições financeiras chinesas realizaram transações de liquidação em RMB. O RMB já se tornou moeda de reserva em alguns Países. As empresas chinesas têm-se envolvido na cooperação internacional de contratação de obras e participaram na implementação de projetos de interconexão da Iniciativa Faixa e Rota, apoiando a cooperação na construção de infraestrutura. O Relatório Principal oferece uma perspectiva sobre as tendências de desenvolvimento económico e social dos PLP em 2024. No Relatório, prevê-se que os nove PLP entrem no caminho da recuperação e desenvolvimento e que a China e os PLP construam uma comunidade com um futuro compartilhado.

O Relatório Especial intitulado "Uma Revisão do Desenvolvimento do Fórum para Cooperação Económica e Comercial entre a China e os Países de Língua Portuguesa (Macau) nos Últimos 20 Anos" analisou a promoção de

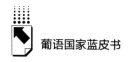

comércio e investimento, cooperação de recursos humanos e atividades de intercâmbio cultural desenvolvidas pelo Fórum de Macau, tendo Macau como plataforma. Em 2023, o Fórum de Macau realizou quase 40 eventos, especialmente os eventos de grande escala realizados para celebrar o 20° aniversário do Fórum, incluindo o Seminário de Alto Nível subordinado ao tema "Nova Era, Nova Partida" e a Exposição Retrospectiva do Estabelecimento do Fórum de Macau-20° Aniversário. Ao mesmo tempo, o Secretariado Permanente promoveu intercâmbios entre províncias e cidades da China e dos PLP, tornando a cooperação multilateral e bilateral profunda e sólida. O Secretariado Permanente também desenvolveu a cooperação nas áreas de recursos humanos e educação e expandiu as áreas de cooperação entre os Países Participantes. O Secretariado Permanente realizou a 15ª Semana Cultural da China e dos Países de Língua Portuguesa para promover intercâmbios culturais mútuos. O Secretariado Permanente tem-se empenhado no trabalho promocional do Fórum de Macau. O Secretário-Geral do Secretariado Permanente, Ji Xianzheng, foi entrevistado muitas vezes, expandindo a influência do Fórum de Macau. O artigo intitulado "Uma Revisão do Desenvolvimento do Fórum para Cooperação Económica e Comercial entre a China e os Países de Língua Portuguesa (Macau) nos Últimos 20 Anos" resume sistematicamente o desenvolvimento de 20 anos do Fórum de Macau e considera que o processo de desenvolvimento do Fórum de Macau passou por três etapas e alcançou oito resultados significativos, destacando o papel de ponte que Macau tem desempenhado. O artigo intitulado "Pesquisa e Revisão do Fórum de Macau pela Academia dos Países de Língua Portuguesa" elabora as motivações dos PLP para participar no Fórum de Macau e considera o Fórum como oportunidades de desenvolvimento para os PLP. Os académicos enfatizam o papel de Macau como uma ponte para o comércio e a cooperação comercial entre a China e os PLP e acreditam unanimemente que o Fórum de Macau alcançou resultados ao longo dos anos. Ao mesmo tempo, os académicos consideram que é importante promover a construção de *think tanks* na China e nos PLP.

Na secção de Relatórios Temáticos, o artigo intitulado "Características, Motivações e Desafios das Novas Políticas de Lula" resume o conteúdo básico e as características das novas políticas do novo presidente brasileiro Lula a partir de aspetos políticos, económicos e sociais, e acredita que Lula adota uma política externa pragmática. O artigo também analisa as necessidades de desenvolvimento da economia e da sociedade brasileira, para as quais Lula implementou novas políticas. O artigo intitulado "Situação Atual e Perspetivas da Cooperação Produtiva entre a China e Angola" acredita que a cooperação produtiva entre China e Angola pode criar resultados vantajosos para ambas as partes, o que é considerado um novo modelo de cooperação industrial. No entanto, essa cooperação também enfrenta desafios como estrutura económica monolítica e falta de financiamento.

Os Relatórios por País, ordenados pela primeira letra do nome dos PLP, elaboram o desenvolvimento e a mudança dos PLP nas áreas política, diplomática, económica, social e cultural em 2022 e 2023, incluindo o desenvolvimento detalhado e a mudança da economia e da sociedade nos PLP, o desenvolvimento das relações bilaterais entre a China e os PLP, bem como os avanços da cooperação económica e comercial bilateral.

No Apêndice, compila-se no Anexo I a Crónica dos Acontecimentos dos PLP em 2023. No Anexo II, encontram-se os principais indicadores económicos dos PLP de 2018 a 2023. No Anexo III, acrescentaram-se nesta edição os principais acordos assinados entre os PLP e a China, bem como a participação dos PLP na Organização Mundial do Comércio.

Para além do chinês, o livro anexa os resumos de cada relatório em português e inglês.

Palavras-chave: Países de Língua Portuguesa; Desenvolvimento Económico e Social; Cooperação Económica e Comercial

Resumos

I Relatório Principal

B.1 Desenvolvimento Económico e Social dos Países de Língua
Portuguesa (2022−2023)   *Wang Cheng'an* / 001

Resumo：Em 2022, a economia global enfrentou muitos desafios, e a
instabilidade regional levou à inflação. Os PLP têm lutado para se recuperar de
grandes mudanças não vistas em um século. O seu desenvolvimento económico teve
um bom desempenho e o comércio exterior cresceu fortemente. Eles tem persistido
em melhorar o ambiente de investimento e financiamento. Após as eleições gerais
em vários PLP, a sociedade tem-se mantido basicamente estável e a população
continuou a crescer. A China e os PLP têm-se envolvido na construção conjunto da
Faixa e Rota e fortalecido a cooperação em comércio, investimento e construção
de infraestrutura. O ano de 2022 celebra o 20° aniversário do estabelecimento do
Fórum de Macau, que promoveu a cooperação multilateral e bilateral em várias
áreas, e a construção da RAEM como uma Plataforma de Serviços para a
Cooperação Comercial entre a China e os PLP alcançou resultados notáveis.

Palavras-chave：Países de Língua Portuguesa; Economia e Sociedade;
Cooperação Multilateral e Bilateral

II   Relatório Especial

B . 2   Os Trabalhos do Secretariado Permanente do Fórum de Macau em 2023 e as Perspetivas para 2024

Secretariado Permanente do Fórum de Macau / 029

Resumo: Em 2023, o Secretariado Permanente do Fórum de Macau concentrou-se de perto no Plano de Ação para Cooperação Económica e Comercial das Conferências Ministeriais, realizou trabalhos na promoção do comércio e investimento, intercâmbio e cooperação cultural e humanística, e construção da Plataforma de Serviços para a Cooperação Comercial de Macau, fortalecendo a cooperação entre a China e os PLP em vários campos. Em 2024, o Secretariado Permanente fará trabalhos preparatórios para a 6ª Conferência Ministerial do Fórum de Macau, aumentará ainda mais a qualidade da cooperação entre a China e os PLP por meio da organização de reuniões, exposições, visitas, treinamento e publicidade. Ao mesmo tempo, o Secretariado Permanente utilizará os elementos dos PLP para apoiar a construção da Plataforma de Macau, alinhar-se com a estratégia "1 + 4" do governo da RAEM para o desenvolvimento económico adequadamente diversificado e auxiliar Macau a integrar-se de forma mais proativa no desenvolvimento geral do país.

Palavras-chave: Fórum de Macau; Macau como Plataforma; Economia e Comércio; Humanidades

葡语国家蓝皮书

B.3   Uma Análise do Desenvolvimento do Fórum para a
Cooperação Económica e Comercial entre a China e os
Países de Língua Portuguesa（Macau）nos Últimos 20 Anos

Yang Chuqiao / 037

Resumo：O ano de 2023 marca o 20° aniversário do estabelecimento do Fórum para a Cooperação Económica e Comercial entre a China e os Países de Língua Portuguesa（Macau）. Desde a sua criação, o Fórum de Macau organizou cinco Conferências Ministeriais e uma Conferência Ministerial Extraordinária. Em cada Conferência Ministerial, a China e os PLP assinaram conjuntamente Planos Estratégicos para a Cooperação Económica e Comercial e formularam planos de ação, o que refletiu o conceito de consulta e construção conjuntas. O Fórum de Macau concentra-se na cooperação económica e comercial, não só construindo um mecanismo de cooperação multilateral sustentável e uma plataforma para o diálogo coletivo, mas também promovendo a cooperação entre a China e os PLP em quase 20 áreas, praticando o conceito de uma comunidade com um futuro partilhado para a humanidade em cooperação. Através da cooperação do Fórum, foi destacado o estatuto de Macau como uma "Plataforma de Serviços de Cooperação Comercial e Comercial entre a China e os Países de Língua Portuguesa", tornando-se uma demonstração da política "Um País, Dois Sistemas" e desempenhando um papel positivo na prosperidade e estabilidade de Macau a longo prazo. No futuro, em face das grandes oportunidades para o desenvolvimento da Grande Baía Guangdong-Hong Kong-Macau e da Zona de Cooperação Aprofundada entre Guangdong e Macau em Hengqin, o Fórum de Macau também pode fortalecer o papel dos mecanismos de cooperação multilateral, promover a construção conjunta e o compartilhamento da Faixa e Rota entre a China e os PLP, e enriquecer a conotação da política "Um País, Dois Sistemas" na nova era.

Palavras-chave：Fórum de Macau；Macau como Plataforma；Países de Língua Portuguesa；Cooperação Económica e Comercial

B.4   Uma Revisão da Pesquisa sobre Fórum de Macau pela
Academia dos Países de Língua Portuguesa

Yang Chuqiao / 063

Resumo: Desde o estabelecimento do Fórum de Macau, a academia dos PLP conduziu uma análise abrangente das motivações dos PLP para participar do Fórum, o *status* e o papel do Fórum, os resultados de cooperação alcançados pelo Fórum e o desenvolvimento futuro do Fórum, evoluindo de uma pesquisa concentrada apenas nas áreas económica e comercial para uma pesquisa multifacetada em diferentes campos, como política, economia, sociedade e cultura. Foi plenamente reconhecida pela academia a cooperação do Fórum de Macau nas últimas duas décadas. Classificar e comentar os pontos de vista e o contexto da comunidade académica dos PLP pode não apenas fornecer perspetivas e ideias de pesquisa internacional para o Fórum de Macau, mas também criar um espaço de comunicação mais amplo para a comunidade académica da China e dos PLP. No futuro, para melhorar ainda mais a pesquisa sobre o Fórum de Macau, podemos fortalecer os intercâmbios académicos entre a China e os PLP, reunir recursos governamentais, empresariais e académicos com base no Fórum dos Think Tanks entre a China e os Países de Língua Portuguesa já existente, formar um mecanismo de interação tripartite entre governos, empresas e academia, estabelecer um centro de pesquisa para o Fórum, realizar pesquisas sobre tópicos relacionados ao Fórum de Macau.

Palavras-chave: Fórum de Macau; Países de Língua Portuguesa; Macau

III   Relatórios Temáticos

B.5   Caraterísticas, Motivações e Desafios das Novas Políticas
de Lula   *Zhang Fangfang, Wang Yifan /* 077

Resumo: Depois que Lula foi eleito presidente do Brasil pela terceira vez em

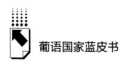

2023, ele adotou uma política interna mais "moderada". No campo político, ele continua a expandir a sua base governante, estabilizar o regime e estabelecer uma coalizão governamental multipartidária. No campo económico, ele tem-se empenhado no controlo dos gastos públicos e na reforma tributária e lançou uma nova versão do Programa de Aceleração do Crescimento (PAC). No campo social, ele tem promovido a imparcialidade e a justiça em vários campos, como segurança pública, sustento e bem-estar de pessoas, inovação educacional, assistência médica e participação pública. No campo ecológico e ambiental, o Brasil tem prestado cada vez mais atenção a essa área e assumiu mais responsabilidades internacionais. Por outro lado, Lula adotou políticas externas pragmáticas para fortalecer novamente o *status* do Brasil como grande potência. As motivações mais importantes para as mudanças acima apresentadas nas políticas interna e externa provêm das necessidades de desenvolvimento económico e social do Brasil, competição partidária e política de grupos de interesse, bem como do estabelecimento da imagem diplomática do Brasil como uma grande potência. A orientação política "moderada e pragmática" do governo Lula também enfrenta muitos desafios. A sua grande dependência do ambiente externo e a estagnação económica constituem os principais obstáculos para as novas políticas. A diversidade religiosa e cultural e a alta polarização social podem trazer resistência às reformas políticas. A crise social causada pelo envelhecimento populacional será um problema de longo prazo para o Brasil encontrar o caminho certo para o seu desenvolvimento.

Palavras-chave: Novas Políticas de Lula; Políticas Moderadas; Políticas Pragmatismo

B.6 Situação Atual e Perspetivas da Cooperação Produtiva entre a China e Angola
Zhang Weiqi / 095

Resumo: O relacionamento benéfico mútuo e a cooperação ganha-ganha entre a China e Angola podem atender às respetivas necessidades de desenvolvimento. A cooperação produtiva na prática entre os dois países começou muito antes do surgimento do termo "Cooperação Produtiva". Este artigo analisa a situação atual da cooperação produtiva China-Angola por dois aspetos: cooperação em industrialização e cooperação em infraestrutura. Entender e identificar as necessidades dos nossos parceiros pode levar a uma melhor cooperação. Neste momento, o desenvolvimento de Angola enfrenta dificuldades na produção de petróleo e no controlo da dívida pública. Enquanto isso, a versão mais recente do Plano Nacional de Desenvolvimento de Angola e os documentos recém-emitidos pela China sobre cooperação com a África podem fornecer novas ideias e novas direções para o futuro da cooperação produtiva China-Angola.

Palavras-chave: China; Angola; Cooperação Produtiva; Plano Nacional de Desenvolvimento

Ⅳ Relatórios por País

B.7 República de Angola   *Wen Zhuojun* / 108

Resumo: Em 2022, o MPLA, partido governante em Angola, venceu as eleições gerais com margem estreita, e a estabilidade da sua situação política interna ainda enfrenta muitos desafios. Impulsionada pelo aumento contínuo dos preços internacionais do petróleo bruto, a economia de Angola voltou ao caminho de crescimento. O governo continua a implementar vigorosamente a estratégia de diversificação económica, tornando o seu futuro desenvolvimento económico cheio de oportunidades e potencial. No entanto, o progresso da privatização ainda está lento. Tendo diplomacia económica como foco principal na sua política externa, Angola participa ativamente nos assuntos internacionais e regionais, esforçando-se para aumentar a sua influência internacional. Ao mesmo tempo, aqueceu-se o relacionamento entre Angola e os Estados Unidos. Por ocasião do 40° aniversário do estabelecimento de laços diplomáticos entre a China e Angola, ambos os lados promoveram e expandiram continuamente a cooperação em vários campos, alcançando resultados frutíferos, o que aprofundou ainda mais as relações bilaterais

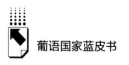

amigáveis.

Palavras-chave：Angola；Eleições Gerais；Diversificação Económica；Diplomacia Económica；Cooperação China-Angola

B . 8　República Federativa do Brasil　*Shen Huaqiao*, *Wang Congxi* / 123

Resumo：O começo de 2023 anunciou o início do terceiro mandato do presidente Lula. Após o evento perturbador de 8 de janeiro, quando as principais instituições democráticas do país foram atacadas, o Brasil gradualmente recuperou a sua estabilidade. Apesar dos desafios económicos persistentes, particularmente a pressão inflacionária, o país continua a desfrutar de um superávit no seu comércio exterior. O rescaldo das eleições presidenciais viu divisões sociais duradouras, com a fenda ideológica entre as alas esquerda e direita ainda pronunciada. No campo diplomático, o Brasil tem sido proativo na recalibração da sua política externa, buscando recuperar a sua posição no cenário global. Um marco significativo nas relações internacionais foi alcançado quando os laços sino-brasileiros embarcaram em um novo capítulo. A visita do presidente Lula à China, acompanhado por uma delegação de alto nível, culminou na assinatura de vários acordos importantes, sinalizando uma nova fase na parceria bilateral.

Palavras-chave：Brasil；Política；Economia；Sociedade；Diplomacia；Relações China-Brasileiras

B . 9　República de Cabo Verde　*Li Shiyue* / 137

Resumo：De 2022 a 2023, o ambiente político de Cabo Verde manteve-se estável. Foram realizadas as eleições intrapartidárias de dois partidos políticos principais. A economia recuperou-se rapidamente dos efeitos da pandemia. O PIB de Cabo Verde cresceu 17，7% em 2022. A taxa de inflação anual atingiu 7，9%， o nível mais alto nas últimas duas décadas. A proporção da dívida pública no PIB caiu significativamente, mas ainda superior ao nível anterior à pandemia. O volume de importações e exportações aumentou 25,4% e o déficit comercial foi óbvio. Vários indicadores de desenvolvimento social do país alcançaram altas pontuações entre os países africanos, com um declínio considerável da taxa de desemprego e da taxa de pobreza. O nível dos serviços de saúde pública continuou a melhorar e os resultados positivos foram alcançados na luta contra a pandemia de COVID-19 e a malária. Em termos do relacionamento entre a China e Cabo Verde, os dois países aprofundaram a sua cooperação em agricultura, educação, economia oceânica e outros campos, injetando novo ímpeto no desenvolvimento das relações China-Cabo Verde.

Palavras-chave: Cabo Verde; Estabilidade Política; Recuperação Pós-pandemia; Cooperação China-Cabo Verde

B.10 República da Guiné-Bissau — *Song Shuang* / 146

Resumo: Em 2022, a situação política na Guiné-Bissau foi estável, mas as diferenças entre o Presidente, o Primeiro-Ministro e o Parlamento se mantiveram, e um golpe militar ocorrido em fevereiro levantou preocupações no país. À medida que o impacto da pandemia de COVID-19 diminuiu, a economia guineense retomou o rápido crescimento, e o governo introduziu medidas para promover o desenvolvimento do caju e da pesca. Devido à redução significativa nas exportações e ao aumento nas importações, o déficit comercial da Guiné-Bissau aumentou amplamente. Para promover o desenvolvimento social, o governo fez esforços nas áreas como saúde, educação, fornecimento de alimentos e construção de infraestrutura, enquanto a comunidade internacional continuou a fornecer ampla assistência ou apoio financeiro. As relações de cooperação amistosas entre a China e a Guiné-Bissau nas áreas de política, economia e comércio, e ajuda ao desenvolvimento prosseguiram, e vários setores na Guiné-Bissau expressaram apoio à posição da China sobre as questões relacionadas a Xinjiang e Taiwan.

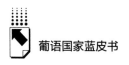
Palavras-chave：Diferenças Políticas Domésticas；Crescimento Económico；Ajuda Internacional；Cooperação China-Guiné-Bissau

B.11 República da Guiné Equatorial

Li Ziying，*Zhang Junyi* / 157

Resumo：A República da Guiné Equatorial é o único país da Comunidade dos Países de Língua Portuguesa que usa o espanhol como a primeira língua oficial，e o atual presidente Obiang criou a Guiné Equatorial moderna，que tem estado em um ambiente político relativamente estável desde que assumiu o cargo. De 2014 até agora，o declínio nos preços internacionais do petróleo teve um impacto profundo no desenvolvimento económico dos países baseados em recursos，como a Guiné Equatorial，e para mudar a estrutura económica monolítica，o governo da Guiné Equatorial apresentou a Estratégia Nacional de Desenvolvimento 2035，que coloca a modernização e transformação industrial na agenda. Nos últimos anos，com o aprofundamento da cooperação com a Comunidade Portuguesa，a influência do país na comunidade internacional continuou a crescer. Ao mesmo tempo，o volume do comércio bilateral entre a China e a Guiné Equatorial tem aumentado，e a perspetiva de cooperação tem-se tornado cada vez mais promissora.

Palavras-chave：Guiné Equatorial；Obiang；Recursos Petrolíferos；Plano Nacional de Desenvolvimento 2035

B.12 República de Moçambique

Zhang Chuanhong，*Wu Dongwei* / 173

Resumo：Em 2022，o governo moçambicano respondeu ativamente aos múltiplos desafios da era pós-pandemia e alcançou um desenvolvimento estável em diferentes aspetos. Da perspetiva do desenvolvimento político e económico doméstico, Moçambique gradualmente atingiu as metas de estabilidade política doméstica e desenvolvimento económico. Em termos de relações exteriores, o governo moçambicano promoveu ativamente parcerias globais, usando gás natural e outros recursos energéticos e minerais como alavanca e tomando a transição climática como uma oportunidade para se envolver extensivamente na cooperação internacional. Isso também levou a um aumento constante no investimento estrangeiro e ajudas internacionais, bem como a um crescimento no volume de comércio exterior em comparação com os anos anteriores. Em 2022, Moçambique manteve um relacionamento estável com a China e a cooperação entre China e Moçambique foi fortalecida em vários aspetos.

Palavras-chave: Moçambique; Política; Economia; Diplomacia; Relações China-Moçambique

B.13 República Portuguesa *Xu Yixing*, *Qian Tong* / 190

Resumo: Em 2022, Portugal conseguiu maior desenvolvimento na sua recuperação pós-pandemia. Nas eleições parlamentares que ocorreram no início do ano, o Partido Socialista Português conquistou a maioria absoluta dos assentos para permanecer no poder, injetando um fator estabilizador na situação política de Portugal. De 2021 a 2022, a economia de Portugal recuperou-se gradualmente com um forte impulso de crescimento económico, testemunhando uma expansão do comércio e investimento internacional. Com o forte apoio dos Planos de Recuperação e Resiliência da União Europeia, Portugal conseguiu implementar reformas e investimentos domésticos em muitas áreas. Ao mesmo tempo, as questões sociais, como o envelhecimento da população, colocaram certos desafios ao desenvolvimento de Portugal. A confiança política mútua entre a China e Portugal tem aumentado, e a cooperação em comércio e investimento tem-se aprofundado, apresentando um desenvolvimento estável.

Palavras-chave: Portugal; Eleições Parlamentares; Reformas em Vários Campos; Investimentos; Desenvolvimento das Relações China-Portuguesas

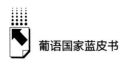
葡语国家蓝皮书

B . 14　República Democrática de São Tomé e Príncipe

Song Shuang / 203

Resumo：Em 2022, São Tomé e Príncipe teve eleições parlamentares e remodelação governamental. A Ação Democrática Independente (ADI) conquistou a maioria dos assentos no novo parlamento. Quanto ao desenvolvimento económico, São Tomé e Príncipe experimentou um crescimento desacelerado em 2022, juntamente com uma inflação séria. O déficit comercial continuou aumentando, mas o investimento estrangeiro alcançou um crescimento significativo. As medidas económicas importantes do governo incluem o lançamento de zonas francas e a realização de exploração de petróleo. Quanto ao desenvolvimento social, o governo comprometeu-se em melhorar a infraestrutura e lançou uma série de projetos importantes, como a reabilitação do Hospital Dr. Ayres de Menezes, a primeira fase da instalação da primcira central fotovoltaica, o porto de águas profundas em Fernão Dias e a reabilitação da Estrada Nacional número quatro, EN4, todos os quais receberam apoio financeiro internacional. A China e São Tomé e Príncipe continuaram a realizar cooperação bilateral nos campos político e económico. A China forneceu assistência em tecnologia agrícola, saúde e construção de infraestrutura.

Palavras-chave：Remodelação Governamental；Zonas Francas；Exploração de Petróleo；Ajuda Internacional；Ajuda Chinesa

B . 15　República Democrática de Timor-Leste　　*Tang Qifang* / 215

Resumo：Em 2022, a situação geral em Timor-Leste permaneceu estável. A eleição presidencial foi realizada sem problemas, conforme programado, e José Manuel Ramos-Horta foi eleito. A economia não petrolífera recuperou-se lentamente. O investimento em fundos de petróleo foi prejudicado. Os problemas de receita e despesa fiscal agravaram-se. A estratégia de diversificação económica acelerou-se. Os desafios ao desenvolvimento social causados pela pandemia e pelos conflitos internacionais foram tratados a tempo pelo governo, com o apoio de parceiros de desenvolvimento. Timor-Leste concentra-se na diplomacia multilateral e encontra-se em fase final para se aderir à Organização Mundial do Comércio (OMC) e à Associação de Nações do Sudeste Asiático (ASEAN). O relacionamento entre a China e Timor-Leste tem-se fortalecido, com trocas estreitas de alto nível e comércio crescente. A China apoia fortemente o desenvolvimento de Timor-Leste com ajudas oportunas, precisas e aplicáveis.

Palavras-chave: Eleições Presidenciais; Receita e Despesa do Governo; Entrada na OMC; Entrada na ASEAN

皮 书

智库成果出版与传播平台

❖ 皮书定义 ❖

皮书是对中国与世界发展状况和热点问题进行年度监测，以专业的角度、专家的视野和实证研究方法，针对某一领域或区域现状与发展态势展开分析和预测，具备前沿性、原创性、实证性、连续性、时效性等特点的公开出版物，由一系列权威研究报告组成。

❖ 皮书作者 ❖

皮书系列报告作者以国内外一流研究机构、知名高校等重点智库的研究人员为主，多为相关领域一流专家学者，他们的观点代表了当下学界对中国与世界的现实和未来最高水平的解读与分析。

❖ 皮书荣誉 ❖

皮书作为中国社会科学院基础理论研究与应用对策研究融合发展的代表性成果，不仅是哲学社会科学工作者服务中国特色社会主义现代化建设的重要成果，更是助力中国特色新型智库建设、构建中国特色哲学社会科学"三大体系"的重要平台。皮书系列先后被列入"十二五""十三五""十四五"时期国家重点出版物出版专项规划项目；自2013年起，重点皮书被列入中国社会科学院国家哲学社会科学创新工程项目。

皮书网

（网址：www.pishu.cn）

发布皮书研创资讯，传播皮书精彩内容
引领皮书出版潮流，打造皮书服务平台

栏目设置

◆ **关于皮书**

何谓皮书、皮书分类、皮书大事记、
皮书荣誉、皮书出版第一人、皮书编辑部

◆ **最新资讯**

通知公告、新闻动态、媒体聚焦、
网站专题、视频直播、下载专区

◆ **皮书研创**

皮书规范、皮书出版、
皮书研究、研创团队

◆ **皮书评奖评价**

指标体系、皮书评价、皮书评奖

所获荣誉

◆ 2008 年、2011 年、2014 年，皮书网均
在全国新闻出版业网站荣誉评选中获得
"最具商业价值网站"称号；

◆ 2012 年, 获得"出版业网站百强"称号。

网库合一

2014年，皮书网与皮书数据库端口合
一，实现资源共享，搭建智库成果融合创
新平台。

皮书网

"皮书说"
微信公众号

权威报告·连续出版·独家资源

皮书数据库
ANNUAL REPORT(YEARBOOK) DATABASE

分析解读当下中国发展变迁的高端智库平台

所获荣誉

- 2022年，入选技术赋能"新闻+"推荐案例
- 2020年，入选全国新闻出版深度融合发展创新案例
- 2019年，入选国家新闻出版署数字出版精品遴选推荐计划
- 2016年，入选"十三五"国家重点电子出版物出版规划骨干工程
- 2013年，荣获"中国出版政府奖·网络出版物奖"提名奖

皮书数据库

"社科数托邦"
微信公众号

成为用户

登录网址www.pishu.com.cn访问皮书数据库网站或下载皮书数据库APP，通过手机号码验证或邮箱验证即可成为皮书数据库用户。

用户福利

- 已注册用户购书后可免费获赠100元皮书数据库充值卡。刮开充值卡涂层获取充值密码，登录并进入"会员中心"—"在线充值"—"充值卡充值"，充值成功即可购买和查看数据库内容。
- 用户福利最终解释权归社会科学文献出版社所有。

社会科学文献出版社 皮书系列
SOCIAL SCIENCES ACADEMIC PRESS (CHINA)

卡号：287229697548
密码：

数据库服务热线：010-59367265
数据库服务QQ：2475522410
数据库服务邮箱：database@ssap.cn
图书销售热线：010-59367070/7028
图书服务QQ：1265056568
图书服务邮箱：duzhe@ssap.cn

基本子库
SUB DATABASE

中国社会发展数据库（下设 12 个专题子库）

　　紧扣人口、政治、外交、法律、教育、医疗卫生、资源环境等 12 个社会发展领域的前沿和热点，全面整合专业著作、智库报告、学术资讯、调研数据等类型资源，帮助用户追踪中国社会发展动态、研究社会发展战略与政策、了解社会热点问题、分析社会发展趋势。

中国经济发展数据库（下设 12 专题子库）

　　内容涵盖宏观经济、产业经济、工业经济、农业经济、财政金融、房地产经济、城市经济、商业贸易等 12 个重点经济领域，为把握经济运行态势、洞察经济发展规律、研判经济发展趋势、进行经济调控决策提供参考和依据。

中国行业发展数据库（下设 17 个专题子库）

　　以中国国民经济行业分类为依据，覆盖金融业、旅游业、交通运输业、能源矿产业、制造业等 100 多个行业，跟踪分析国民经济相关行业市场运行状况和政策导向，汇集行业发展前沿资讯，为投资、从业及各种经济决策提供理论支撑和实践指导。

中国区域发展数据库（下设 4 个专题子库）

　　对中国特定区域内的经济、社会、文化等领域现状与发展情况进行深度分析和预测，涉及省级行政区、城市群、城市、农村等不同维度，研究层级全县及县以下行政区，为学者研究地方经济社会宏观态势、经验模式、发展案例提供支撑，为地方政府决策提供参考。

中国文化传媒数据库（下设 18 个专题子库）

　　内容覆盖文化产业、新闻传播、电影娱乐、文学艺术、群众文化、图书情报等 18 个重点研究领域，聚焦文化传媒领域发展前沿、热点话题、行业实践，服务用户的教学科研、文化投资、企业规划等需要。

世界经济与国际关系数据库（下设 6 个专题子库）

　　整合世界经济、国际政治、世界文化与科技、全球性问题、国际组织与国际法、区域研究 6 大领域研究成果，对世界经济形势、国际形势进行连续性深度分析，对年度热点问题进行专题解读，为研判全球发展趋势提供事实和数据支持。

法律声明